KB058825

풍부한 내용과 뚜렷한 목적의식으로 힘을 실어주는 책이다. 당신만 준비된다면 그동안 불가능하다고 생각했던 미래를 열도록 도와줄 것이다. 이 책은 소중한 사람들과 함께 읽어야 한다.

_세스 고딘, 《마케팅이다》 저자

벤저민 하디는 그가 쓰는 글의 증거다. 그는 점점 발전하고 있고 당신도 얼마든지 그럴 수 있다.

_라이언 홀리데이, 《에고라는 적》 저자

내가 읽어본 최고의 자기계발서로 장르를 재정립한 책이다. 이 책 이후로는 검증되지 않은 이론을 쉽게 늘어놓을 순 없을 것이다. 벤저민 하디는 현실 사례와 첨단 과학 지식으로 누구나 실천 가능한 방법을 제시한다. 또한 세상을 감염시키는 쓸모없는 성격 검사 장사치들을 쓸어버렸다는 점도 탁월하다.

_터커 맥스, 〈뉴욕타임스〉 베스트셀러 작가

이 책은 진부한 패러다임을 부수면서 더 원대하고 대담한 미래를 만들어가는 과정을 제시한다.

_JJ 버진, 〈뉴욕타임스〉 베스트셀러 작가

이 책은 성과를 높이려는 이들에게 매력적인 읽을거리 그 이상이다. 성과에 대한 희망을 주고 누구나 적용 가능한 내용을 담고 있다. 넘쳐나는 자기계발서 및 경영서들 중에서도 이 책은 단연 게임 체인저라 할 수 있다.

_리처드 폴 에번스, 《크리스마스 상자》 저자

이 책은 사람들이 정체되는 이유를 설명하며 과학이론을 바탕으로 변화의 절차를 제시한다. 자기 인식을 높이고 성공하고 싶은 사람이라면 누구나 읽어야 한다.

_타샤 유리크, 《자기 통찰》 저자

꼭 읽어야 할 책이다. 희망적이면서도 효과적으로 트라우마와 중독 문제를 다루고 있다. 당신도 당신의 이야기를 다시 쓸 수 있다.

_글렌 모샤워, 배우 겸 프로듀서

벤저민 하디는 트라우마가 성격 형성에 어떤 역할을 하는지 깨우쳐준다. 트라우마가 치유될 때 비로소 달라질 수 있으며 성격이란 계속 변화하는 것이다. 이 책은 당신의 미래 이야기를 다시 쓰게 해줄 것이다.

_도널드 우드, 인스파이어드 퍼포먼스 인스티튜트 설립자 겸 CEO

이 책의 중요성을 감안하면 이 책은 수백만 부가 팔려야 한다. 참신하고 시기적절하며 변혁적이다.

_조 폴리시, 지니어스 네트워크 앤드 지니어스 리커버리 설립자

이 책은 모두가 간절히 바라는 내용을 담고 있다. 벤저민 하디는 타당하고 희망적인 사례로 우리를 설득한다. 한마디로 이 책은 혁명적이다.

_리치 노턴, 《스튜피드》 저자

최고의 변화는 어떻게 만들어지는가

Personality Isn't Permanent:
Break Free from Self-Limiting Beliefs and Rewrite Your Story
by Benjamin Hardy, PhD
Originally Published by Portfolio, an imprint of Penguin Publishing Group,
a division of Penguin Random House LLC, New York.

Copyright ⓒ 2020 by Benjamin Hardy
All rights reserved including the right of reproduction
in whole or in part in any form.

Korean Translation Copyright ⓒ 2021 by The Business Books and Co., Ltd.
This edition published by arrangement with Portfolio, an imprint of Penguin
Publishing Group, a division of Penguin Random House LLC, New York
through Milkwood Agency, Seoul.

이 책의 한국어판 저작권은 밀크우드 에이전시를 통해
저작권자와 독점 계약을 맺은 (주)비즈니스북스에게 있습니다.
저작권법에 의해 국내에서 보호를 받는 저작물이므로 무단 전재와 복제를 금합니다.

최고의 변화는 어떻게 만들어지는가

쉽고 단순하게
나를 바꾸는 사람들의 비밀

벤저민 하디 지음 | 김미정 옮김

Personality isn't Permanent

비즈니스북스

최고의 변화는 어떻게 만들어지는가

1판 1쇄 발행 2021년 7월 6일
1판 5쇄 발행 2021년 8월 13일

지은이 | 벤저민 하디
옮긴이 | 김미정
발행인 | 홍영태
편집인 | 김미란
발행처 | (주)비즈니스북스
등 록 | 제2000-000225호(2000년 2월 28일)
주 소 | 03991 서울시 마포구 월드컵북로6길 3 이노베이스빌딩 7층
전 화 | (02)338-9449
팩 스 | (02)338-6543
대표메일 | bb@businessbooks.co.kr
홈페이지 | http://www.businessbooks.co.kr
블로그 | http://blog.naver.com/biz_books
페이스북 | thebizbooks
ISBN 979-11-6254-220-0   03190

* 잘못된 책은 구입하신 서점에서 바꾸어 드립니다.
* 책값은 뒤표지에 있습니다.
* 비즈니스북스에 대한 더 많은 정보가 필요하신 분은 홈페이지를 방문해 주시기 바랍니다.

비즈니스북스는 독자 여러분의 소중한 아이디어와 원고 투고를 기다리고 있습니다.
원고가 있으신 분은 ms1@businessbooks.co.kr로 간단한 개요와 취지, 연락처 등을 보내 주세요.

로렌, 힘든 상황에서도
인생을 걸고 내 옆에 있어 줘서 고마워.
상황이 나아진 건 아니지만
앞으로도 곁에 있어 준다고 해서 더 고마워.
영원히 사랑해.
우리의 미래가 과거보다 항상 밝기를.

성격 검사가 내 인생을
망칠 뻔했다

그림에 완성이란 결코 없다. 흥미로운 지점에서 멈출 뿐이다.[1]
_폴 가드너

내가 세상에서 가장 사랑하는 여성이며 함께 다섯 아이를 키우고 있는 아내는 하마터면 나와 결혼하지 않을 뻔했다. 그 이유는 어이없게도 '성격 검사' 때문이었다.

대학 시절 컬러 코드Color Code 성격 검사가 크게 유행했는데 이 검사는 사람을 레드, 블루, 화이트, 옐로 네 가지 색깔로 나누어 설명한다. 레드는 야망과 자기 이익을 추구하는 야심가 유형이다. 블루는 감정 중심적이고 관계를 중시하는 유형이며 화이트는 자기 성찰적이고 종종 수동적인 유형이다. 마지막으로 옐로는 즐거움을 추구하고 파티를 즐기는 유형이다.[2]

로렌은 레드 유형이었다. 그래서 그녀의 가족은 내가 화이트 유형임을 알게 됐을 때 걱정이 이만저만이 아니었다. 로렌의 전남편은 자기밖에 모르는 폭력적인 남자였고 그녀처럼 레드 유형이었다고 했다. 그래서 로렌이 보상 심리로 정반대 유형인 내게 관심을 가졌을지 모른다고, 이전 결혼의 트라우마를 피하려고 지나치게 조심하는 것 같다고 그녀의 부모는 생각했다.

성격 검사를 믿는 많은 사람처럼 로렌의 가족도 컬러 코드 검사를 신뢰했다. 그들은 컬러 코드 검사라는 렌즈를 통해 수많은 사람을 겨우 네 가지 유형 중 하나로 봤다.

"이 친구가 화이트고 로렌이 레드라면 로렌이 그를 막 대할 거야. 그 애에게는 화이트가 아닌 진짜 남자가 필요해."

그들은 진심으로 걱정했다. 놀랍게도 로렌 역시 똑같은 의구심을 가지고 있었다. 레드 유형과 화이트 유형이 정말 어울릴 수 있을까? 화이트 유형은 직장에서 좀처럼 승진을 못 한다던데. 그들은 사람들의 눈에 만만해 보인다지. 게다가 몽상가라서 장기적인 목표를 유지해나가지 못한다던데.

다행히도 로렌은 내게 기회를 주었다. 나를 더 알게 되고 얼마간 함께 지낸 후에도 좋은 관계가 유지되자 화이트 유형에 대한 자신의 편견과 부모님의 염려를 떨치고 나를 믿어보기로 했다. 이후 다섯 아이와 함께 행복한 결혼 생활을 하면서 둘이 합쳐 14년간 공식 심리학 교육을 받은 지금, 로렌과 나는 그때 일을 떠올리면 실소를 금치 못한다. 하지만 성격 검사가 하마터면 우리 둘의 인생을 망칠 뻔했다는 것은 여전히 사실이다.

자신을 알고 싶은 사람들

성격 검사에서 잘못된 진단을 받거나 그로 인해 부당한 대접을 받는 사람은 나뿐만이 아니다. 아마 당신도 성격 검사라는 유행의 먹잇감이 된 적이 있을 것이다. 컬러 코드 검사 역시 현대 문화를 휩쓴 수많은 대중적 성격 검사의 하나에 불과하다. 다른 주요 검사로는 마이어스-브릭스 성격 유형 검사MBTI, Myers-Briggs Type Indicator, DISC 검사, 윈슬로 인성 검사Winslow Personality Test, NEO, HEXACO, 버크만Birkman 진단, 에니어그램Enneagram, 잉크 반점 검사inkblot test(로르샤흐 검사) 등이 있다. 이 외에도 수많은 검사가 꼬리에 꼬리를 물고 등장하고 있다. 앞으로도 날마다 수백 개의 성격 검사가 새로 개발될 것이다.

성격에 대한 터무니없는 집착에 2019년 페이스북은 유용하지 않은 성격 퀴즈와 앱들을 금지해야 했다. 8,700만 명 이상이 성격 퀴즈의 답을 얻는 대가로 개인 정보를 제공한 후 취한 조치였다.[3]

성격 검사는 흥미롭고 재미있을 수 있다. 하지만 검사와 더불어 성격이라는 개념은 수많은 사람의 삶을 제한하고 어떤 경우에는 망쳐놓기도 한다.

주류의 관점에서는 나의 성격이 나의 실체이고 진정한 나라고 본다. 그리고 성격은 타고나며 대부분 바꿀 수 없다고 본다. 결국 한 인간으로서 내가 할 일은 숨겨진 성격을 제대로 발견하는 것이며 이를 위해 정보와 경험을 충분히 수집해서 올바른 성격 검사를 찾아야 한다.

나를 이루는 핵심 성격을 발견하고 나면 그 성격을 중심으로 삶 전체를 구축한다. 그렇게 구축한 삶이 나 스스로 선택했을 삶이 아닐 수도 있지만 나는 그렇게 살아가도록 태어났다. 그것이 당신에게 주어진 패다. 그와 다른 삶을 살아가려 한다면 비참하고 고통스러울 뿐 아니라 망상에 빠질지도 모른다.

이런 관점을 관통하는 기본 가정은 우리가 태어날 때부터 그와 같은 사람으로 정해졌으며 이를 바꿀 수 없다는 것이다. 그러나 실제로는 거의 모든 사람이 자신의 성격을 바꾸고 싶어 한다. 일리노이대학교의 최근 연구에 따르면 90퍼센트 이상의 사람들이 자신의 성격에 불만을 느끼며 개선되기를 바란다.[4]

사람들은 대부분 변화를 원하지만 바꿀 수 없다고 믿는다. 유명 심리학 분파들은 성격이 선천적이고 정해져 있어서 변하지 않는다고 주장한다. 이는 심리학자들이 과거에 지나친 강조와 가치를 두기 때문이다. 많은 성격 이론이 과거가 미래의 가장 중요한 예측 변수라고 전제하는데 이를 인과적 결정론causal determinism이라고 부른다. 즉 세상의 모든 사건과 존재는 이전의 조건이나 사건에서 비롯된다는 생각이다.[5] 이런 관점에서 보면 우리 인간은 연쇄적으로 쓰러지는 도미노 패들처럼 이전 사건들에 기인한 존재다.

여기서 '기인하다'caused 라는 단어는 매우 단정적이다. 뭔가에 영향을 받거나 이끌어가는 게 아니라 정확히 기인하는 것이다. 그렇게 과거가 원인이라면 내가 어떤 사람이고 무엇을 할 수 있는지 선택권이나 가능성은 없다. 대신 어떤 성격이 주어지든 수용할 수밖에 없다. 지금 나라는 사람은 과거의 패에 밀려 넘어지는 도미노다. 과거를 바꿀 수는 없다. 다만 과거를 통해 내가 진정 어떤 사람인지 그리고 왜 그런 사람인지 발견하고 더 잘 이해할 수 있을 뿐이다.

그래서 사람들은 자신을 발견하거나 찾으려고 한다. 그들은 자신이 누구인지 찾고 있다. 성격을 상상하고 창조할 수 있다는 개념은 그들에겐 말도 안 되는 소리다.

성격은 정말 바꿀 수 없는 걸까

성격은 정말로 고정되어 있고 바뀔 수 없을까? 아니, 그렇지 않다. 이를 증명해줄 데이터, 특히 새로 밝혀진 자료들이 많다.[6] 이 데이터들에 따르면 성격은 더 이상 중요하지 않다. 더욱이 성격은 당신이라는 사람의 가장 근본적인 측면이 아니다. 표면적이고 일시적이며 훨씬 심층적인 뭔가의 부산물이다.

인간성의 가장 핵심적인 측면은 선택을 하고 그 선택을 고수하는 능력, 빅터 프랭클Viktor Frankl이 인간의 마지막 자유라고 했던 '자신의 길을 선택하는 능력'이다.[7] 자신의 길을 선택한다는 것은 두 가지 의미를 지닌다. 하나는 어떤 일이 일어나기를 원하는지 결정하는 것이고, 다른 하나는 그렇게 발생한 일에 어떻게 대응할지 선택하는 것이다. 즉 선택은 우리가 삶을 스스로 결정하고 책임지도록 해준다. 그렇기에 자신의 길을 선택하는 것이야말로 인간을 인간답게 만들어주며 의사결정을 하는 능력이 클수록 자신의 삶을 통제할 수 있다.

그러나 스스로 결정을 내리고 자신의 길을 선택하기는 쉽지 않다. 우리의 선택 능력을 제한하고 크게 영향을 미치는 제약들이 존재하기 때문이다. 선택 능력에 영향을 미치는 가장 중요한 요소 두 가지는 사회문화 환경과 개인의 정서 발달이다. 즉 감정적으로 발달할수록 과거에 의해 덜 제한받고 환경에 덜 구속받는다.[8] 고착되는 대신 유연해지며 감정을 회피하거나 억누르는 대신 수용하고 변화한다.

앞으로 당신은 진정으로 원하는 삶을 용감하게 추구할 것이다. 이런 삶이 현재 당신이나 주변 사람에게 얼마나 어려워 보일지 상관하지 않으며 그 과정에서 어떤 감정, 교훈, 어려움을 겪든 훌륭하게 처리할 것이다. 배움과 경험을 통해 한 인간으로 변모해가며 당신을 둘러싼 상황도 바뀔 것이다.

이 순간부터 바보 같은 성격 검사와 성격 유형에 대해서는 잊어도 좋다. 대신에 어떤 사람이고자 하는지, 그러기 위해 어떤 노력을 할지 결정하라.

어떤 사람이 되는가는 선택의 문제이며 그 선택은 '오직 당신만' 할 수 있다. 조앤 롤링의 《해리 포터》 시리즈에 나오는 현명한 마법사 알버스 덤블도어는 이런 사실을 알고 있었다. 해리가 왜 마법의 분류 모자가 자기에게 슬리데린 기숙사로 가라고 했는지 이유를 물었을 때 덤블도어는 이렇게 말했다. "해리, 우리의 능력보다 훨씬 더 진정한 모습을 보여주는 것은 선택이란다."[9]

해리 포터는 그리핀도르 학생이 되도록 태어난 게 아니었다. 그리핀도르 기숙사에 맞는 성격을 타고난 게 아니었다. 그는 그리핀도르 학생이 되겠다는 선택을 했고, 그 선택과 그에 따른 경험들이 성격을 형성했다. 덤블도어는 허구의 인물이지만 그의 가르침은 성격의 진실을 알려준다.

나는 내가 선택한 사람이 된다. 아주 솔깃하지만 주변을 보면 스스로 선택해서 현재와 미래의 내가 정해지는 일은 드물다. 우리에겐 그런 선택권이 없다고 믿도록 세뇌된 탓이다. 자신의 길을 선택하는 자유와 책임을 마주하는 일은 이렇게 무섭다.

이 때문에 많은 사람이 해리 포터처럼 마법의 분류 모자가 운명을 정해주기를 바란다. 수많은 중요한 결정과 잠재력, 정체성을 외적 척도에 맡긴다. 성격 검사에 의지해 "그래, 이건 편하지 않아. 내게 맞지 않은가 봐."라고 말할 수 있다면 감정적으로 더 수월하다. 그 검사가 자유와 비전, 창의성을 제한한다고 해도 말이다.

창의성은 위험 부담이 있다. 도중에 실수하고 실패할 확률이 높아 상처받기 쉽고 용기가 필요하다. 창의성과 용기는 결과를 보장하지 못한다. 게다가 창의성은 예측할 수 없어서 처음에 예상하지 못했던 지점에 이를 수도 있다. 그렇다 보니 사람들이 나이가 들수록 창의성이 떨어진다고 생각하는 것도 당연하다. 나이가 들면 안정적이고 예측 가능한 상황을 바라기 때문이다. 새로운 경험에 따르는 위험에 맞서기보다는 무엇을 할 수 있고 할 수 없는지 지시받는 걸 더 선호하는 것도 그렇다.

그러나 어떤 사람이 되고 어떤 삶을 살지 결정할 때 우리는 진정으로 원하는 것을 전부 가질 수 있다. 아웃라이어outlier가 될 수 있다. 다른 사람들뿐만 아니라 당신도 깜짝 놀랄 경험을 할 수 있다. "정말 이런 일이 내게 일어나고 있는 거야?" 이런 말을 자주 할 것이다. 그렇다. 그런 일이 정말 일어난다.

아웃라이어들의 공통점

이 책을 읽은 뒤 당신은 앞으로 나아가며 대담하고 의도적으로 행동할 것이다. 자신을 과거로 제한하지 않으며 마음속으로 그려보고 구현하는 능력이 점점 향상된다. 주변에도 수동적으로 살아가지 않고 삶을 창조하고 설계하며 살아가는 사람들이 점점 많아진다.

내가 무엇을 할 수 있고 얻을 수 있는지 남들이 하는 말에 얽매일 필요가 없다. 만일 지금보다 더 자신 있고 창의적이기를 원한다면, 더 외향적이고 체계적이기를 원한다면 그렇게 될 수 있다. 조금 소심하더라도 강하고, 대담하고, 영감을 주는 지도자가 되고 싶다면 그렇게 될 수 있다.

내 친구 스테이시 새먼은 이런 진실을 열세 살 때 교회 학교에서 알게 되었다. 스테이시는 부끄럼을 많이 타고 소심하며 사람들 앞에서 몹시 어색해하는 아이였다. 그러던 어느 날 한 선생님이 수업 시간에 누구나 자기가 원하는 사람이 될 수 있다고 말했다. 존경하는 사람들의 특성을 얼마든지 내 것으로 만들 수 있다고 말이다.

이 말은 스테이시의 마음을 파고들었고 그 순간부터 그녀는 사람들 앞에서 수줍어하기를 그만두었다. 더 이상 사람들이 모인 자리에서 부모님 뒤로 숨지 않았다. 누군가가 질문해올 때 주의를 끌지 않으려고 어색하게 하품하지도 않았다.

이후 20여 년 동안 그녀는 계속해서 자신을 계발하고 다른 사람들에게 배우고 성장하려고 노력했다. 이제는 30대 중반임에도 여전히 성장하고 배우며 자신이 원하는 성격을 만들어나가려고 한다. 스테이시는 더 이상 수줍음 많은 소녀가 아니다. 자신감이 넘치고 자기 의사가 확실한 사람이 되었다.

그것이 성격의 진실이다. 성격은 타고난 것이 아니라 훈련되는 것이다. 성격은 변화할 수 있고, 정말로 변화한다. 성격은 선택하고 설계할 수 있으며 그래야만 한다. 자신의 길을 선택하는 것은 우리 인생의 주된 목적이다. 그러나 선택에는 결과가 따르기 때문에 선택에 대한 두려움이 있다. 그래서 사람들은 결정하기를 피하고 자신의 길을 선택하지 않으며 성장과 학습, 변화를 이루지 못한다.

인생에서 대단한 일을 이뤄낸 사람들은 어떻게 했던 걸까? 그들은 과거의 자신에서 대단한 일을 해낸 사람으로 변모해야 했다. 마음속으로 새로운 모습을 그려보고 할 수 있다고 확신해야 했으며 현재의 성격과 상황을 넘어 용감하게 행동해야 했다. 그래서 결국 대단한 사람이 되었다.

흔히들 크게 성공하거나 영향력 있는 사람들은 원래부터 남다르거나 특별한 점이 있다고 여긴다.[10] 그러나 그들에게 물어보면 자신은 아주 평범하며 자신이 이룬 삶은 선택의 문제라고 말할 것이다.

새로운 사람이 되려면 추구할 가치가 있는 새로운 목표$_{goal}$가 있어야 한다. 목표는 새로운 자질과 기술을 개발하고 변혁적 경험을 선택하게 하는 이유다. 의미 있는 목표 없이는 변화하려는 시도가 의미 없으며 계속해서 앞으로 나아가려는 의지도 떨어진다. 그래서 결국에는 실패한다.

일론 머스크는 어떻게 최고가 되었나

인생이 변화한 사람들에게 특별한 점이 있다면 미래에 대한 관점밖에 없다. 그들은 과거로부터 규정되기를 거부한다. 그들은 더 의미 있는 비전에 불을 지피기를 멈추는 법이 없다. 날마다 믿음과 희망을 유지하고 많은 실패와 고통이 따를 그 방향으로 용감하게 발걸음을 내디딘다. 한 걸음 나아갈 때마다 자신감은 커지고 정체성은 더 유연해지며 과거에 덜 구속받는다.

나는 내 인생 이야기의 내레이터다. 과거로 규정될 필요가 없다. 과거의 정체성이나 결과가 무엇이었는지는 중요하지 않다.

"과거는 미래의 서막이다."[11] 윌리엄 셰익스피어의 〈템페스트〉에 나온 대사다. 권력에 굶주리고 교활한 인물 안토니오는 이전에 발생한 모든 일, 즉 과거 때문에 세바스찬과 자신이 지금 살인을 했다고 주장한다. 그들에게는 선택의 여지가 없었던 듯하다. 그들은 행위의 주체가 아니라 도미노 조각이었다.

사람들은 과거를 핑계로 성장을 막는 습관과 태도에서 벗어나지 못한다. 또한 세바스찬처럼 실수를 반복하는 근거로 과거를 들먹인다. 과거를 탓하며 자신은 책임에서 벗어나는 것이다. 자기는 그 일에 대해 책임이 없고 행위자도 아니라고 한다.

그러나 이 책에서 거듭 발견하겠지만 당신의 과거는 서막이 아니다. 과거는 당신이라는 사람을 규정하는 특징이 아니며 당신은 과거에 기인한 존재가 아니다. 성격은 영구적이지 않다.

세계적으로 성공한 사람들은 정체성과 내적 이야기의 토대를 과거가 아니라 미래에 둔다. 일론 머스크는 화성에서 인생을 마감하고 싶다는 이야기를 자주 한다.[12] 물론 인간의 화성 여행은 아직 가능하지 않다. 그렇지만 그는 화성에서 죽는 자신의 미래에 대해 말한다. 그것이 그의 정체성과 행동, 결정을 형성하는 목적이다.

당신이 어떻게 생각하든 머스크는 앞으로 걸어갈 방향에 집중한다. 이는 과거가 아니라 미래를 향한다. 그의 관심과 에너지, 이야기는 그가 창조할 미래에 기반을 두고 있다. 머스크는 페이팔 시절에 대해서도 이야기하지 않는다(전 세계적으로 사용되는 온라인 전자결제 서비스 페이팔의 공동 CEO였던 머스크는 회사를 이베이에 매각하면서 얻은 이익으로 다른 회사들을 창업했다―옮긴이). 그는 이전에 했거나 실패했던 일로 규정되기를 원하지 않는다. 과거의 이야기를 질문받지 않는 한 굳이 언급하지 않는다.

일론 머스크 한 개인의 예를 들었지만 이것이 성공한 사람들이 살아가는 방식이다. 그들은 과거의 반복이 아닌 목표를 지향함으로써 자신이 되고 싶은 사람이 된다. 과거의 자신을 영속화하는 것이 아니라 미래의 자신을 소환해 용감하게 행동한다.

이 책은 예전에 어떤 사람이었든 간에 앞으로 원하는 사람이 되는 법을 알려주고자 한다. 사람들이 불건전한 패턴에 갇힌 이유에 대해, 원하는 것을 적극적으로 선택하고 이를 자신의 삶으로 만들 과학적이고 실행 가능한 전략을 제공한다.

로버트 피어시그Robert Pirsig는 《선과 모터사이클 관리술》에서 "기술이 충분하다면 강철을 원하는 모양으로 만들 수 있지만 기술이 충분하지 않으면 절대 원하는 모양으로 만들 수 없다."라고 했다.[13] 앞으로 이 책을 통해 성격이 어떻게 만들어지는지, 어떻게 스스로 '나'를 만들어갈 수 있는지 배울 것이다. 나라는 사람의 건축가이자 대장장이가 되어 어떤 사람이 되겠다고 결정하든 간에 실제로 그렇게 단련해나갈 것이다. 구체적으로는 다음과 같은 과정을 거친다.

- 성격에 대한 잘못된 통념이 잠재력을 제한한다는 것을 깨닫는다.
- 과거 또는 현재와 상관없이 살고 싶은 삶을 스스로 결정한다.
- 정서적으로 유연해져서 더 이상 과거에 규정당하지 않는다.
- 트라우마를 재구성해 인생의 모든 일이 단순히 나에게 일어나는 것이 아니라 나를 위해 일어난다는 생각으로 살아간다.
- 자기 삶의 목적을 분명히 밝힐 만큼 자신감을 갖는다.
- 삶의 기복 속에서도 계속 전진하도록 적극 격려하는 '공감의 증인' empathetic witness 네트워크를 만든다.

- 중독과 제한적 패턴을 극복하기 위해 잠재의식을 강화한다.
- 과거에 얽매이지 않고 미래로 나아가도록 환경을 재설계한다.

이 책은 어떤 정체성이나 패턴에 갇히지 않는 과학적 지식과 전략을 제공한다. 이는 아주 직접적이고 간단하며, 효과적인 변화와 성장의 길을 알려준다.

낙관적인 태도만이 더 큰 미래를 결정하고 창조하는 것은 아니다. 그동안 회피했던 불편한 진실을 마주하고 자신의 삶에 주인 의식을 가져야 한다. 지금 내 꿈을 실현하지 못하게 막는 것은 내가 묻어둔 트라우마다. 그 트라우마가 나를 과거에 가두고 자신감과 상상력을 잠식하고 있다. 물론 트라우마는 삶을 바꿔놓는 중대한 사건에서 생기기도 한다. 그러나 더 많은 경우 사소한 사건과 대화들로 트라우마가 생기고, 이는 내가 어떤 사람이며 무엇을 할 수 있는지에 대한 시각을 제한하고 고정 마인드셋fixed mindset을 만들어낸다.

이제 더 이상 무시할 수 없다. 반드시 해결해야 한다. 더구나 사회적 환경은 내가 더 나은 존재가 되도록 독려하기보다는 현재 또는 과거에 기반한 나의 정체성을 지지한다.

나는 나 자신을 책임져야 한다. 삶의 기반을 성격 검사나 다른 외적 척도에 두는 건 아주 단순하고 게으른 패턴이다. 물론 성장기에는 지도와 지시를 받는 게 도움이 되지만 성숙이란 기본적으로 스스로 결정하는 태도다. 의미 있는 목적을 정하고 그 목적을 통해 자신과 다른 사람들을 성장시켜야 한다.

만약 성격 검사를 진지하게 생각한다면 이미 선택 능력을 상실한 것이다. 즉 과거와 미래에 대한 책임을 스스로가 아닌 다른 요소에 전가하고 변화를 추구하지 않으며 잠재력을 외면한 것이다. 왜 삶을 향상시키기 위해 할 수 있는 일에 집중하지 않고 장애나 제약이 있는지 알아내려고 하는가. 왜 자신을 개선하지 않고 그냥 '진짜' 자기 모습을 받아들이기로 하는가.

당신은 그 모두가 말도 안 되는 행동임을 알고 있다. 마음속 깊은 곳에서는 더 많은 것을 원하고 있다. 아마도 당신의 삶이 변화할 수 있다고 믿고 싶을 것이다. 때론 아주 급진적인 변화까지. 그런데 그럴 수 있다는 희망을 포기했다. 하지만 정말로 신중하게, 효과적으로 삶을 바꾸고 싶다면 이 책을 끝까지 읽기 바란다.

인생의 나락에서 빠져나와 이룬 것들

아내와 만날 때 내게 불리했던 요소는 성격 검사만이 아니었다. 아내와 가장 친한 친구의 남편이 내 고등학교 동창이었는데 그가 나와 사귀지 말라고 아내에게 충고했던 것이다. 여기에는 그럴 만한 이유가 있었다. 고등학생 때 나는 데이트나 결혼 상대로 권할 만한 사람이 아니었다. 하지만 이후의 나는 결코 고등학교 때와 똑같지 않았다.

고등학교 시절 나는 심한 정신적 충격으로 혼란에 빠진 청소년이었다. 열한 살 때 부모님이 이혼했고 아버지는 이혼의 고통으로 마약중독자가 됐다. 몇 년 동안 아버지의 집은 마약중독자들이 우글거리는 음침하고 낯선 공간이었다. 남동생들과 나는 너무 불안정하고 불건전해진 그 집에서 더는 있을 수 없었다. 고등학교 2학년이 된 해에 나는 동생들과 어머니와 함께 살게 됐다. 어머니는 우리를 깊이 사랑했지만 이모와 함께 회사를 운영하고 다른 가족들을 부양하기에 바빴다.

나는 삼 형제 중 맏이였는데 우리 셋의 생활은 체계가 없고 불안정했다. 주변의 어떤 것도 확실하거나 안정적이지 않아 마치 모래 위에서 있는 기분이었다. 자연스럽게 나처럼 혼란을 겪고 있는 아이들이 주위에 모여들기 시작했다. 나쁜 아이들은 아니었지만 우리는 종종 다른 아이들을 괴롭혔고 소소한 말썽도 자주 일으켰다. 우리에게는 기본적인 생활이란 게 전혀 없었다. 온종일 온라인 게임을 하고 스케이트보드와 스노보드를 탔으며 생산적인 일이라고는 아무것도 하지 않았다.

급기야 나는 수업을 너무 많이 빠진 탓에 학교 운동장에 나무를 심고 사회봉사를 해서 출석 일수를 채우고서야 간신히 고등학교를 졸업할 수 있었다. 고등학교를 졸업한 이듬해에는 사촌의 집에 얹혀살며 무위도식했다. 직업도 없었고 전문대학도 2주 만에 중퇴했다. 대학 생활은 내가 감당하기엔 너무 벅찼다. 나는 성실하지 못했고 미래에 대한 비전도 없었으며 수업을 이해하지도 못했다. 오로지 월드 오브 워크래프트 게임만이 유일한 탈출구였다.

스무 살 무렵 고향을 떠나 선교 활동을 떠나기로 했다. 나는 삶을 흘려보내는 데 진저리가 났고 새로운 출발을 하고 싶었다. 그리고 2년간의 선교 활동은 모든 것을 바꿔놓았다. 나는 향상된 역량과 미래에 대한 강력한 비전을 지닌, 완전히 다른 사람이 되어 돌아왔다.

선교 활동을 하면서 태어나 처음으로 내가 원하는 사람이 될 수 있겠다고 느꼈다. 더 이상 과거나 환경의 제약을 받지 않았다. 나의 목적은 단 한 가지였고 이 목적을 통해 새로운 행동과 추진력을 얻어 새로운 정체성을 형성할 수 있었다. 선교 활동을 시작한 첫날 나는 사람들의 본보기가 되고 훌륭한 리더십을 지닌 선교사가 되겠다고 약속했다. 나 자신을 새롭게 창조할 완벽한 기회였다. 그리고 정확히 그렇게 했다.

나는 트라우마를 처리하고 변형시키는 법을 배웠다. 100권 이상 책을 읽고 일기를 썼으며 나를 격려해준 친구들 및 리더들과 나의 아픈 과거에 대해 진솔한 대화를 나눴다. 특히 다른 사람들이 삶을 개선하도록 봉사하고 도와주면서 내 과거를 돌아보는 법을 배웠다. 그러면서 세상과 삶 전반을 바라보는 방식이 완전히 바뀌었다. 우리의 삶이 얼마나 유한한지, 내가 세상으로부터 얼마나 과보호를 받고 있었는지 이해하게 됐다. 이런 사실들이 나를 각성시켰다.

고향으로 돌아왔을 때 나는 내가 얼마나 많이 변했는지 알고 있었지만 친구와 가족들은 그 변화를 이해하지 못했다. 나는 고등학교 친구들과는 다른 대학에 진학하기로 했다. 내 이야기를 아는 사람이 없는 곳으로, 예전의 나를 모르는 사람들 속으로 가고 싶었기 때문이다.

나는 3년 만에 대학을 졸업했고 꿈에 그리던 여성과 결혼했다. 그리고 조직심리학 분야에서 가장 높은 박사 과정에 합격했다. 2014년 가

을에 박사 과정을 시작했고 첫해에 대학원 행정 조교로 일하면서 1만 3,000달러를 벌었다.

2015년 1월에 아내와 나는 케일럽, 조던, 로건 세 아이의 위탁 부모가 되었다. 그해 초부터는 블로그를 개설해 심리학과 개인의 변화에 대한 나의 통찰력을 공유하기 시작했다. 내 블로그는 곧바로 인기를 끌었고 몇 개월 안 되어 수백만 명이 방문하기에 이르렀다. 그때부터 2018년까지 3년 동안 나는 당시 가장 큰 온라인 플랫폼 중 하나인 〈미디엄〉Medium.com에서 최고의 칼럼니스트였다.

2018년 2월, 아내와 나는 수년 동안 법정에서 가정위탁제도와 맞서 싸운 끝에 케일럽과 조던, 로건을 입양할 수 있었다. 세 아이를 입양한 뒤 한 달도 채 되지 않아 로렌은 쌍둥이를 임신했고 그해 12월에 출산했다. 1년 사이에 법적으로 자녀가 한 명에서 다섯 명으로 늘었다. 정신이 하나도 없었다. 하지만 우린 이 삶을 선택했다. 우리의 비전과 목적은 인생에서 매우 가파른 성장 곡선을 그려주었다. 그 길은 쉽지는 않지만 믿기지 않을 만큼 의미와 깊이가 있었다.

2019년 초 나는 박사 과정을 마쳤고 온라인에서 내 글은 매달 수백만 명이 읽고 있다. 이 책에서 설명하려는 바로 그 방법으로 나는 남의 집 소파에서 잠을 자던 부랑자에서 수백만 달러 규모의 사업을 운영하는 다섯 아이의 아버지가 되었다.

지금까지 진행된 과학 연구들은 사람이 변화할 수 있고 실제로 변화한다는 것을 보여주었지만 이 책에 실린 아이디어의 가장 큰 증거는 바로 나의 삶이다. 하지만 여기서 수상 소감이라도 하겠다는 것은 아니다. 나는 겸허히 변화하는 삶을 경험하고 있는 평범한 사람이다. 당신에게 삶의 변화가 어떤 의미든, 어떤 형태든 그런 변화를 경험할 수 있도록 돕고 싶을 뿐이다.

과거가 어땠는지는 중요하지 않다. 멍청한 성격 검사가 뭐라고 하든, 고등학교 동창이 당신에 대해 어떻게 생각하든 중요하지 않다. 중요한 것은 어떤 사람이기를 원하느냐다. 중요한 것은 당신이 하는 선택들이다. 정말로 변할 수 있는지 의문을 품은 적이 있다면 대답은 "그렇다!"다.

과거에 어떤 사람이었든 더는 그 사람일 필요가 없다. 곧 알게 되겠지만 지금은 그 사람이 아니며 미래에도 그 사람이 아닐 것이다. 의도와 상관없이 성격은 시간이 지나면 변한다. 하지만 의도적으로 성격을 바꾸면 목적과 지향점이 있는 변화가 극적인 수준에서 일어날 것이다. 배우 릴리 톰린이 자신의 인생과 경력을 되돌아보며 "나는 항상 대단한 인물이 되고 싶었지만 좀 더 구체적이었어야 했음을 이제야 깨달았다."라고 말했던 대로다.

당신은 '누군가'가 될 것이다. 그것만큼은 확실하다. 문제는 이것이다. 어떤 사람이 될 것인가? 그리고 그 과정에서 얼마나 구체적이고 의도적일 것인가? 비전이 구체적일수록 경로는 더 분명해지고 동기는 더 강해진다. 목적을 선택한 다음에는 그 목적에 영혼을 전부 바치게 되고 머지않아 변화하게 된다. 어떤 사람이 될지 결정하는 것은 당신이다. 성격 검사도 아니고 과거도 아니다. 당신은 어떤 사람이기를 선택할 것인가?

이 책은 전략적으로 의도하고 선택한 사람이 될 수 있는 가장 효과적인 방법을 보여준다. 내가 할 일을 다 했다면 당신은 이 책을 읽는 동안 많은 감정을 경험할 것이다. 감정은 변화와 변혁의 통로다. 만약 이 책을 읽고 거부감이 든다면 용기를 내도록 하라. 곧 당신이 어떤 사람인지 진실을 대면할 것이다.

당신이라는 사람이 어떻게 만들어지는지에 관한 진실을 알 준비가 되었는가? 안전띠를 매도록 하라. 한 번도 들어보지 못했던 사실을 들을 것이다. 당신의 삶을 송두리째 바꿀 수 있는 진실을.

제
3
장

최고의 변화를 만드는 첫 번째 레버
'트라우마'를 조절한다

제
4
장

최고의 변화를 만드는 두 번째 레버
'정체성'을 다시 쓴다

PERSONALITY I

제 1 장

성격에 대한
다섯 가지 편견

N'T PERMANENT

당신의 성격은 변했고,
변하고, 변할 것이다

인간은 스스로 완성품이라고 착각하지만 실은 진행 중인 작품이다.[1]
_대니얼 길버트

2012년 수가파 밸리 정글 한가운데에서 버네사 오브라이언은 진흙탕에 무릎까지 빠졌다. 그녀는 몇몇 탐험가들과 함께 오스트레일리아 뉴기니섬에서 가장 높은 해발 4,884미터의 카스텐즈 피라미드 산을 오르고 있었다.

버네사는 딱딱한 나뭇가지에 얼굴을 부딪쳐 상처가 나고 멍이 들어가면서 162센티미터의 몸을 진흙탕에서 빼내 겨우 나무에 기어올랐다. 그러나 몸을 일으키려다 곧바로 진흙탕에 얼굴부터 처박히며 떨어졌다. 결국 울음이 터졌다. 울음만 난 게 아니라 감정이 붕괴되고 정체성 위기까지 찾아왔다. 심리 상태가 급격히 흐트러지면서 자신을 포함해 세계를 보는 관점이 산산조각 나고 있었다. 언제나 성공에 익숙했던 그녀의 마음에 어두운 생각들이 스치고 지나갔다. '상황은 나아지지 않을 거야. 더 나빠지기만 할 거야.' '한 걸음 내디딜 때마다 뒤로 가는 것 같아. 내가 하는 것마다 잘못되네.' '왜 난 이것도 못하는 거지? 도대체 어떻게 해야 하지?'

눈앞의 어려움과 좌절로 버네사는 평소의 판단 기준에서 벗어났다. 그녀가 알고 있다고 생각했던 모든 것이 틀린 듯했다. 정체성은 예전처럼 분명하지 않았다. 세상과 삶이 혼란스러웠다. 느낄 수 있는 것은 고통과 괴로움뿐이었다.

완벽하던 그녀에게 생긴 일

그날 버네사의 자아와 정체성에는 심각한 균열이 생겼다. 결국에는 등정에 성공했지만 그녀는 예전과 같은 사람일 수 없었다. 올리버 웬들 홈스 주니어Oliver Wendell Holmes Jr.는 "새로운 경험으로 성장한 마음은 결코 예전 수준으로 돌아갈 수 없다."고 했다. 버네사의 경우 그녀의 마음과 정체성에 일어난 변화는 단 한 번의 사건으로 이뤄진 게 아니었다. 그런 일이 10년 동안 빈번히 일어났다.

버네사는 평생 자신이 A 유형 성격(조급하고 경쟁적인 특성을 갖는 성격으로 심혈관계 질환에 걸릴 위험성이 높다고 알려져 있다—옮긴이)이라고 여겼다. 2009년에 그녀는 금융업계에서 일하며 성공 가도를 달리고 있었다. 경력을 중시했고 자신의 삶을 매우 예측 가능한 삶으로 묘사했는

데, 그녀가 몸담은 세계에서 별로 벗어나지 않은 삶이었다. 그녀가 중요하게 생각하는 것은 일과 승진이었으며 가장 신나는 일은 매년 남편과 함께 관광과 스쿠버다이빙을 하며 보내는 2주간의 휴가였다.

그러나 10년이 지나 2019년의 버네사는 전혀 다른 성격이 되었다. 이제 그녀의 삶은 경력 중심의 협소한 목표에 한정되지 않는다. 자신이 경력 지향적인 사람, 심지어 목표 지향적인goal-driven 사람이라고 생각했던 그녀는 이제 목적 지향적인purpose-driven 사람이 되었다.

만일 2009년의 버네사와 대화를 나눴다면 그녀의 경력 이야기를 많이 들었을 것이다. 그리고 아마 그녀는 당신에 대해 아무런 질문도 하지 않을 것이다. 당신이 금융업 종사자가 아니라면 두 사람의 대화거리는 별로 없을 뿐만 아니라 그녀는 당신에게 그다지 흥미가 없을 게 분명하다. 게다가 몹시 바빠서 당신에게 내줄 시간이 많지 않을 것이다.

그러나 2019년의 버네사와 대화를 한다면 지구에 관한 이야기를 많이 나눌 것이다. 빙하가 녹고 있다는 이야기, 인간의 잠재력에 대한 이야기, 우리는 삶을 바꿀 수 있는 능력이 있을 뿐만 아니라 지구를 보호할 책임이 있다는 이야기 등등.

또한 그녀는 당신에 대해 많은 질문을 할 것이다. 무엇이 당신에게 중요하고 추진력을 제공하는가에 관심을 보일 것이며 당신의 질문에 기꺼이, 솔직히 대답해줄 것이다. 또한 그녀는 절대로 서두르지 않고 그 시간에 온전히 충실할 것이다. 당신은 그녀와 있으면서 영감을 받고 편안함을 느낄 것이다.

2009년의 버네사가 성격 검사를 받는다면 모든 답변이 자기중심적이고 그녀의 유일한 우선순위인 경력이 많은 내용을 차지할 것이다. 그래서 성실성과 외향성에서는 높은 점수를 받고 새로운 경험에 대한 개방성, 우호성, 신경증(정서적 불안이나 적응의 정도—옮긴이)에서는 낮은 점수를 받을 것이다.

성격 검사는 일반적으로 자기 보고self-report를 토대로 한다. 버네사는 대체로 안전지대를 벗어나는 경우가 드물기에 자신이 정서적으로 안정되어 있다고 봤다. 그녀 자신의 말처럼 삶과 일은 예측하기 쉬웠다. 게다가 승진에 대한 사회적 요구에서는 자신을 외향적이라고 생각했을 가능성이 크다.

반면에 2019년의 버네사는 자신에게 몰두하기보다는 타인에게 더 관심이 있다. 예전의 그녀는 스포트라이트를 받고 스타가 되기를 바랐다. 그러나 이제는 중요한 등반을 할 때 팀원 모두가 안전하게 정상에 오르도록 행렬의 후미에 선다. 단선적 사고와 승진이라는 분명한 미래를 그리고 있었던 2009년과 달리 2019년의 그녀는 자신의 미래를 불확실하다고 묘사한다.

그녀에게 목표나 야망이 없어서가 아니다. 목표는 더 크고 그 어느 때보다 분명하다. 그렇지만 그 목표는 이미 만들어져 있는 길이 아니다. 이제 버네사는 하나의 단조로운 길을 오르기보다는 스스로 길을 내면서 여러 경계를 수평으로 넘나들고 있다.

그녀는 자신뿐 아니라 누구도 간 적 없는 영역을 개척하고 있다. 끊임없이 새로운 일에 도전하고 난생처음 하는 일들을 시도한다. 지금은 승진 사다리만 타던 직장인에서 다수의 기네스 기록을 보유한 세계적 산악인으로 어떻게 변신했는지 상세히 다룬 자서전을 집필하고 있다. 또한 그녀는 여러 조직을 이끌거나 관여하고 있으며 세계 각지를 돌며 강연도 한다.

흥미롭고 신나는 그녀의 삶에 웃음과 햇살만 있는 것은 아니다. 끊임없이 새로운 일과 활동에 참여하면서 그녀는 훨씬 폭넓은 감정의 스펙트럼을 경험했다. 극도로 고통스럽고 복잡하고 혼란스러운 날들도 있었다. 하지만 산에 있을 때는 말로 표현할 수 없이 황홀하고 행복하다고 그녀는 말했다.

2019년에 버네사가 성격 5요인 검사를 받는다면 2009년과는 아주 다른 결과가 나올 것이다. 새로운 일에 도전하고 한계를 넘어서도록 자신을 채찍질하기 위해 경력 위주의 목표를 포기한 그녀는 신경증, 새로운 경험에 대한 개방성, 우호성 면에서는 더 높은 점수를, 성실성과 외향성 면에서는 더 낮은 점수를 받을 것이다. 더 많은 사람과 더 좋은 관계를 맺고 있음에도 불구하고 그녀는 그 어느 때보다 자기 위안을 소중히 여긴다.

성격은 자기 보고에 기초한 것임을 기억하라. 자신에 대한 우리의 견해는 현재의 초점, 맥락, 감정에 따라 끊임없이 변화한다.

버네사의 삶은 예측 가능하고 일관성 있는 예전 삶과는 거리가 멀며 그녀는 더 유동적이고 개방적이며 적응력 있는 사람이 되었다. 그녀는 거시적 목적을 갖고 처음부터 계획하지 않은 활동과 프로젝트, 관계, 상황에 관여한다. 하지만 목적에 헌신하고 있기에 목적에 한 걸음 더 다가가기 위해서라면 무엇이든 기꺼이 하려고 한다. 다시 말해 버네사가 무엇을 할 수 있고, 무엇을 할지 결정하는 요인은 목적이지 성격이 아니다. 게다가 목적을 끈질기게 추구하면서 그녀의 성격은 극적으로 변했고 앞으로도 변할 것이다.

미래학자이자 저술가이며 엑스프라이즈XPRIZE 재단의 설립자인 피터 디아만디스Peter Diamandis는 이렇게 말한다. "목적에 따라 움직인다면 개인도 세상을 바꿀 수 있다. 당신이 세상을 바꿀 수도 있다. 진심으로 그렇게 믿는다." 디아만디스는 이를 MTP, 즉 거대한 변화를 부르는 목적Massively Transformative Purpose이라고 부른다. 아주 간단한 개념이다. 원대하고 영감을 주는 목적이 있다면 이를 추구하기 위해 삶 전체가 변하는 것을 말한다.

그 목적을 정하고 선택하는 사람은 바로 자신이다. 인생을 바칠 만한 목적을 만천하에 알리고 이를 이루기 위해 자신과 삶을 바꾸는 것이며 또한 세상도 바꾸는 것이다. 직업적 또는 조직의 MTP뿐만 아니라 개인적 MTP를 가질 수 있고 또 가져야만 한다는 것이 디아만디스와 나의 견해다.

2019년 버네사의 하루는 2009년의 그녀가 헤아리기 힘들 것이다. 2019년의 그녀에게는 평범한 일이 2009년의 그녀에게는 무척이나 불편하며 매력적이거나 흥미롭지 않을 것이다. 반대로, 2019년의 버네사는 자신의 예전 모습을 이해할 수 없다. 그래도 과거의 자신에게 공감하고 감사하며 미래를 겸허히 생각한다. 이제 버네사가 원하는 것은 기부, 봉사, 사람들과의 관계다. 그녀는 훨씬 더 친절하고 사람들에게 더 집중하고, 더 유연하고, 더 인내심이 있으며, 자신이 그리는 큰 그림에 더 집중한다. 내가 미래의 그녀는 어떤 사람이냐고 물었을 때 그녀는 자선가라고 대답했다.

어떻게 이런 변화가 일어났을까? 어떻게 버네사 오브라이언은 지독한 일중독자인 A 유형 회사원에서 지구 보호에 열성적인 모험가, 철학자, 자선가로 변신했을까? 신체적으로 힘든 도전을 하지 않던 그녀가 어떻게 세계에서 두 번째로 높고 에베레스트보다 등반하기 어려운 해발 8,611미터의 K2 등정에 성공한 최초의 미국 및 영국 여성으로 (버네사는 이중 국적을 갖고 있다) 변신했을까?[2]

어떻게 그녀는 2018년에는 과학탐사협회로부터 올해의 탐험가 상을, 2019년에는 뉴욕주 하원의원 캐럴린 멀로니로부터 용감한 여성상을 받을 수 있었을까? 어떻게 그녀는 여성으로서 최단기간인 295일 안에 7대륙 최고봉을 완등하는 세계 기록을 세우고 기네스북에 등재될 수 있었을까?[3]

어떻게 그녀는 목적 지향적인 사람, 타인에게 관심을 두고 배려하는 사람이 될 수 있었을까? 어떻게 더 친절하고 사려 깊으며 철학적인 사람이 되어 자신과 현실에 대한 인식을 높일 수 있었을까? 만일 그녀를 금융업계의 동료 몇 명과 한자리에 앉힌다면 그들은 지난 10년간 그녀가 이룬 일과 변화에 깜짝 놀랄 것이다. 대체 어떻게 이런 일이 일어났을까?

여기에는 몇 가지 중요한 사건들이 있었다. 버네사는 2008년 시장이 붕괴하면서 변화의 길을 걷기 시작했다. 상황을 지켜본 그녀와 남편은 새로운 나라로 이주해 새 출발을 하기로 했다. 시장 붕괴의 고통과 그에 따른 혼란으로 그녀는 삶에서 정말로 중요한 게 무엇인지 의문을 품었다. 그리고 자신에게 더 많은 의미를 부여해줄 수 있는 새로운 인생 목적이 필요하다는 판단을 내렸다.

몇몇 친구의 도움으로 그녀는 에베레스트산 등정을 새로운 도전 목표로 선택했다. 목표를 달성하는 과정과 그 과정에서 겪은 고통, 겸손할 수밖에 없게 만드는 실패를 통해 그녀의 정체성과 성격, 세계관이 변했다. 그리고 이는 다른 목표와 활동으로 이어졌다.

그 후 10년 동안 버네사는 계속해서 더 크고 도전적인 목표를 추구했고 그녀의 정체성과 관점, 목적을 변화시키는 경험을 했다. 그러면서 예전에 갖고 있던 삶에 대한 기대와 가치관은 산산이 부서졌다. "가장 기대했던 사람들이 가장 적게 주고, 가장 기대하지 않았던 사람들이 가상 낳은 것을 주었어요."

버네사는 과거를 버렸다. 한때 월급과 직함, 물질적 소유에 얽매였던 자아를 버리고 거대한 변화를 부르는 의미 있는 목적을 자신의 삶에 받아들였다. 현재 그녀는 미래를 위해 좋은 일을 하는 데 집중하고 있다. 남들이 자신을 어떻게 생각하는지는 신경을 덜 쓴다. 그런 파격적인 변화로 버네사는 성격심리학자들이 '아웃라이어'라고 부르는 사람이 되었다. 어쩌면 그녀를 성격장애로 진단하는 사람도 있을지 모른다. 하지만 그녀는 당신이나 나와 그리 다른 사람이 아니다. 믿기지 않을 만큼 특출한 일을 해낸 건 맞지만 선천적으로 우리와 다르다거나 규칙에서 벗어나지는 않았다.

그녀는 결코 특별하거나 다르지 않다. 사실 평범하지만 특별해지기로 선택한 것이다. 이 예만 봐도 성격이 선천적이고 안정적이며 평생 이어진다는 생각은 거짓임을 알 수 있다. 실제로 성격 이론과 삶은 우리가 들어온 것과는 완전히 다른 이야기를 들려준다. 버네사만큼 신체적, 정서적 혹독함을 능동적으로 헤쳐나가는 사람은 거의 없다는 점을 고려하면 보통 사람의 성격은 그녀만큼 급격히 바뀌지 않을 수도 있다. 하지만 대체로 모든 사람의 성격은 변하며 이미 변했다.[4]

우리는 늘 달라진다

성격은 안정적이지 않으며 의도하든 의도하지 않든 변한다. 심리학자들은 똑같은 성격 검사를 다른 시간, 다른 검사 환경에서 받을 때 점수가 다르다고 놀라서는 안 된다고 한다. 성격은 사람들이 생각해온 이상으로 훨씬 더 역동적이고 유연하다.

이런 사실과 이를 증명하는 과학의 성장에도 많은 심리학자와 대중은 여전히 1960~1980년대의 관점으로 성격을 바라본다. 즉 성격은 바꿀 수 없는 고정적인 특성trait 이라고 본다. 특성을 강조하는 문화 속에서 성장한 베이비붐 세대의 다수는 사람이 내재적 특성을 갖고 태어난다는 견해를 고수한다. 이런 특성 문화는 그 시대의 리더십 역학(백인, 남성, 큰 키 등)으로 쉽게 입증되며 이는 종종 차별주의로 나타나기도 한다.

하지만 새로 등장한 과학 지식과 변화하는 세계는 현실은 이와 반대라는 것을 증명한다. 사람은 변화할 수 있고 실제로 변한다. 그것도 많이. 또한 정보, 여행, 관계, 경험이 그 어느 때보다 쉬운 세상이 되면서 이전 세대들이 겪은 제약들이 사라졌다. 선택지는 훨씬 많으며 심지어 지나칠 정도다. 그 결과 선택에 대한 책임, 개인과 사회가 어떻게 변화하는가에 대한 책임이 훨씬 더 커졌다. 그렇기에 여기서는 성격에 관한 그동안의 생각들이 틀렸음을 밝히고자 한다. 성격에 관한 잘못된 생각들을 간단히 정리하면 다음과 같다.

- MBTI로 성격 유형을 알 수 있다.
- 성격은 선천적이고 고정적이다.
- 사람의 과거를 보면 미래가 보인다.
- 진짜 성격을 찾아야 한다.
- 자기 본성대로 살아야 한다.

이런 생각들은 성장기에는 도움이 될 수도 있지만 궁극적으로는 해롭다. 사람들이 자신에 대해 편협한 고정 마인드셋을 채택하기 때문이다. 우리는 진정한 자신을 발견하기 위해 잘못된 추적에 나서며 그 대부분은 평범함을 향한 막연한 여행에 그치고 만다.

스스로 내린 결정과 선택한 환경을 통해 자신을 만들어나가는 것은 한 인간의 책임이다. 그리고 곧 알게 되겠지만 의도하지는 않았더라도 당신은 계속 자신을 창조해왔다.

여기서는 성격에 관한 편견들이 틀렸음을 과학과 상식으로 논박한 후 제2장에서 성격에 관한 정확하고 유용한 관점을 설명할 것이다. 그래서 성격뿐만 아니라 과거와 미래를 선택할 수 있도록 힘을 실어 주고자 한다. 이후 나머지 장들에서는 당신이 원하는 사람이 될 수 있는 방법을 소개할 것이다.

MBTI로 성격 유형을 알 수 있다

순전히 외향적인 사람 또는 순전히 내향적인 사람 같은 건 없다.
그런 사람은 정신병원에 있다.[5]
_카를 구스타프 융

세상에는 두 가지 유형의 사람이 있다. 인간이 두 가지 유형으로 나뉜다고 믿는 사람과 믿지 않는 사람이다. 그러나 마이어스-브릭스 검사에 따르면 세상에는 16가지 유형의 사람이 있다. NEO 성격 검사 개정판에 따르면 여섯 가지 유형의 사람이 있다. 《해리 포터》에서는 사람들이 후플푸프, 그리핀도르, 슬리데린, 래번클로, 네 가지 유형으로 나뉜다.

이게 무슨 일인가. 세상에는 두 가지 유형의 사람들이 있는 걸까? 또는 네 가지 유형? 여섯 가지 유형이 있는가, 아니면 16가지 유형이 있는가?

성격에 관한 중요한 편견 중 하나는 성격에 '유형'이 있다는 것이다.

그러나 결론부터 말하면 성격 유형 같은 것은 없다. 성격 유형은 실재하는 현실이 아니라 사회적 또는 정신적 구성 개념이다. 거의 피상적 수준에서 분석한, 차별적이고 비인간적이며 인간 존재의 복잡성을 매우 부정확하게 바라보는 개념이다. 성격 유형은 과학적으로 뒷받침되지 않은 개념이다. 인기 있는 성격 퀴즈의 대부분은 사실 사람들을 규정할 자격이 없는 이들이 만들어낸 것들이다.

옥스퍼드대학교의 메르베 엠레Merve Emre 교수는 2018년에 쓴《성격을 팝니다》에서 성격 검사는 오늘날 20억 달러 규모의 산업이 되었으며 그중에서 가장 인기가 있는 검사는 MBTI라고 설명한다.[6] 그러나 흥미롭게도 MBTI를 만든 캐서린 브릭스Katharine Briggs나 그녀의 딸 이사벨 마이어스Isabel Myers는 심리학이나 정신의학 또는 평가 분야에서 전문적인 훈련을 받은 적이 없다. 둘 다 실험실이나 학술 기관에서 일한 적도 없다. 당시 대학은 여성에게 개방적이지 않았기에 두 사람은 실험실이나 대학이 아닌 가정에서 그들의 검사지를 개발했다.

브릭스는 1900년대 초 과학이나 심리학이 아니라 아내와 어머니로서의 경험을 통해 자신의 이론을 발전시켰다. 그녀는 자신과 남편이 삶에 다르게 반응하며 어떤 아이는 다른 아이보다 혼자 있기를 좋아한다는 것을 깨닫고 그것의 사회적 함의를 설명해주는 시스템을 고안하고 싶었다.

브릭스에 따르면 자신의 성격과 일치하지 않는 것들을 해결하려고 노력할 때 많은 심리적 고통을 겪을 수 있다. 그렇기에 자신을 바꾸려고 노력하는 대신 각각 삶의 태도가 선천적이며 변할 수 없다는 사실을 수용하라고 그녀는 말한다. 성격은 타고난 기질이므로 인정하고 수용해야 한다는 것이다.

당신이 어떤 사람이든, 살면서 어떤 모습을 보이든 당신의 행동은 정상으로 받아들여져야 한다. 그것이 브릭스의 주장이었다. 수줍음이 많은 사람이라면 주변 사람이 그 점을 고려해 대해야 한다. 만일 신경 쇠약인 사람이라면 이를 참작해줘야 한다. 친절하고 인정 많은 사람이라면 그런 행동을 항상 예상해야 한다.

이런 패러다임 아래서는 삶에 반응하는 방식이 바로 '당신이라는 사람'이므로 이를 부끄러워해서는 안 된다. 자신의 모습을 바꾸려고 해서도 안 되고 노력하더라도 바꿀 수 없다. 이런 특성들이 한계가 된다고 해도 당신이 할 수 있는 일은 아무것도 없다. 신 또는 당신의 DNA가 제공한 제약에 따라 살아야 한다.

아직도 MBTI를 믿습니까

재미있기는 하지만 유형에 기반한 성격 검사는 비과학적이며 자신이 실제보다 제한적인 인간이라고 믿게 만든다. 그런 검사들은 사람들을 단순하게 묘사하고 포괄적인 일반화로 가득해서 누구라도 자신과 관련된 이야기라고 생각하게 한다. 또한 심리를 지나치게 단순화해서 사람들이 실제보다 더 많이 심리를 알고 있다고 생각하게 만든다. 이에 대해 와튼스쿨의 경영학과 교수이자 조직심리학자인 애덤 그랜트_{Adam Grant}는 다음과 같이 설명했다. "MBTI는 신발 끈과 귀걸이 중어느 것이 더 좋으냐는 질문과 같다. 타당한 질문이 아닌데도 사람들은 '아하!' 하고 이로써 자신의 성격을 이해하게 되었다고 생각하는 경향이 있다. … [그것은] 심리학에 대한 전문 지식이 있다는 환상을 만들어낸다."[7]

특정 성격 검사 점수를 바탕으로 누구와 데이트를 하고 결혼해야 하는지부터 자녀를 낳아야 할지, 어떤 일을 해야 하는지, 앞으로 성공하고 행복할 수 있는지를 말해주는 성격 전문가가 소셜 미디어에 등장한 지도 한 세대가 지났다. 그런 말들은 과학적으로 느껴지지만 실은 과학을 가장한 미신일 뿐이다.

사회과학에는 이론의 가치를 결정하는 네 가지 기준이 있다. 바로 신뢰성, 타당성, 독립성, 포괄성이다.[8] MBTI는 이 네 가지 기준을 충족시키지 못한다. MBTI의 진짜 교훈은 성격에 대한 통찰이 아니라 마케팅이 지닌 놀라운 힘이다. 그것이 MBTI의 진정한 탁월함이다. 성격이 바뀔 수 있는지를 놓고 심리학자들은 여전히 논쟁하지만 MBTI 같은 성격 검사를 심각하게 받아들여선 안 된다는 데는 모두 동의한다.[9] 그런 검사들과 대중심리학자들이 보급한 성격 유형은 실제로는 존재하지 않는다.

의도적이고 전략적으로 자신을 특정 유형으로 정의하거나 특정한 라벨을 붙이는 것이 유용할 수는 있다. 작가이자 연설가인 제프 고인스_{Jeff Goins}는 늘 작가가 되고 싶었지만 그러기 위해 한 일이 아무것도 없었다. 하지만 스스로 '작가'라고 부르면서 정말로 작가가 된 듯 글을 쓰기 시작했고 결국 성공적인 작가가 될 수 있었다. 고인스는 의도적으로 자신에게 라벨을 붙였고 이는 그가 목표를 달성하는 데 도움이 되었다.

라벨은 목표에 종속될 수 있지만 목표가 라벨에 종속돼서는 안 된다. 목표가 라벨에 종속될 때 그 라벨이 궁극적 실체ultimate reality가 되어 라벨을 증명하거나 지지하는 삶을 만들기 때문이다. 예를 들면 "나는 외향적이므로 이것을 추구한다."라고 말하는 경우다. 이런 목표 설정은 당신이라는 사람을 확장하고 변화시키는 목표가 아닌 현재의 페르소나를 기반으로 하는 목표를 세운다.

성격이 목표에서 나와야지, 목표가 성격에서 나와서는 안 된다. 기업인이자 벤처투자자이며 저술가이기도 한 폴 그레이엄Paul Graham은 "자신에게 붙인 라벨이 많을수록 더 멍청해진다."라고 말했다.[10] 자신을 내향적인 사람 또는 외향적인 사람으로 설명한다면 공식적으로 사신을 '더 멍청한 사람'으로 만드는 것이다. 그 라벨 중 하나가 특정 목표를 달성할 수 있게 해주지 않는 한 말이다.

연구에 따르면 한 개인 또는 사례를 특정 라벨로 명명하거나 진단하는 것은 의사와 심리치료사가 치료를 진행하는 데 도움이 된다. 그러나 그 라벨을 내담자에게 공개해서는 안 된다. 라벨이 내담자 정체성의 중요한 측면으로 스며들어 그들의 변화 능력을 크게 제한하기 때문이다.[11]

라벨은 시야를 좁힌다. 특정 라벨을 당연시하면 자기도 모르게 무심해져서 그 라벨이 진실이 아닐 때도 보지 못하게 된다. 하버드대학교의 심리학자이자 마음챙김 전문가 엘렌 랭어Ellen Langer는 이렇게 말했다. "만일 뭔가가 용인된 사실로 제시된다면 대안적 사고방식은 고려조차 되지 않는다. … 사람들은 우울할 때 자신이 늘 우울하다고 믿는 경향이 있다. 그러나 기분의 변동에 유념하면 이것이 사실이 아님을 알 수 있다."[12]

성격은 지나치게 단순화된 일반화나 범주보다 훨씬 미묘하고 복잡한 것이다. 고립된 특성이 아니라 맥락과 문화, 행동, 그 외 수많은 요인의 영향을 받는다. 성격심리학자 캐서린 로저스Katherine Rogers는 이 점에 대해 다음과 같이 말했다. "우리는 성격이 유형으로 작동하지 않는다는 것을 알고 있다. … 나는 MBTI가 별점보다 내 성격에 대해 더 많은 이야기를 해줄 거라고 믿지 않는다."[13]

로저스의 말이 전적으로 옳다. 이는 대단히 좋은 소식이다! 이제는 자신을 내향형이나 외향형으로 정의하기를 그만둘 때다. 그러면 지금보다 훨씬 더 개방적으로 바뀔 것이다. 개인의 가능성과 선택지가 확장되며 책임과 주체성이 증가한다. 현재 자신을 어떻게 보느냐와 상관없이 하고 싶은 일을 할 수 있다.

문제는 유형에 기초한 성격 검사가 사람들 사이에서뿐 아니라 기업 내에서도 많이 사용되고 있다는 점이다. 이런 검사에 어떻게 응답했느냐에 따라 누군가는 생계가 위태로워지기도 한다. 그 직책이나 문화에 적합한 컬러나 유형이 아니라는 이유로 경력에 손해를 입거나 궤도에서 벗어난 경우도 많다.[14]

성격은 어떻게 만들어지는가

당신은 단 한 가지 유형의 사람이 아니다. 다른 상황과 사람 속에서 달라진다. 성격은 역동적이고 유연하며 맥락에 따라 달라진다. 게다가 성격은 현재 상상할 수 있는 것보다 훨씬 더 많이, 평생 변화한다.

인생의 단계와 계절에 따라 당신은 다른 사람이 된다. 하루에도 수십 가지 성격을 보여줄 수 있다. 팟캐스터 조던 하빈저Jordan Harbinger 는 인터뷰에서 이렇게 말했다. "저는 커피를 마시기 전에는 INTJ형입니다. 커피를 마신 후에는 ENTJ형이죠."

성격을 자신이 속한 특정 유형으로 봐서는 안 된다. 성격은 고정된 것이 아니라 유연하고 변하기 쉬우며 상황에 따라 나오는 행동과 태도의 집합이다. 가장 과학적으로 뒷받침된 성격 이론에서는 다음과 같은 5요인으로 성격을 분석한다.[15]

1. 새로운 것을 배우고 경험하는 데 얼마나 열린 마음을 가지고 있는가(새로운 경험에 대한 개방성).
2. 얼마나 조직적이고 의욕적이며 목표 지향적인가(성실성).
3. 다른 사람들과 얼마나 활력적이며 관계를 잘 맺는가(외향성).
4. 타인에게 얼마나 친절하고 낙천적인가(우호성).
5. 스트레스와 부정적인 감정을 얼마나 잘 처리하는가(신경증).

이 다섯 가지 요인은 그 어느 것도 유형이 아니다. 우리는 선호도,

경험, 상황에 기초해 이 요인 각각의 스펙트럼 어딘가에 놓인다. 상황과 사정이 달라지면 때로는 좋게, 때로는 더 나쁘게 다른 모습을 보일 것이다.

연구자들은 사회적으로 요구되는 역할과 성격 특성 간에 강한 연관성이 있음을 발견했다.[16] 만일 특정 역할이 성실성과 외향성을 요구한다면 그 역할을 맡은 사람은 아주 높은 수준의 성실성과 외향성을 보일 것이다. 하지만 똑같은 사람이 성실성과 외향성을 덜 요구하는 다른 역할을 맡으면 이런 특성들이 덜 보일 것이다. 종단 연구를 보면 대개 한 사람의 성격은 인생 단계를 거치면서 주어졌다 벗어나는 사회적 역할들로 설명된다. 그래서 성격을 예측하는 변수로 사회적 역할은 중요하게 여겨진다.[17]

우리는 자신이 한결같다고 생각하지만 사실 우리의 행동과 태도는 자주 바뀐다. 한결같은 것은 행동이 아니다. 자신의 행동은 일관성이 있다는 생각 때문에 행동이 한결같아 보이는 것이다. 우리는 선택적으로 자신이 동일시하는 것에 집중하고 동일시하지 않은 것은 못 본 척한다. 그 과정에서 자기답지 않게 행동한 사례들은 놓치거나 의도적으로 무시하는 경우가 많다.

연구에 따르면 요즘 사람들은 자신을 유동적이고 유연한 사람으로 여기고 싶어 하며 성격을 개선하려는 구체적인 욕구가 있다. 있는 그대로의 자신에 만족한다고 보고한 사람은 13퍼센트 이하였다.[18] 그들은 대체로 개방성, 성실성, 외향성에서 더 높은 점수를 받고 싶어 했고 신경증에서는 더 낮은 점수를 받고 싶어 했다.

특정한 이유로 자신을 개선하는 데 관심이 있는 사람들에게 좋은 소식이 있다. 최근 연구에 따르면 그런 변화가 가능하다. 2015년 네이선 허드슨Nathan Hudson과 크리스 프레일리Chris Fraley의 연구는 목표 설정과 개인의 지속적인 노력을 통해 성격을 의도적으로 바꿀 수 있음을 증명했다.[19] 크리스토퍼 소토Christopher Soto와 줄 스페흐트Jule Specht의 연구에 따르면 사람들이 의미 있고 만족스러운 생활을 영위할 때 성격 변화가 가속화된다.[20]

성격의 5요인 각각은 그것을 바꾸려고 하든, 그렇지 않든 일생에 걸쳐 변할 것이다. 하지만 그 어느 요인이든 의식적으로 바꿀 수 있다. 버네사 오브라이언은 에베레스트 등정이라는 목표를 세웠고 그 결과 새로운 경험에 더 열린 마음을 갖게 되었다.

성격의 유연성에 대해 현재 진행 중인 연구들은 적어도 단기적으로는 변화가 크지 않음을 보여준다. 그러나 이 책 전반에 걸쳐 보겠지만 변화가 크지 않은 이유는 불가능해서가 아니다. 그보다는 사람들이 대체로 감정적, 상황적 이유로(이 두 가지 모두 통제할 수 있다) 변화하려 하지 않기 때문이다.

의도적인 변화는 감정적으로 혹독한 과정을 요구한다. 기분이 좋다고도 할 수 없고 충격적일 만큼 고통스러울 수도 있다. 그런 감정적인 경험을 해가면서 관점을 바꾸고 행동과 환경을 바꿀 용의가 없다면 엄청난 변화를 기대하지 마라(적어도 단기적으로는 말이다). 심리적으로 유연해지면 현재의 정체성이나 관점에 집착하지 않고 변화할 수 있다. 지치지 않으면서 목적에 전념하고, 감정을 회피하기보다 수용하는 것이 급격한 변화에 이르는 길이다.

인간은 변한다는 믿음

최고의 변화는 현실적으로 가능한 일이다. 사실 5요인 전부가 행동이며 실제로 배울 수 있는 '기술'이다. 덜 개방적인 사람이 되는 법을 배울 수 있는 것처럼, 새로운 경험에 더 개방적인 사람이 되는 법을 배울 수 있다. 더 조직적이고 목표 지향적으로 바뀌는 법을 배울 수 있다. 더 내향적이거나 외향적으로 변화하는 법을 배울 수 있다. 다른 유형의 사람들과 관계를 더 잘 맺는 법을 배울 수 있다. 예민하고 피해의식에 사로잡히기보다 감정적으로 더 똑똑해질 수 있다.

사람을 범주 또는 유형으로 분류하면 선천적으로 바뀔 수 없는 존재로 보기 때문에 정말 해롭다. 사람을 변할 수 없는 존재로 바라보면 과거로 그 사람을 규정하기 시작한다. 즉 과거에 어떤 일을 저지른 사람이 있으면 그가 변했을 수도 있다고 인정하기보다는 항상 그런 일을 할 사람으로 본다.

이런 견해의 한계는 빅토르 위고의 소설 《레 미제라블》에서도 볼 수 있다.[21] 소설은 사람은 변할 수 없다고 믿는 독선적인 경찰관 자베르와 자신의 인생을 바꾸고 더 고귀하고 성스러운 일에 헌신하는 전과자 장 발장, 두 사람의 이야기를 담고 있다. 자베르는 장 발장이 정말로 변했다는 사실을 받아들일 수 없다. 그는 인간은 과거에 지은 죄를 용서받아서는 안 된다고 생각한다. 그리고 죄지은 사람은 근본적으로 나쁜 사람이라고 믿는다.

소설이 전개되는 내내 자베르와 장 발장은 다양한 상황에서 마주친다. 자베르는 장 발장을 법의 심판대에 세우는 데 집착하고 장 발장은 죄를 저질렀던 과거를 만회할 삶을 살기 위해 시종일관 노력해서 어려운 사람들을 돕는 데 헌신한다. 자베르는 결국 자기 신념과 모순되는 장 발장의 존재를 받아들일 수 없어 자살한다. 마음을 바꾸는 대신 스스로 목숨을 끊은 것이다.

〔 Change Point 〕

- 사람이 변할 수 있다고 생각하는가?
- 과거의 일로 자신이나 타인을 특정한 방식으로 규정한 적이 있는가?
- 자신을 범주화 또는 유형화하여 가능성을 제한한 적이 있는가?
- 스스로 규정하기를 그만두고 변화 가능성을 열어둔다면 미래는 어떻게 될까?

편견 2

성격은 선천적이고 고정적이다

최근 60여 년에 걸쳐 이뤄진 한 종단 연구의 결과가 나오자 연구자들
은 당황하지 않을 수 없었다.[22] 연구에 참여한 사람들 대부분의 성격
이 연구자들의 예상과 완전히 달랐기 때문이다. 이 연구는 1950년대
스코틀랜드에서 14세 학생 1,208명을 대상으로 설문 조사를 하면서
시작되었다. 교사들은 설문지를 통해 이 청소년들의 여섯 가지 성격
특성 즉 자신감, 인내심, 안정감, 성실성, 독창성, 학습 욕구를 평가해
달라는 요청을 받았다.

　60여 년 후 연구자들은 원래 참여자들 가운데 674명을 다시 조사했
다. 77세가 된 참여자들은 이번에는 자신의 여섯 가지 성격 특성을 직
접 평가하는 동시에 가까운 친구나 친척을 지명해 그들에게도 같은

설문지로 평가받았다. 연구자들은 이렇게 밝혔다. "우리는 63년이라는 긴 세월이 흘러도 성격은 안정적이라는 증거가 발견될 거라는 가설을 세웠다. 하지만 우리가 얻은 상관계수는 이 가설을 지지하지 않았다." 학자들이 이렇게 말하면 그들의 가설이 완전히 틀렸다는 뜻이다. 성격은 시간이 흐르면서 변한다는 것이 이 연구에서 밝혀졌다.

종단 연구는 수행하기가 대단히 어려우므로 사실상 거의 이뤄지지 않는다. 연구 참여자들을 대상으로 후속 검사를 진행하는 특별한 경우에도 대개 몇 주 또는 몇 개월 이내에 한다. 이런 조건에서는 성격이 거의 변하지 않는다고 결론짓기 쉽다. 만일 같은 성격 검사를 3개월 또는 6개월 간격으로 받는다면 그 몇 개월 사이에 뭔가 극단적인 일이 일어나지 않는 한 비슷한 점수를 받을 것이다.

그러나 검사 간격이 길어지면 결과가 달라진다. 63년에 걸쳐 종단 연구를 했던 연구자들은 "연구 기간을 63년까지 늘렸더니 과거와 현재의 성격은 거의 아무 관계가 없었다."고 결론지었다.

10년 전의 나 vs. 지금의 나

성격은 시간이 흐르면서 달라질 뿐만 아니라 예상보다 훨씬 많이 변한다. 하버드대학교의 심리학자 대니얼 길버트의 연구에 따르면 10년 사이에 당신은 '딴사람'이 된다.[23] 길버트는 이 연구에서 사람들에게 관심과 목표, 가치가 지난 10년 사이에 얼마나 변했는지 물었다. 그런 다음 앞으로 10년 동안 그들의 관심, 목표, 가치가 얼마나 변할 거라고 예상하는지 물었다. 사람들은 이전과 지금의 자신 간 차이를 분석하라는 요청을 받았을 때는 지난 10년간 성격 변화를 쉽게 인식했다. 그렇지만 향후 10년 동안의 변화에 대해서는 하나같이 약간의 변화만 일어날 것으로 예상했다.

이는 역사의 종말 환상end-of-history illusion이라고 불리는 심리 현상으로 연령대와 상관없이 현재까지는 상당한 개인적 성장과 변화를 경험했으나 앞으로는 실질적인 성장이나 성숙은 없으리라고 믿는 것을 일컫는다. 길버트의 말마따나 '인간은 자신을 완성품이라고 착각하는 진행 중인 작품'이다.

인간은 지금 자신의 모습이 '종착점에 도달한', '완성된', '진화한' 모습이라고 보는 이상한 사고방식을 가지고 있다. 이것이 과거의 자신에서 현재의 자신으로 얼마나 변화했는지 보여주는 증거와 상관없이 대개 여전히 같은 사람이라고 느끼는 이유다. 현재의 감정과 행동, 심지어 습관과 환경이 몇 년 전과는 완전히 다름에도 우리는 항상 그대로인 것처럼 느낀다.

인간은 매우 적응력이 뛰어나다. 극심한 변화를 겪고도 신속히 그 변화에 적응하고 이를 새로운 표준으로 삼는다. 그렇기에 나이가 들면서 자신이 이전과 같은 사람이라고 느낄지 모르지만 사실 우리는 같은 사람이 아니다. 지금 삶이 '정상' 같지만 이전 삶과 비교하면 그렇지 않다.

우리가 이전에 내린 결정에 어떻게 반응하는가를 보면 시간이 지나면서 성격이 변한다는 사실을 분명히 알 수 있다. 종종 사람들은 과거에 새겼던 문신을 지운다. 영원히 사랑할 줄 알았던 배우자와 이혼하기도 한다. 과거엔 살이 쪄도 개의치 않고 먹었지만 지금은 뱃살을 빼기 위해 열심히 운동한다. 그토록 원했던 직장을 그만두기도 한다.

사람들은 자신이 미래에 달가워하지 않을 결정을 자주 내린다. 대체로 미래를 예측하는 데 능숙하지 않기 때문이다. 예측하지 못한다는게 아니라 예측하지 않으려 하는 까닭이다.

우리는 과거를 기억하는 것보다 미래를 상상하는 것이 더 어렵다. 상상력은 계발해야 하는 기술인데 이에 능통한 성인은 드물다. 오히려 성인은 나이가 들수록 창의력과 상상력이 떨어지며 점점 좁은 시야에 고착되고 독단적인 사람이 된다. 간단히 질문 하나만 해보자. 당신은 자신의 미래를 상상하는 데 얼마나 시간을 쓰는가? 대부분은 그럴 시간이 많지 않다고 대답한다.

되고 싶은 사람이 되려면

지금까지 설명한, 사람들이 자기의 미래 모습을 예측하거나 형성하지 못하게 막는 두 가지 주요 장애물을 정리하면 다음과 같다.

1. 현재의 성격을 완성체로 추정한다.
2. 과거의 중요성을 지나치게 강조해 자신과 세상을 바라보는 시각이

좁다.

사람은 변한다. 지금까지 변해왔고 앞으로도 변할 것이다. 이제는 자기의 미래 모습이 어떨지 생각해볼 때가 되었다. 미래 자신의 모습에 놀라거나 실망하거나 좌절하고 싶지는 않을 테니 말이다. 현재 미루고 방치하거나 나쁜 계획, 잘못된 결정으로 미래를 망치고 싶지는 않을 것이다.

가장 좋은 방법은 현재의 내가 아닌 미래의 내가 원하는 결정을 내리는 것이다. 현재 상황이 아니라 희망하는 상황의 관점에서 결정하고 행동하는 것이 최선이다. 미국의 법학자이자 종교 지도자인 달린 옥스Dallin Oaks의 말을 들어보자.

우리는 살면서 수많은 선택을 한다. 중요한 선택도 있고 사소해 보이는 선택도 있다. 돌이켜보면 우리의 선택 중 일부가 삶에 얼마나 큰 차이를 가져왔는지 알 수 있다. 따라서 대안들을 고려하고 각각의 결과를 숙고한다면 더 나은 선택과 결정을 내릴 것이다. … 항상 미래를 의식한다면 우리의 현재와 미래는 더 행복해질 것이다. … '이 선택은 어디로 이어질까?' 이 질문은 자신에게 어떤 라벨을 붙일지, 자신을 어떻게 생각할지 선택할 때도 중요하다. … 당신이 노력해서 달성할 수 있는 목표를 제한하는 말로 자신을 명명하거나 생각하지 마라.[24]

이런 상상의 첫 단계는 '현재의 나'와 '미래의 나'를 구분하는 것이다. 그 둘은 동일 인물이 아니다. 미래의 나는 현재의 나와 다른 사람이다. 미래의 나를 지금의 나와 똑같은 사람으로 추정하는 것은 의사결정에 좋지 않다. 정체성을 연구해온 할 허시필드Hal Hershfield는 "미래의 자신을 다른 사람에 비유하는 것이 이상해 보일 수도 있지만 이런 비유가 장기적 의사결정을 이해하는 데 상당히 효과적이다."라고 말했다.[25]

장차 내가 되고 싶은 사람은 지금의 나보다 더 중요하며 지금의 나에게 실질적 영향을 주어야 한다. 미래의 나는 과거의 나보다 훨씬 더 현재의 정체성과 성격을 이끌고 가야 한다. 현재의 나보다 훨씬 현명하고 광범위한 경험을 하고 더 큰 기회와 깊은 인간관계, 더 나은 자기관自己觀을 추구한다. 지금보다 지식, 기술, 관계도 늘고 더 주체적으로 선택한다.

현시점에서 이렇게 하는가에 따라 미래의 내가 현재의 나보다 더 제한적일 수도 있다. 만일 현재 건강에 해로운 행동을 하거나 형편없는 선택을 하거나 나쁜 습관을 갖는다면 미래의 나는 현재의 나보다 더 상황이 나쁠 것이다. 때로는 잠들기 전에 유튜브 영상을 보거나 술집에서 한잔 더 마시는 것처럼 무해해 보이는 사소한 행동들이 모여 심각한 문제를 일으킬 수 있다.

슬프게도 내 친구와 친척 몇 명도 과거의 잘못된 결정 때문에 현재 끔찍한 상황에 처해 있다. 그들은 어떤 우연한 사고 때문이 아니라 목적, 계획, 목표 지향적 행동의 결여 때문에 과거에 생각했던 것과는 다른 삶을 살게 되었다. 그들은 해이했고 지금 그 대가를 치르고 있다. 상황만 더 나빠진 것이 아니다. 성격, 관점, 관계 등 그들 자신도 과거보다 훨씬 더 나빠졌다.

지금 당장 미래에 내가 무엇을 원할지 생각할 때 삶은 완전히 새로운 의미를 지니기 시작한다. 현재 정체성을 바탕으로 결정을 내리기보다는 미래에 자신이 좋아하고 감사할 결정을 내려라.

많은 기회와 성공, 기쁨을 위해 미래의 자신을 준비시키는 것은 당신의 책임이다. 이것이 미래에 후회하는 사람이 아닌 자신이 원하는 사람이 되고 원하는 삶을 만들어나가는 방법이다.

다음 질문에 답하며 미래의 나를 묘사해보자.

[**Change Point**]

• 미래의 나는 어떤 사람인가?

• 얼마나 자주 미래의 나를 상상하고 설계하는가?

• 정체성 기반을 과거의 내가 아니라 되고 싶은 사람에 둔다면 앞으로 어떻게 변할까?

사람의 과거를 보면 미래가 보인다

때로는 과거에 다시 한번 기회가 주어져야 마땅하다.[26]
_말콤 글래드웰

많은 이론에 공통으로 깔린 과학적 전제는 모든 것이 신행 조건 또는 앞선 사건으로 발생하거나 존재한다는 인과적 결정론이다.[27] 이 관점에서 보면 연쇄적으로 넘어지는 도미노 패처럼 사람들은 과거에 일어난 사건들로 결정된다(영향을 받는 게 아니다).

심리학자들은 인간의 행동을 관찰하면서 미래의 행동을 예측하는 가장 좋은 방법은 과거를 관찰하는 것이라는 데 동의하게 됐다. 이 관점은 지금까지도 계속해서 입증되고 있다. 실제로 사람들은 시간이 지나도 앞으로 어떤 행동을 할지 상당히 예측 가능한 것처럼 보인다. 왜 그럴까? 사람들은 왜 쉽게 변하지 않는 것 같을까?

이러한 관점에서는 성격이 대체로 바꿀 수 없는 안정적인 특성이라고 여긴다. 하지만 이는 지나치게 단순하고 부정확한 설명으로서 궁극적으로는 무심함과 변명을 낳는다.

그렇다. 사람들의 행동은 시간이 지나도 예측할 수 있고 일관성이 있는 것처럼 보일 수 있다. 실제로 그런 경우도 많다. 하지만 그 일관성의 이유가 성격이 정해져 있고 바꿀 수 없기 때문이 아니다. 그보다도 훨씬 더 심층적인 이유로 사람들은 다음과 같은 패턴에 빠진다.

- 재구성되지 않은 **과거의 트라우마**past trauma에 계속 규정당한다.
- 미래가 아니라 과거에 기반한 **정체성 서사**identity narrative를 가지고 있다.
- **잠재의식**subconscious이 과거의 자신 및 감정을 유지하도록 만든다.
- 미래의 정체성보다는 현재의 정체성을 지지하는 **환경**environment을 유지한다.

위 네 가지 패턴은 성격을 작동시키는 레버다. 그 사실을 깨닫든 깨닫지 못하든 당신은 이 레버들을 통제할 수 있다. 이 레버들을 바꾸거나 재구성하거나 관리할 때 성격과 삶은 의도한 대로 변할 수 있다. 이 네 가지 레버에 사로잡혀 꼼짝 못 하고 변화란 거의 불가능하다고 생각할지, 이 레버들을 활용해 원하는 사람이 될지는 당신에게 달려 있다.

나는 이 네 가지 레버가 성격에 어떤 영향을 미치는지 보여주고 각 레버를 영리하게 활용할 전략들을 제안할 것이다. 이 레버들에 끌려

다니지 않고 통제하는 능력을 갖춘다면 당신은 이전의 삶처럼 이끌려 다녔던 모습이 아닌 스스로 선택한 사람이 될 수 있다.

새로운 방식으로 과거 해석하기

먼저 과거가 정말로 현재의 '원인'인지에 대한 관점을 바꿔줄 사례와 과학적 사실부터 살펴보자. 터커 맥스Tucker Max 는 성공한 출판·미디어 회사의 공동 창업자로 한 여자의 남편이자 세 아이의 아버지다. 요즘 그에게는 가족이 세상에서 가장 중요하다. 하지만 과거에는 조금 다른 사람이었다.

2006년에 그는 《지옥에도 맥주가 있으면 좋겠다》I Hope They Serve Beer in Hell 라는 책을 출판했다. 이 책은 출판 즉시 〈뉴욕타임스〉 베스트셀러 1위에 올랐고 수백만 부가 팔렸다. 이후 출판한 다른 책들 역시 지나친 음주, 낯선 여자들과의 섹스, 우연히 마주친 사람들을 향한 건방지고 호전적인 행동들, 남녀를 불문하고 쏟아내는 성적 비하 발언 등 맥스의 20대와 30대 초반의 생활을 담은 것들이었다.

치솟는 명성뿐만 아니라 책의 큰 성공에 힘입어 《지옥에도 맥주가 있으면 좋겠다》는 메이저 영화제작사에서 영화화되어 2009년에 개봉되었다. 영화에 대한 기대는 높았고, 맥스는 스타일과 태도에 대한 비난의 목소리에도 승승장구해왔기에 영화가 성공할 거라고 믿었다. 그러나 개봉과 동시에 영화는 흥행에 참패했고 비평가들은 일제히 그

해 최악의 영화라고 혹평했다.[28]

그 후 약 10년이 지난 2018년 맥스는 톰 빌류Tom Bilyeu와의 인터뷰에서 이 영화의 실패는 인생에서 최악의 경험이자 실망스러웠던 일 중 하나였다고 말했다.[29] 그는 엄청난 고통을 받았고 결국 그가 평생 도망쳤던 괴로움과 마주해야 했다. 자존심에 완전히 금이 간 그는 연약하고 불안정해졌다. 자신이 행복하지 않다는 것을 인정하지 않을 수 없었다.

영화 실패 후 3년간의 심리 치료와 자기 성찰, 변화를 거친 맥스는 〈포브스〉 인터뷰를 통해 예전의 생활 방식은 옛일일 뿐이라고 공개 선언했다. "저는 공개적으로 그리고 확실히 그런 생활을 그만두었습니다. 저는 자유롭게 제 삶을 이어가고 싶고 그러려면 공개적으로 종지부를 찍는 방법밖에 없다고 생각합니다."[30]

최근 맥스와 예전 생활에 관해 이야기하면 그는 씁쓸해하거나 분노하거나 난처해하지 않는다. 그는 자신의 예전 글을 읽을 때마다 전혀 다른 사람의 글을 읽는 것 같다고 했다. 그가 정서적으로 치유됐다는 분명한 신호는 자신의 과거에 대해 부정적이지 않고 공감하고 심지어 긍정적으로 본다는 것이다. 맥스는 내게 이렇게 말했다. "과거의 저를 생각하면 그 친구가 안쓰러워요. 이제 왜 그 친구가 그런 식으로 행동했는지 이해할 수 있습니다. 그에게 더할 수 없는 연민을 느낍니다."

적극적으로, 의도적으로 앞을 보고 삶을 살아갈 때 미래뿐 아니라 과거도 나아진다. 그럴 때 과거는 단순히 나에게 일어난 일이 아니라 나를 위해 일어난 일이 된다. 맥스의 실패는 당시에는 몹시 힘들었으나 그에게 꼭 필요한 것이었다. 그에게 그저 일어난 일이 아니라 그를 위해 일어난 일이었다. 이후 그는 훨씬 숭고하고 삶에 힘을 주는 목적이 생겼다.

진정으로 배움을 얻고 새로운 경험을 할 때 과거를 새로운 방식으로 보고 해석하기 시작한다. 지난 몇 개월 또는 몇 년 동안 자신의 과거에 대한 관점이 크게 바뀌지 않았다면 과거의 경험에서 배움을 얻지 못한 것이며 지금도 배우지 않는 것이다.

변하지 않는 과거는 감정적 분리와 경직성을 나타내는 확실한 징후다. 진실을 마주하고 앞을 보고 살아가기를 회피하는 것이다. 한 인간으로서 성숙해질수록 과거의 경험을 달리 볼 것이다. 나는 최근 사업과 인간관계에서 내 행동이 지난해까지만 해도 어땠는지 생각하고서 겸손해진 적이 있었다.

맥락에 따라 변하는 기억

과거는 변할 수 있고 변해야 한다. 내가 진화함에 따라 나의 과거도 진화한다. 과거가 어떻게 변할 수 있는지 이해하기 위해서는 기억의 작동 방식, 나아가 '역사'에 대한 기억의 작동 방식을 알아야 한다.

역사는 누가 그 이야기를 하는가, 얼마나 오래전 일인가에 따라 끊임없이 변경되고 수정된다. 예를 들어 1950년대 미국에서 쓰인 역사책에서 냉전의 기원에 대한 기록을 보게 된다면 광범위한 증거와 함께 구소련의 책임이라는 문장을 읽을 것이다. 그 책은 스탈린이 동유럽을 점령했고 구소련 국민에게 약속했던 민주주의를 허용하지 않았으며, 공산주의를 전 세계로 전파하기를 열망했다는 사실을 언급할 것이다.

하지만 1960년대 후반에 쓰인 미국 역사책을 집어 든다면 다른 이야기를 읽을 것이다. 유럽 내 달러화의 기능을 확고히 하여 유럽에 대한 경제적 통제력을 장악하고자 했던 미국의 열망, 포츠담 회담에서 보였던 트루먼의 강압성과 원자폭탄 사용 결정에 대해 읽을 것이다. 냉전의 책임은 사실 러시아보다는 미국에 있으며 스탈린은 제2차 세계대전으로 2,000만 명 이상을 잃은 후 그저 방어적으로 행동했다는 사실을 알게 될 것이다.

그러다 1980년대와 1990년대로 오면 이 이야기는 새로운 시각에서 다시 설명된다. 이 시기 역사학자들은 동서양의 이념적 차이를 고려할 때 냉전은 불가피했다고 주장하며 어느 한 인물이나 국가에 책임을 지우는 것이 무의미하다고 본다.

시간과 관점에 따라 끊임없이 변화하는 역사처럼 우리 자신의 서사도 시간이 지나면서 이야기될 때마다 각색되거나 바뀐다. 그 이유는 기억이 고정된 파일 캐비닛이 아니기 때문이다. 기억은 유동적이고 새로운 경험을 할 때마다 끊임없이 변한다. 사실 단순히 특정 기억을 떠올리는 것만으로도 기억은 변한다. 각각의 기억은 연결망을 이루고 있고 새로운 링크가 그 연결망에 통합될 때 기억 전체에 즉각 미세한 변화가 일어난다.

특정 이야기가 더 많이 거론될수록 그 이야기는 더 많이 변한다. 시간이 흐르고 문화와 환경이 바뀌면서 역사와 특정 사건에 대한 우리의 시각도 변한다. 기억도 마찬가지다. 과거와 그에 대한 시각은 과거 자체보다는 현재 입장을 더 반영한다. 심리학자 브렌트 슬라이프Brent Slife는 《시간에 대한 심리학적 설명》Time and Psychological Explanation에서 이렇게 말했다.

우리는 현재 사고방식에 비춰 기억을 재해석하고 재구성한다. 그런 의미에서 과거가 현재의 의미를 낳는다기보다 현재가 과거의 의미를 낳는다고 말하는 것이 더 정확하다. … 우리의 기억은 저장된 객관적 실체가 아니라 현재 우리의 살아 있는 일부다. 이것이 현재의 기분과 미래의 목표가 기억에 그토록 영향을 미치는 이유다.[31]

현재가 과거의 의미를 형성한다는 생각이 처음에는 이해가 되지 않을 수도 있다. 하지만 그리 복잡할 게 없다. 예를 들어 어느 날 아침 출근하자마자 상사가 부른다고 상상해보라. 그리고 놀랍게도 갑작스레 10퍼센트 봉급 인상을 제안받는다. 당신은 감격한다. 날아갈 듯한 기분으로 상사의 방을 나온다.

그날 점심시간에 직급이 비슷한 동료에게 이 소식을 알린다. 그러자 그녀도 그날 아침에 월급 인상을 통보받았다고 한다. 그런데 15퍼센트 인상이라고 한다. 그 말을 들은 당신의 기분은 어떨까? 여전히 날아갈 듯한 기분일까? 아마 대부분 그렇지 않을 것이다. 그 이유는 무엇일까? 10퍼센트 봉급 인상이라는 사실은 바뀌지 않았다. 하지만 그 의미가 바뀌었다.

새로운 맥락이 모든 것을 바꿔놓았다. 10퍼센트라는 숫자는 사실 큰 의미가 없다. 무엇과 비교했느냐에 따라 의미가 달라진 것이다. 처음엔 10퍼센트 인상된 봉급과 이전 봉급을 비교했지만 이제는 15퍼센트 인상된 동료의 봉급을 비교하고 있다.

현재의 맥락이 과거의 의미를 변화시킨다. 페르시아의 시인 사디 시라지Saadi Shirazi가 한 "나는 신발이 없어서 울었다. 발이 없는 사람을 만나기 전까지는."이라는 말에 그 진실이 담겨 있다.[32] 상대적인 것은 신발이 아니다. 맥락은 모든 것을 바꿔놓는다. 성격 검사는 어떤 맥락에서든 검사 점수가 곧 당신이라고 가정하면서 맥락을 무시한다.

맥락은 기억도 변화시킨다. 마치 레시피처럼 다른 정보를 추가해서 기억의 내용을 바꾼다. 그렇기에 새로운 경험은 이전 기억을 변화시키고 그 기억에 새로운 관점과 의미를 더한다. 때로는 새로운 경험이 이전 경험을 완전히 잊어버리게 할 수도 있다.

성격과 마찬가지로 과거도 고정불변한 것이 아니다. 과거의 내용보다 중요한 것은 맥락이다. 맥락은 항상 내용보다 상위에 있다. 맥락이 내용의 의미, 초점, 강조점, 심지어 외양까지 결정하기 때문이다. 맥락이 바뀌면 그와 동시에 내용까지 바뀐다.

요컨대 과거에 어떤 일이 일어났다고 해서 그 사건이나 경험이 객관적인 것은 아니다. 이는 과거나 어떤 사건들은 특수한 방식으로 이해되어야 한다고 주장하는 사람들에게는 특히 받아들이기 난감한 사실

일 수 있다.

여느 경험이나 사건과 마찬가지로 과거는 주관적 관점으로서, 좋든 나쁘든 간에 우리 스스로 의미를 부여한 것이다. 물론 과거의 경험들이 우리에게 영향을 미칠 수 있고 실제로 미친다는 것은 의심의 여지가 없다. 하지만 우리에게 영향을 미치는 것은 사실 과거가 아니라 현재의 해석과 감정이다. 따라서 "과거 때문에 내가 지금 이런 거야."라고 말하는 건 감정적으로 과거에 갇혀 있다고 선언하는 것이다.

크든 작든 트라우마는 모두에게 생길 수 있고 실제로 생긴다. 트라우마가 해결되지 않을 때 삶은 앞으로 나아가기를 멈춘다. 감정적으로 경직되고 단절되어 학습, 진화, 변화를 멈춘다. 과거도 그렇게 경직되고 기억은 고통스럽게 지속된다.

과거의 패턴이 계속되는 이유

과거의 트라우마와 그것이 불러일으키는 감정을 계속 피하다 보면 삶은 건강하지 못하고 특정 패턴을 반복하게 된다. 그런 경우라면 과거가 미래를 예측하게 해주는 원인이 맞다. 성격이 변하지 않는 것이어서가 아니라 우리가 그 변화를 피하고 있기 때문이다. 이런 패턴은 반복되고 학습된다.

누군가에게 해결되지 않은 트라우마가 있음을 알려주는 분명한 지표는 그의 삶과 성격이 장기간 반복되는 것이다. 하지만 그가 트라우마를 마주하고, 털어놓고, 이야기하고, 인식을 높이고, 궁극적으로 재구성한다면 과거를 긍정적이고 성숙한 시각으로 바라볼 수 있게 된다. 그러면 그의 현재와 미래는 더 이상 과거의 반영이 아니다.

터커 맥스는 과거의 자신을 연민과 더 큰 이해심으로 바라본다. 그는 이제 과거의 자신과 현재의 자신을 동일시하지 않는다. 예전의 그와 지금의 그는 가치와 목표, 맥락이 완전히 다른 두 사람이다. 맥스는 과거 자신이 되고 싶지는 않지만 옛날 자신처럼 행동을 하는 사람들에게 공감한다.

이전 사건들에 대한 맥스의 견해는 그가 발전하면서 계속 성장하고 있다. 그는 과거의 희생자가 아니다. 과거가 현재의 그를 있게 한 것은 아니다. 과거에 갇혀 있지 않기로 한 그의 선택으로 과거의 의미는 계속 확대되고 변화한다. 맥스는 앞으로 나아가는 삶을 선택했고 계속 나아가고 있다. 그는 학습하고 새로운 경험을 하고 그 경험을 통합해 자신과 삶의 의미를 발전시킨다. 그의 새로운 가치관과 가족이 있는 미래의 맥스가 현재의 맥스를 끌고 가고 있다. 따라서 맥스의 과거가 지금의 그를 있게 한 원인은 아니다. 그의 과거는 그가 바뀌어가는 모습에 따라 계속 변화한다.

당신과 나 역시 마찬가지다. 과거를 어떻게 묘사하고 해석하고 인정하는가는 실제 과거보다 현시점의 입장과 훨씬 더 관계가 있다. 예를 들어 당신이 여전히 어린 시절에 대해 부모에게 화를 낸다면 이는 어린 시절에 실제로 일어났던 일보다 현재 당신이 어떤 사람인지를 알려준다. 과거의 어떤 사람이나 사건을 계속 비난하는 것은 당신을 피해자로 만들고, 그런 비난에는 당신이 비난하는 어떤 사람이나 사건보다 당신이 더 반영되어 있다.

나는 당신의 경험을 깎아내리고 싶지도 않고, 깎아내리려는 것도 아니다. 어쩌면 당신은 정말 끔찍한 몇몇 사건을 겪으며 살아왔을지도 모른다. 어쩌면 결코 잊을 수 없는 것을 봤을지도 모른다. 그런 경험들은 처리하기가 극도로 어려워서 아무에게도 이해받지 못하고 세상에 혼자라는 느낌을 준다.

하지만 과거를 바꾸는 것이 그런 경험의 내용을 바꾸거나 도외시해야 한다는 의미는 아니다. 사실 그것들은 통찰과 의미, 가능성이 묻힌 노다지일 수 있다.

변화가 필요한 것은 과거의 내용이 아니라 현재 그것들을 바라보는 나의 견해다. 마르셀 프루스트Marcel Proust의 말처럼 "진정한 탐험은 새로운 풍경을 찾아다니는 것이 아니라 새로운 눈을 갖는 것이다."[33] 백만 가지를 보는 것이 아니라 같은 것을 백만 가지 방식으로 볼 수 있어야 한다. 더 나은 방식, 더 유용한 방식으로.

과거를 더 효과적이고 건강한 방식으로 바라보는 것은 사람의 자연스러운 발전 양상이다. 새로운 경험은 이런 발전에 필수적이고 강력하게 영향을 미친다. 하지만 너무나도 자주 사람들은 경험으로부터 배우지 못하거나 경험을 통해 변화하지 못한다. 새로운 경험을 피하려 하거나 새로운 경험을 해도 배우지 못할 때가 많다.

새로운 경험을 적극적으로 만들어내고 그 경험을 통해 변화하려면 심리적으로 더 유연해질 필요가 있다. 심리적 유연성은 유동적이고 감

정을 느슨하게 유지하며 선택한 목표 또는 가치를 향해 나아가는 기술이다.[34]

과거를 재구성하고 미래의 자신을 상상하기 위해서는 심리적 유연성이 필요하다. 유연해질수록 감정에 압도당하거나 저지당하는 일이 줄어든다. 대신 감정을 수용하고 감정으로부터 배우게 된다.

심리적으로 유연해지는 것은 인간으로서 정서적으로 더 발달해가는 과정의 일부분이다. 정서 발달은 성격의 이해에 대단히 중요하다. 정서적으로 덜 발달하고 덜 유연한 사람일수록 힘든 경험을 피하며, 과거의 고통스러운 경험에 더 제한받고 규정당한다. 이는 직관에 반하는 주장이다. 힘든 경험에 대처하는 가장 좋은 방법은 감정을 묻어두고 홀로 조용히 싸우는 것이라고 믿는 사람이 많기 때문이다.

과거를 정면으로 마주하고 다른 사람의 도움을 받을 때 우리는 심리적으로 더 유연해지고 정서적으로 발전한다. 과거를 직시할 때마다 과거가 바뀐다. 솔직하고 용기 있게 미래를 마주할 때마다 더 유연해지고 성숙해진다. 자신감이 쌓이면서 상상력도 향상된다. 과거 모습과 현재 감정에 한계를 두는 것을 멈추고 자신이 원하는 대로 존재하고 행동할 수 있다.

감정은 성장과 학습에 이르는 길이다. 사람들의 성격이 정체되고 반복적인 주기에 갇히는 이유는 배우기를 꺼리고 타인과 관계를 맺을 때 따르는 힘들고 도전적인 감정을 회피하기 때문이다. 그 결과 필요 이상으로 오랫동안 과거의 제한된 인식에 계속 짓눌리게 된다.

- 나는 과거의 나에 대해 어떤 이야기를 하고 있는가?

- 과거의 나는 어떤 사람이었는가?

- 나는 과거의 나와 어떤 면에서 다른가?

- 최근의 경험으로 나의 과거는 어떻게 변했는가?

- 과거가 나에게 일어난 일이 아니라 나를 위해 일어난 일이라면 삶은 어떻게
  달라질까?

- 과거와 현재의 자신이 근본적으로 다른 두 사람이라는 진실을 받아들인다면
  삶이 어떻게 바뀔 수 있을까?

- 과거를 근거로 나의 미래를 제한하지 않는다면 삶은 어떻게 될까?

진짜 성격을 찾아야 한다

인생이란 자신을 찾아가는 것이 아니라 창조해가는 과정이다.
_조지 버나드 쇼

내 친구 캐리는 40대 초반까지도 열정을 느낄 만한 일을 도무지 찾을 수 없었다. 몇 년에 한 번씩 업종을 바꾸다 보니 자신이 속한 조직에 중요한 변화를 일으킨 적도 없다. 그녀는 자신이 어떤 사람인지 잘 모르는 것 같아서 답답했다. 그에 반해 친구나 동료들은 자신이 모르는 것들을 알고 있는 듯했다. "그들은 삶의 비밀을 찾은 것 같아요. 자신의 재능과 열정을 발견해서 발전한 걸 보면 말이죠."

캐리는 여전히 자신을 찾을 날을 기다리고 있다. 그녀는 삶에 대해 능동적이지 않고 수동적이다. 언젠가 번개 치듯 깨달음을 얻고 자신 있게 앞으로 나아가기를 바라고 있다. 그러면 진정한 자신이 될 수 있을 거라고 생각한다.

여기서 캐리가 이해하지 못하고 있는 사실이 있다. 영감은 행동에 따르는 것이지, 그 반대가 아니다. 번개가 치듯 깨달음이 그녀를 찾아오지는 않는다. 그녀가 행동하지 않는 한 그녀의 자신감과 상상력은 계속 낮을 것이다. 자신이 무엇을 원하는지 정하고 앞으로 나아가기 시작해야 한다. 그러다 사소한 것이라도 진전이 있으면 명확성과 자신감이 높아져 더 유연해지고 변화의 문이 열린다.

성격, 수많은 결정들의 산물

진정한 자신 또는 열정을 발견하지 못했다는 캐리의 걱정은 새롭거나 독특한 게 아니다. 우리는 대부분 열정이란 발견해서 실현시켜야 하는 것이라고 여긴다. 그리고 열정이 없는 사람은 아무것도 아니며 흥미롭지 못한 인물이라고도 한다. 그것이 오늘날 대중문화의 메시지로서 이는 성격 검사에 대한 우리의 집착과도 일맥상통한다. 열정을 발견해야 하는 무언가로 여기는 이유는 성격처럼 열정도 타고난 것으로 가정하기 때문이다.

칼 뉴포트Carl Newport는 저서 《열정의 배신》에서 열정을 찾으려고 노력하기보다는 희귀하고 가치 있는 기술을 개발해야 한다고 주장한다. 기술을 개발하고 성공이 눈에 보이기 시작하면 열정은 그 부산물 또는 간접적인 효과로 나타난다. 뉴포트가 책에 썼듯이 "열정은 가치 있는 일을 탁월하게 해내기 위해 열심히 노력하기 이전이 아니라 이후에 온다. 다시 말해서 생계를 위해 무슨 일을 하는가보다 그 일을 어떻게 하는가가 훨씬 더 중요하다."[35]

열정에 대한 뉴포트의 견해는 동기에 관한 연구 결과와 정확히 일치한다. 열정과 마찬가지로 동기도 발견하는 것이 아니라 주도적이고 진취적인 행동을 통해 만들어내는 것이다.

열정과 동기 둘 다 원인이 아니라 결과다. 하버드대학교의 심리학자 제롬 브루너Jerome Bruner의 말처럼 "행동할 기분을 느끼기보다 행동이 기분으로 이어질 가능성이 더 크다."[36] 앞서 언급했듯이 자신감도 마찬가지다. 자신감부터 가질 수는 없다. 목표를 세우고 일관된 행동을 할 때 그 부산물로 자신감이 생긴다.

노력도 하기 전에 열정부터 바라는 것은 일을 시작하기도 전에 봉급을 받고 싶어 하는 것과 같다. 한마디로 일확천금을 꿈꾸는 대단히 게으른 자세다. 아무런 노력도 하지 않고 어떤 행동이나 모험, 변화를 도모하지도 않으면서 성격 발달을 원하는 것과 마찬가지다. 마치 모든 것이 주어지기를 바라는 버릇없는 부잣집 아이와 같은 태도. 열정은 투자부터 해야 주어지는 포상이다.

성격도 다르지 않다. 성격도 발견하는 것이 아니라 행위와 행동을 통해 만드는 것이다. 성격을 발견해야 한다는 생각은 성격이 선천적이며 과거에 기반한다는 잘못된 추론에서 비롯된다. 그러나 그렇지 않다. 성격은 열정, 영감, 동기, 자신감과 마찬가지로 살면서 내린 결정들의 산물이다. 성격에 맞는 직업을 선택하라는 것처럼 성격을 인생에서 내리는 결정의 원인으로 보는 것은 제한적이고 비효율적인 발상이다.

간디나 테레사 수녀 또는 세상에 커다란 영향을 미친 인물들이 자신의 성격에 근거해 결정을 내렸다고 생각하는가? 아니면 그보다 훨씬 중요한 것에 기초해 결정을 내린 다음 그 결정에 전력을 다함으로써 위대한 사람이 되었을까? 목적은 성격보다 상위에 있다. 확고한 목적의식이 없다면 성격은 고통 회피와 쾌락 추구라는 동물적이고 낮은 수준의 작동 방식에 기초할 것이다. 사람들 대부분이 이런 식으로 성격을 바라보고 접근한다. 하지만 목적에 따라 움직인다면 성격에 갇히지 않고 유연해지며, 원하는 존재가 되기 위해 고통이나 쾌락과는 상관없이 결정을 내리게 된다.

어떤 목적을 추구할지 진지하게 생각한다면 그에 따라 성격도 바뀐다. 목적은 발견하는 것이 아니라 스스로 선택하는 것이다. 목적을 찾아다니기를 멈추고 선택한 다음 그 선택이 나를 변화시키도록 해야 한다. 결정과 목표가 성격의 부산물이 아니라 성격이 결정과 목표의 부산물이 되어야 한다.

능동적이고 의도적으로 긍정적인 결정을 내리고, 기술을 개발하고, 새로운 경험을 추구할 때 성격은 의미 있는 방식으로 발달하고 변화한다. 결정과 목표가 현재의 성격 수준으로 떨어지는 것이 아니라 성격이 목표와 결정 수준으로 격상한다.

자신의 성격을 발견하려고만 할 때는 행동하지 않고, 힘든 대화를 피하고, 소비의 곁길로 빠지며 현재 생활하는 방식에 대해 변명할 뿐이다. 그러면 자기 삶의 조수석에 앉게 된다. 모두가 자기 삶의 운전자가 될 수 있다. 누구나 삶의 창조자가 될 수 있다.

성격은 발견해야 할 무엇이라는 견해에 내재한 또 다른 문제점은 매우 자기중심적인 사고를 하게 된다는 점이다. 오로지 자신만 중시하는 삶을 살게 된다. 요즘 직장 내 밀레니얼 세대에 대한 불만도 그런 경우다. 공정한 이야기든 아니든 밀레니얼 세대는 열정을 느끼지 못하는 어떤 일도 하기 싫어해서 게을러 보이고 실제로 게으르다는 이야기를 듣는다. 그들은 지식과 기술을 개발해 직장에 기여하는 과정을 거치지 않으며 즉각적이고 무의식적으로 열정이 생겨야 한다고 믿는 오류를 범하고 있다.

작가이자 리더십 전문가인 사이먼 사이넥Simon Sinek은 TV 프로그램 〈인사이드 퀘스트〉Inside Quest에 출연해서 밀레니얼 세대가 자기 일에 만족할 줄 모르는 이유를 설명했다. 그들은 성장하는 동안 스스로 획득해서가 아니라 원한다는 이유만으로 전부를 가져야만 한다고 믿는다. 그들은 승리하지 않고도 트로피를 받았으며 첨단 기술과 즉각적인 만족 위에서 자랐다.

어느 때부턴가 초중고 및 대학에서 학부모들이 자녀의 성적을 놓고 교사들과 언쟁하며 더 좋은 성적을 주라고 우기는 일이 자주 벌어질 정도로 권력 역학이 바뀌었다. 그러나 꼴찌인데도 트로피를 받고 노력에 맞지 않는 성적을 받는다면 길게 볼 때는 자신감이 손상될 수 있다. 사이넥은 밀레니얼 세대가 원하는 것을 제힘으로 획득하도록 배우지 못하고 노력 없이 손에 넣기를 기대하게 되었다고 말한다.

이런 자존감 부족과 즉각적인 만족 욕구를 생각해보면 왜 요즘 사람들이 그토록 성격 검사에 매료되는지 충분히 이해가 간다. 자기 생각이나 책임감을 갖지 않아도 즉각적이고 쉬운 답을 얻을 수 있기 때문이다.

성격 검사는 영혼을 위한 패스트푸드다. 이 검사를 하면 진정한 자신을 즉시 발견할 수 있다고 믿는다. 모든 행동이 수용되어야 한다는 캐서린 브릭스의 주장처럼 이 검사가 자신이 살아가는 방식을 정당화해준다고 생각한다.

그러나 성격 검사는 당신을 정당화해주지 않는다. 성격은 발견되는 게 아니다. 삶이 자신에게 오기를 기다리거나 부모님이나 사랑하는 사람들이 도와주러 오기를 기다리는 대신 자기 삶에 주인의식을 갖는 게 어떨까? 결정을 내리고 인생이라는 배를 지휘하는 법을 배우는 게 어떨까? 왜 현재의 자기 모습을 제한하는가? 왜 취약한 정체성 때문에 지레 실패를 피하려 하는가? 자신의 선택과 노력의 결과로 훌륭하게 변해가는 자신을 지켜보는 건 어떨까?

칼 뉴포트에 따르면 자신의 열정을 찾는다는 생각의 바탕에는 지나친 자기 몰두self-absorption가 있다. 사람들이 열정을 느끼는 일을 찾고 싶어 하는 이유는 일이 자신을 위한 거라고 배웠기 때문이다. 그러나 세상에서 가장 성공한 사람들은 일이 다른 사람들을 돕고 가치를 창출하는 것임을 알고 있다. 뉴포트는 이렇게 말한다. "자기 일을 사랑하고 싶다면 '세상이 내게 무엇을 제공해줄 수 있는가?'를 생각하는 열정 마인드셋passion mindset을 버리고 '나는 세상에 무엇을 제공할 수 있는가?'를 생각하는 장인 마인드셋craftsman mindset을 가져라."

고정 마인드셋의 함정

마지막으로 진정한 자신은 발견하는 것이라는 관점의 문제점은 어렵거나 복잡하거나 잘할 수 없는 상황에서 유연성이 크게 떨어진다는 점이다. 이럴 때 우리는 어려운 상황에 맞추기보다 내향성 같은 라벨을 자신에게 붙여 다양한 상황에서 자발성, 개방성, 노력 부족을 정당화한다. 그 결과 노력하는 만큼 성장하지 못하고 그 라벨의 수준으로 떨어진다.

결국 갈등, 어려움, 새로움을 피하고 자신에 대한 피상적인 시각에 갇힌다. 스스로 성장을 방해하고 즉각적인 만족이나 결과를 가져다주는 일만 한다. 자신의 성격을 발견해야 한다는 믿음은 한 사람으로서 자신을 변화시킬 기회를 활용하고 창출하는 것을 막는 고정 마인드셋이다.

박사 과정 첫해인 2015년 로렌과 나는 세 아이의 위탁 부모가 되었다. 아이들을 키워본 적도 없고 양육에 대해 별로 공부해본 적도 없었다. 그런 우리에게 애착 및 정서적 욕구를 충족시켜야 할 아이가 셋이나 생겼다.

위탁 부모가 되고 처음 1년 동안 나는 '선천적 능력'으로 감당할 수 있는 범위를 훨씬 벗어난 듯한 난제들에 끊임없이 봉착했다. 그때만큼 스스로 초라하게 느껴지거나 무너졌던 적이 없었다. 사실 첫해에는 양육에 대한 열정이나 흥분을 거의 느끼지 못했다. 너무 힘들어서 집에 있기를 피했던 때가 많았다. 많은 부모가 그렇듯 양육은 여태 해왔던 일 중 가장 힘들며 그건 지금도 여전하다. 양육은 마치 내 약점을 확대해서 보여주는 돋보기같이 느껴졌다.

나는 아이들을 향한 내 반응이나 인내심과 연민, 공감 부족에 자주 실망한다. 하지만 가끔은 아이들을 위해서라면 내가 어떤 일까지 할 용의가 있는지, 내가 그들을 얼마나 사랑하는지 나 스스로 놀라는 순간들이 있다.

부모가 되는 것은 쉬운 일이나 자연스러운 일과는 거리가 멀다. 그 모든 일이 학습 곡선을 따른다. 하지만 이 일은 나 자신과 내 인생 전체를 향상시킨 변혁적 경험이었고 앞으로도 그럴 것이다. 자녀 양육은 점점 나의 열정과 관심사가 되고 있으며 날마다 더 하고 싶고 더 나아지고 싶은 일이다. 심지어 이제는 내가 아주 잘할 수 있다고 확신하는 일이다.

대개 자신의 능력과 경험을 넘어서는(또는 자연스럽지 않은) 기회와 책임을 맡을 때 크게 성장한다. 만일 어느 날 번개가 치듯 영감을 얻고 열정을 느끼는 무언가를 발견하기를 기다린다면 성장과 성공을 위해 아주 좋은 기회가 와도 대부분을 놓칠 것이다. 현재의 자신보다 나아질 수많은 기회를 놓치고, 열정과 마찬가지로 성격 역시 자신이 삶에 투입한 것들을 바탕으로 만들어진다는 사실을 깨닫지 못하고 말이다.

타고난 성격과 일치하는 열정을 찾을 기회를 기다린다면 이렇게 말하는 것과 같다. "성장의 기회는 무수히 많겠지만 현재 내가 가진 협소한 경험과 관점에 딱 들어맞는 100만분의 1의 기회를 기다릴 것이다."

절대 성격만 보고 결혼하지 마라

발견의 관점이 지닌 문제점은 연애에서도 나타난다. 많은 사람이 성격이 고정적이고 타고난 것이라는 생각 때문에 데이트하고 결혼하기에 완벽한 사람을 찾느라 시간을 흘려보낸다. 사람에 대한 이런 근본적인 오해 때문에 장기간 연애를 이어가지 못한다. 그들은 자신과 맞는 사람을 찾으면 모든 것이 해결되리라고 생각한다.

그러나 성공적인 결혼이나 동반자 관계의 형성은 자녀 양육만큼이나 힘든 일이다. 나를 발견하는 것도 어려운데 완벽한 동반자 찾기는 어떻겠는가. 사람들은 자신에게 꼭 맞는 완벽한 직업을 찾고 싶어 하듯 완벽한 사람을 찾고 싶어 하지만 이는 이기적인 관점이다. 무언가에 동반되는 행복이 아니라 오로지 자신의 만족과 행복에 최종 목표를 두기 때문이다. 하버드대학교의 경영학 교수인 클레이턴 크리스텐슨Clayton Christensen은 다음과 같이 말했다. "행복에 이르는 길은 행복하게 만들어주고 싶은 사람, 그의 행복을 위해 당신 자신을 헌신할 가치가 있는 사람을 발견하는 것이다."[37]

나는 이런 조언을 해주고 싶다. 절대로 성격을 보고 결혼하지 마라. 성격은 시간이 흐르면서 변한다. 물론 일관된 측면이 있겠지만 내가 사랑에 빠진 처음의 성격이 2년, 5년, 10년, 20년 후에도 그대로 유지되지는 않는다. 직장, 돈, 새로운 곳으로의 이사, 자녀, 여행, 나이, 비극적 사건, 성공, 새로운 정보, 새로운 경험, 문화 변동, 정체성 변동 등 관계의 맥락과 복잡성이 진화하면서 두 사람의 성격은 변한다.

게다가 아무리 환상적이거나 매력적인 성격이라도 시간이 지나며 그 매력은 시들해질 것이다. 현재 상대의 모습을 보고 결혼하기보다는 그가 어떤 사람이 될 수 있는지(미래의 자아)를 보라. 원하는 미래의 당신을 만들어줄 사람과 결혼하려면 훨씬 더 많은 지혜와 분별력이 필요하다. 그 사람과의 결혼이 당신을 진정으로 원하는 모습으로 존재하게 해줄 것인가? 당신은 그가 진정으로 원하는 사람이 될 수 있도록 해줄 것인가? 동반자가 된다면 두 사람은 어떤 사람, 무엇이 될 수 있을까?

성격이 아닌 목적이 일치하는 사람과 결혼하라. 시간이 흐르면서 그 목적이 두 사람 모두를 변화시킬 것이다.

굳건한 관계로의 발전은 자신과 맞는 사람을 발견하는 게 아니라 그 관계를 통해 새로운 사람이 되어가는 것이다. 두 사람이 서로 적응하고 변화하여 부분의 합을 초월하는 완전체를 이뤄야 한다. 둘 중 하나 또는 둘 다 관계를 위해, 관계를 통해 변화하지 않는다면 일방적인 관계가 되면서 실패할 가능성이 크다. 수준 높은 관계는 거래적 관계 transactional relationship 가 아니라 변혁적 관계 transformational relationship 다. 함께 협력할 때 예측도 예상도 하지 못한 커다란 변화가 두 사람에게 일어난다.

──────────────── [**Change Point**] ────────────────

• 내가 세운 인생의 목적은 무엇인가?

- 자아를 찾으려는 노력을 중단하고 목표를 명확히 한다면 어떻게 될까?
- 내가 원하는 대로 다듬는다면 성격은 어떻게 발전하고 변화할까?
- 자기 자신을 마음대로 설계할 수 있다면 나는 어떤 사람이 되고 싶은가?

자기 본성대로 살아야 한다

최고의 변화를 막는 마지막 편견은 성격이 참다운 자신이므로 거기에 순응해야 한다는 것이다. 이런 생각을 하는 사람은 유연하지 못하고 편협한 시선으로 자신을 바라본다.

오늘날 미국의 10대들은 점점 더 융통성이 없어지고 있다. 많은 학생이 불안감 때문에 사람들 앞에서 발표하기가 불편하다며 수업 시간에 발표를 하지 않게 해달라고 요구한다. 천성에 위배되는 일을 하도록 강요를 받아서는 안 된다는 것이다.

'수업 중 발표에 항의하는 10대들'이라는 제목의 《애틀랜틱》 기사는 한 15세 소년이 "급우들 앞에서 발표하라고 강요하지 말고 선택권을 주어라."라는 트윗을 올리자 13만 개 이상의 리트윗이 달리고 거의 50만 명이 '좋아요'를 눌렀다고 보고했다.[38] 다른 10대 학생도 "선생님들, 제발 급우들 앞에서 발표하라고 하거나 좋은 성적을 받으려면 손을 들라고 강요하지 마세요. 정말 불안합니다."라는 트윗을 올렸다. 14세의 울라는 이렇게 주장했다. "누구에게도 불편한 일을 강요해서는 안 되죠. 수업 시간에 앞에 나와 발표하기가 아무리 자신감을 길러주고 학업의 일부라고 해도, 이 일로 몹시 긴장하고 불안해하는 학생이 있다면 그보다 스트레스가 덜 받는 것으로 대체해줘야 한다고 생각합니다. 학교가 학생이 불편해하고 두려워하는 곳이 되어서는 안 되죠."

흥미롭게도 많은 교사가 이런 의견에 동조해서 감정적으로나 사회적으로 덜 위험하고 더 편한 대안적 학습 경험을 제공하고자 한다. 그러나 이는 기본적으로 학생들이 성숙해지고 자신감을 기르도록 도와주기보다는 학생들의 요구에 부응해 그들의 고정 마인드셋과 심리적 유연성 결여를 인정하고 허락하는 것이다.

진정성의 진짜 의미

성격은 정해져 있고 선천적이라는 관점의 근본적인 문제점은 사람들이 자연스럽거나 쉬운 일만 해도 될 권리가 있다고 생각하게 만든다는 점이다. 오늘날 많은 이들이 뭔가 힘들거나 어렵거나 어색하면 "굳이 이 일을 할 필요가 없어."라고 말하고 쉽게 그만둔다.

현대 사회에서 진정성_{authenticity}이 매우 높이 평가되는 가치라는 사실은 시사적이다. 사람들은 따라야 할 진정한 자신, 즉 그들의 진짜 모습이 있다고 믿는다. 그것이 타고난 진짜 자기라고 생각한다. 이런 사고방식 때문에 보통 이렇게 이야기한다. "나는 자신에게 진실해야 해. 내 기분을 부정할 필요가 없어. 자신에게 거짓말을 하면 안 되지. 내 마음이 편안해지는 일을 해야 해."

아무리 좋은 의미라고 해도 이런 사고는 고정 마인드셋을 반영하며 트라우마나 양육자와의 관계 결핍에 대한 반작용이다. 유별나게 엄격하거나 사실상 지침이라고는 전혀 없는 아주 극단적인 가정환경에 놓인 아이들은 감정에 기반한 이런 자기 지향 욕구가 발달한다.

나는 성숙한 성인이 된 지금도 진정성이라는 이름으로 삶을 한정하는 사람들을 많이 알고 있다. 그리고 오늘날의 대중문화는 앞서 언급한 학생들처럼 진정성을 '지금, 이 순간의 느낌'으로 정의하도록 이끌었다. 더 깊이 파고들어 질문해보면 대개 이들은 자신이 부모의 요구에 미치지 못한다는 무능감과 두려움을 느끼고 있다.

진정한 자신에 대한 욕구는 사람들이 계속 건강하지 못한 패턴에 갇혀 불안에 빠지게 한다. 앞서 예로 든 학생들의 불평과 와튼 경영대학교 교수이며 〈뉴욕타임스〉 베스트셀러 작가인 애덤 그랜트가 발표 불안을 극복한 방법을 비교해보자. 그는 자신이 원하는 사람이 되기 위해 진정한 자신을 더 이상 중요하게 여기지 않기로 했다. 유타 주립대학교의 졸업식 축사에서 그랜트는 다음과 같이 말했다.

여러분이 진정성을 인생의 가장 소중한 가치로 여긴다면 스스로 발전하지 못할 위험이 있습니다. 제가 대학원에 다닐 때 한 친구가 자기 수업에 와서 강의를 한번 해달라고 부탁했습니다. 저는 사람들 앞에서 강의하기가 두려웠지만 도움을 주고 싶어서 승낙했습니다. 그리고 제게 좋은 학습 기회일 듯해 강의 후 제 강의에서 개선할 점을 묻는 피드백 양식을 나눠 주었죠. 인정사정없는 피드백들이 나왔습니다. 한 학생은 제가 너무 긴장해서 강의실에 있던 사람 모두가 몸을 떨었다고 썼더군요.

진정한 저는 사람들 앞에서 말하기를 그리 좋아하지 않습니다. 하지만 그 뒤로 초빙 강의를 하겠다고 자원하기 시작했습니다. 그것이 긴장을 극복할 유일한 방법이라는 것을 알았기 때문입니다. 저는 현재의 자신이 아니라 제가 되고자 하는 자신을 따랐습니다.[39]

요즘 흔히들 말하는 진정성은 사실 다음과 같은 뜻이다. '나는 고정 마인드셋을 갖고 있다. 나는 이런 사람이므로 내게 자연스럽고 쉬운 것 외에 어떤 것도 기대해서는 안 된다. 지금 당장 기분이 좋은 일 외에는 아무것도 할 필요가 없다.'

진정한 자신은 현재의 자신이 아니며 과거의 자신도 결코 아니다. 진정한 자신은 스스로 가장 믿고 간절히 되고 싶은 모습이다. 더욱이 진정한 자신은 변한다. 진정한 자신이 된다는 건 정직해지는 것이고 정직한 것은 진실을 직시하는 것이지, 어려운 대화로 불편해지고 싶지 않아서 자신의 한계를 정당화하는 것이 아니다.

모든 편견을 뒤집어라

성격은 성격 검사로 간단히 파악될 수 있는 게 아니다. 성격은 타고나는 것, 변하지 않는 것이 아니다. 성격은 나의 과거도 아니고 진정한 나도 절대 아니다. 성격은 마침내 내 삶을 살기 위해 찾아내야 하는 것도 아니다.

성격에 대한 일반적 관점은 인간으로서의 잠재력과 자유를 제한하는 파괴적인 통념이다. 만일 이런 통념에 사로잡혀 있다면 지금이라도 벗어나길 바란다. 적어도 그런 통념의 타당성과 그것이 삶과 미래에 미치는 영향에 의문을 제기하기 바란다.

자기 자신이나 다른 사람을 바라볼 때 고정된 어느 한 가지 유형만으로 판단해서는 안 된다. 그 안에 있는 정체성, 사연, 수많은 역사, 기대, 문화, 그 밖의 많은 것을 봐야 한다. 사람은 역동적이다. 섣불리 판단하려 하거나 피상적으로 알기보다는 더 공감하고 이해하려고 해야한다.

성격은 스스로 결정하고 창조할 수 있다. 성격은 역동적이고 유연하다. 성격의 작동 방식과 이를 움직이는 레버를 이해할 때 자신의 삶을 지휘하는 감독이 되고 인생에서 급격한 성장을 이룰 수 있다. 더 나은 학습자가 되고 유연해지고 적응도 잘할 수 있다. 나의 과거와 미래는 점점 내가 형성하고 정의하는 이야기가 될 수 있다. 지금부터 그 방법을 알아보자.

· 나는 진실로 어떤 사람이 되고 싶은가?

· 무엇이 나를 제한하고 있는지 직시한다면 어떻게 될까?

· 두려움을 이기고 미래의 나에게 진실하면 어떤 변화가 일어날까?

PERSONALITY I

최고의 변화를 만드는 사람들의 비밀

'T PERMANENT

정확한 목표가
탁월함을 만든다

어떤 사람이 되고 싶다는 비전은 당신의 가장 큰 자산이다.
목표 없이는 성공하기 힘들다.[1]
_폴 아덴

안드레 노먼은 교도소에서 14년을 복역한 후 하버드대학교에 진학해 사람들을 돕는 데 일생을 바쳤다. 안드레의 변신은 놀랍고 누구도 예상치 못한 일이었지만 애초에 그가 교도소에 간 이유가 더 놀라울지 모른다.

안드레가 교도소에 간 이유는 열네 살 때 트럼펫 연주를 그만두었기 때문이다. 그는 그동안의 인생을 되돌아보며 학생 때 트럼펫을 그만두면서 인생이 내리막길로 접어들었고 자신에게 중요한 모든 것, 심지어 자기 자신까지 포기했음을 깨달았다.

"나쁜 사람들이 감옥에 가는 게 아니야. 자신을 포기하는 사람들이 가는 거지."

안드레는 거실에 있던 우리 아이들에게 이렇게 말했다.

그는 보스턴의 빈민가에서 성장했다. 도저히 벗어날 길 없는 열악한 환경에서 그와 비슷한 문제아들과 함께 지냈다. 그런데 신의 섭리였는지 행운이었는지 6학년 담임이었던 엘리스 선생님이 그의 잠재력을 알아봤다. 엘리스는 그가 6학년 때부터 8학년 때까지 학교 밴드부 담당 교사였다.

엘리스는 안드레가 트럼펫 연주를 시작하도록 도와주었고 그가 한 번도 받아보지 못했던 사랑과 관심을 주었다. 시간이 지나면서 그는 선생님을 실망시키고 싶지 않은 마음이 생겼고 다른 과목은 열심히 하지 않아도 엘리스 선생님 과목은 꼬박꼬박 출석했다. 선생님이 곁에 있던 몇 년 동안 트럼펫 연주 실력은 일취월장했다.

트럼펫은 그의 인생에서 유일하게 건강하고 창의적인 출구였다. 또한 그가 학교에 다니는 이유이기도 했다. 트럼펫은 한동안 그의 성정체성을 규정하는 특징이었고 그 덕에 장래 희망도 생겼다. 그렇게 자아와 목직의식이 형성되기 시작했다.

트럼펫을 좋아하던 소년이 선택한 것

안드레가 고등학교에 진학할 때가 되자 엘리스 선생님이 나서서 반 학생 대부분이 진학하는 공립고등학교가 아니라 마그넷 스쿨(전통적인 공립학교의 대안으로 특수한 목적과 교수 방법을 제공하는 학교다. 거주지와 상관없이 진학할 수 있다 — 옮긴이)에 진학할 서류를 준비해주었다. 이 마그넷 스쿨에는 훌륭한 밴드부가 있었고 엘리스 선생님의 남편이 밴드부를 지도하고 있었다. 엘리스는 안드레가 그 학교에 진학하면 남편의 지원을 받을 수 있고 밴드부 활동을 지속하며 고등학교를 무사히 마칠 수 있으리라고 생각했다.

안드레는 그 결정에 대해 엘리스와 언쟁을 벌였지만 결국 그녀가 이겼다. 안드레가 그녀를 존경했기 때문이다. 그녀는 그의 잠재력을 전혀 알아보지 못한 다른 교사들과 맞서면서까지 그를 지지해준 유일한 사람이었다.

9학년이 되면서 안드레는 마그넷 스쿨에 진학했다. 그러나 엘리스 선생님의 바람과 기대대로 살았던 건 아니었다. 그는 당시 상황을 내게 설명하면서 그때 자신은 두 개의 인격을 갖고 있었다고 했다. 한편으로는 음악을 사랑하는 아이였고 다른 한편으로는 따분한 모범생이 아니라 멋있어 보이고 싶은 아이였다. 그의 눈에 밴드부 학생들은 따분해 보였다. 그는 밴드부 활동을 아주 좋아했음에도 밴드부원들과 어울리고 싶지는 않았다. 그들과 자신을 동일시하지 않았고 그러고 싶지도 않았다. 대신에 학교의 사고뭉치들인, 그의 눈에 멋있어 보이는 아이들과 어울렸다.

9학년이 된 지 몇 개월이 지났을 때 안드레의 친구들은 트럼펫을 들고 다니는 그를 꼴 보기 싫어했다. 안드레는 당시를 이렇게 회상했다.

"농구 선수 열 명과 어울리면 야구공을 들고 다녀서는 안 되죠. 그들은 이해해주지 않을 테니까요."

친구들은 당장 트럼펫을 버리지 않으면 자기들과 어울릴 수 없다며 협박했다. 힘든 결정이었지만 안드레는 사회적 압력에 굴복했다. 그는 트럼펫을 쓰레기통에 버렸고 음악을 사랑하는 마음도 함께 버렸다. 트럼펫이 없어진 그는 이제 '멋진 녀석'이라는 한 가지 인격으로만 자신을 설정했다. 즉 친구들의 비행과 범죄 행위를 따라 하게 됐다. 한때 그의 정체성과 목적을 대표했던 트럼펫은 사라지고 없었다.

목적과 그에 걸맞은 정체성이 없어진 안드레는 학교에 계속 다닐 이유가 없었다. 학교는 그의 정체성이나 목표와 더 이상 맞지 않았다. 이제는 서로 다른 두 세계를 오가지도 않았으며 그는 자신이 속한 집단의 범죄 행위에 빠졌다. 시간이 흐르면서 그는 원하는 것을 얻기 위해서라면 남을 해치거나 죽일 수 있는 사람으로 자신을 보기 시작했고 실제로 그런 사람이 되어갔다.

열여덟 살이 된 안드레는 마약상을 강달한 혐의로 징역형을 받았다. 교도소에 수감된 후 6년 동안 그는 주변 사람에게 더욱 적개심을 보였다. 교도소는 위험한 환경이었고 그는 이 환경에 완전히 동화됐다. 갱의 세계에 존재하는 위계질서를 금방 파악했으며 그 서열은 폭력을 행사한 횟수와 형태가 결정한다는 걸 알았다.

"영화 〈글래디에이터〉처럼 군중을 사로잡아야 하죠. 군중을 내 편으로 만들어야 해요. 그러려면 거친 태도와 성깔이 중요하고요. 오직 싸움의 결과로 인정받죠."

안드레는 교도소 안 갱들 사이에서 서열이 올라가며 유명해졌다. 어느 날 그는 여덟 명을 죽이고 마음에 안 드는 자들이라면 모두 죽일 계획으로 교도소 체육관에 칼을 들고 들어갔다. 그러면 여덟 번의 종신형을 받겠지만 '몇 년 더 늘어나면 어때'라는 생각이었다. 서열을 올리는 게 그의 목표였다. 결국 그는 체육관에서 여러 명을 찔렀다.

"다행히 아무도 죽지 않았고 살인 미수 여러 건으로 끝났죠."

그는 2년 6개월 동안 독방에 감금됐고 형량이 10년 추가됐다. 하지만 서열은 3위로 올랐다. 그것이 목표였으므로 늘어난 형량과 독방 수감은 자랑스러운 훈장이었다. 지위가 상승했고 이는 명성을 얻었다는 뜻이었다. 그가 만들어가던 정체성이 공고해졌다. 목표가 정체성을 형성했고 정체성은 행동을 낳았으며 행동은 현재와 미래의 그를 형성했다. 이것이 성격의 발달 방식이다.

독방 수감 기간이 끝나가던 어느 날 안드레는 매일 주어지는 자유 시간에 운동장에 나와 있었다. 이때 한 친구가 그의 갱단 중 몇 명이 전날 밤 다른 수감동에서 발생한 난동에서 칼에 찔렸다고 알려주었다. 화가 난 안드레는 즉시 그 난동과 연계된 자들을 어떻게 죽일지 계획을 세우기 시작했다. '백인들이 내 친구들을 찔렀으니 독방동에 있는 백인을 전부 죽여주겠어'라고 그는 다짐했다.

안드레의 사고는 정말로 흑백논리에 사로잡혀 있었다. 그는 백인이 친구들을 찔렀으므로 백인에게 책임이 있고 벌을 받아야 한다고 생각했다.

"만일 멕시코인들이 제 친구들을 찔렀다면 전 멕시코인을 전부 죽이려고 했을 겁니다."

흑백논리에 갇힌 그의 사고는 성격에 대한 전통적이고 일반적인 관점을 반영한다. 우리는 사람들을 유형으로 나누고 범주화한다. 미묘한 차이와 맥락은 무시하고 편견을 확증할 사례를 찾는다. 의식적으로 또는 무의식적으로 보고 싶지 않은 것을 무시한다.

안드레의 독방동에는 백인이 일곱 명 있었다. 그들 모두 서열이 높은 갱이었다. 그들을 죽이면 안드레가 서열 1위가 될 게 분명했다. 그에게는 기회였다. 마침내 그의 목표와 비전이 손에 잡힐 듯했다. '이 친구 말이 끝나는 즉시 놈들을 죽이러 가야겠어. 그러면 내가 서열 1위가 되겠지.' 그것이 안드레가 친구로부터 난동 이야기를 들으면서 했던 생각이었다.

그러나 그 친구가 말을 끝내기 전에 예기치 못한 일이 안드레에게 일어났다. 놀랍게도 그는 그의 행동과 목표가 가져올 궁극적 결과를 생각하게 됐다. 신의 계시라고밖에는 설명할 수 없었다. 그만큼 심오한 느낌이었다.

그날 하느님은 제게 《오즈의 마법사》 같은 순간을 주셨습니다. 결말에서 도로시는 마법사 오즈가 없다는 걸 깨닫죠. 전부 왜곡된 사실이고 거짓이었죠. 그전에는 제가 세상의 왕이 될 줄 알았습니다. 그런데 그런 왕이 되는 게 부질없는 짓임을 갑자기 깨달았죠. 그건 아무것도 아니었어요.

한창 이야기하던 친구는 안드레가 갑자기 멍해졌다는 걸 눈치챘다.
"어이! 무슨 일이야? 내 말 듣고 있어?"

안드레는 완전히 혼자만의 생각에 빠져 있었다. 교도소 안에서 서열 1위 갱이 되려고 애쓰는 것이 마법사 오즈를 쫓는 것과 같다는 깨달음이 강하게 찾아왔다. 그는 지난 6년 동안 노란 벽돌길(《오즈의 마법사》에서 노란 벽돌길을 따라가면 위대한 마법사 오즈가 사는 곳으로 갈 수 있다고 했지만 결국 오즈는 없다는 것을 발견하게 되듯이, 여기서는 진정한 목표와 닿아 있지 않은 길을 의미한다―옮긴이)을 걸어왔다. 그 길 끝까지 가도 아무것도 없을 것이다. 전부 거짓이었다. 속없는 짓이었다.

그의 삶과 정체성을 형성한 여러 장면이 눈앞을 스쳐 지나갔다. 그리고 현재로 돌아와 자신이 방금 세운 목표의 타당성에 의문을 품었다. 그는 목표의 궁극적인 결과(미래의 자신과 그에 따르는 모든 것)가 과연 투자할 만한 가치가 있는지 고려하기 시작했다.

안드레가 자신의 목표에 의문을 품었던 이 순간은 의식 있는 인간이 되기 위한 기본이다. 이는 당신도 해야 하는 경험이다. 당신의 목표와 포부를 잠시 생각해보자.

- 내가 인생에서 이루고자 하는 것은 무엇인가?
- 내가 하는 일의 궁극적인 목적은 무엇인가?
- 왜 이 일을 선택했는가?
- 나는 목적지가 없는 노란 벽돌길 위에 있는가?
- 내가 어딘가를 향해 가고 있다고 해도 시야가 너무 좁지 않은가?

스티븐 코비Stephen Covey는 "엉뚱한 벽에 사다리를 걸쳐놓으면 한 단,

한 단 오를 때마다 엉뚱한 곳으로 더 빨리 이동할 뿐이다."라고 말했다. 잘못된 목표를 좇으면 당신의 자신감과 내면의 힘은 모습을 드러내지 않는다.

성격은 원인이 아니라 결과다

안드레는 그날 아무도 칼로 찌르지 않았다. 그는 감방으로 돌아와 침대에 걸터앉아 생각했다. '무의미한 왕이 될 게 아니라면 이제 무엇을 하지?' 그간의 모든 삶을 다시 생각해야 했다. 지난 몇 년간 그의 계획은 서열 1위가 되는 것이었다. 이제 서열 1위는 아무 의미가 없었다. 새로운 목표가 필요했다.

우선 교도소에서 나가고 싶다는 마음이 늘었다. 더는 그곳에 있고 싶지 않았다. 하지만 출소로는 충분하지 않았다. 출소자의 75퍼센트는 바로 교도소로 돌아온다. 교훈이 반복되어도 학습이 안 된다. 안드레는 '석방' 대신 '성공'을 목표로 삼았다. '성공한 사람들은 어디에서 나올까?' 그는 조용히 생각해봤다. '대학을 나온 사람들이 성공해. 나도 대학에 가면 성공할 수 있을 거야.' 그것이 추론 결과였다.

보스턴에서 자란 그가 아는 대학 이름은 오직 하나, 하버드대학교뿐이었다. 《오즈의 마법사》에서처럼 깨달음을 얻고서 감방에 앉아 자신의 인생과 미래를 다시 생각하던 그는 하버드대학교에 가겠다는 결심을 했다. 하버드는 안드레의 새로운 트럼펫이 되었다.

하버드는 그의 모든 행동과 인간관계 그리고 선택을 인도할 새로운 정체성의 중심이 되었다. 하버드는 그가 추구하는 목표가 되었고 존재하는 목적이 되었다. 생각하고 노력하고 새로운 삶을 일궈갈 유용하고 건설적인 지향점이었다.

이 목적은 안드레가 교도소를 나가서 새로운 사람이 될 길을 열었다. 그는 새로운 성격을 갖게 되었다. 출소하기까지는 8년이 더 걸렸다. 그 8년 동안 그는 바쁘게 지냈다. 모든 행동이 새로운 목적에 따라 바뀌었다. 확실한 이유가 있을 때는 무엇이든 배우고 활용할 수 있다. 안드레는 스스로 읽고 쓰기를 깨쳤고 독학으로 법을 공부했으며 분노를 조절하는 법을 배웠다. 멘토였던 정교회 랍비는 그의 삶이 어째서 지금 상태에 이르렀는지 이해하게 해주었다. 그는 용서와 책임, 책무, 봉사를 이해하게 되었다. "랍비는 제게 인간이 되는 법을 가르쳐주었죠."라고 안드레는 말했다.

그의 목표는 자신과 환경을 달리 볼 수 있는 새로운 렌즈가 되었다. 그는 부정적인 주변의 시선을 의식하지 않고 목표를 향해 나아갈 기회에 집중하기 시작했다. 출소한 후 그는 개과천선한 전과자의 상징이 되었다. 유명해졌으며 세계 전역으로 강연을 다녔다. 심지어 MIT와 하버드대학교 같은 명문 대학에서도 강연을 했다.

안드레는 출옥한 지 16년 후인 2015년에 하버드대학교의 선임 연구원이 되었다. 대학 내에 연구실이 있으며, 미국 내의 폭동과 범죄를 줄이기 위한 프로젝트로 기금을 지원받고 있다. 또한 그는 세계적으로 인정받는 강연자다. 마약 중독을 극복하고 더 나은 삶을 살도록 그가 도와준 사람만 해도 수천 명에 이른다.

안드레의 이야기는 성격에 관한 진실을 보여준다. 그가 세운 목적이 성격을 형성했다. 처음에는 트럼펫, 그다음에는 서열 1위 그리고 하버드대학교. 각각의 목적은 각기 다른 안드레를 형성했다.

이처럼 성격은 원인이 아니라 결과다. 성격을 형성하는 주요 원인은 목표와 그 목표를 이루기 위한 행동과 정체성이다. 그러나 대부분은 생활 속 사건, 상황, 사회적 압력에 대한 반응에 머무르며 성격을 변화시키지 않는다. 누구도 한번 형성된 성격에 의문을 품지 않는다.

자신이 어디로 갈지 명확히 생각해야 원하는 사람이 될 수 있다. 노란 벽돌길에서 벗어날 수 있다. 과거의 자신을 놓을 수 있다. 과거가 현재의 나를 예측하는 지표가 될 필요는 없다. 내 행동이 지금까지의 모습과 일치할 필요는 없다. 나는 변할 수 있다. 그것도 근본적으로. 이에 내해 좀 더 자세히 살펴보도록 하사.

[Change Point]

- 나의 노란 벽돌길 끝에는 무엇이 있는가?
- 지금 내 삶은 어디로 가고 있는가?
- 나의 사다리는 어느 벽에 걸쳐져 있으며 끝까지 올라가면 무엇이 있을까?

아주 작은 행동이라도
의도적으로 한다

우리의 인식과는 상관없이 모든 행동에는 목적 또는 목표가 있고 그 것이 정체성을 형성한다. 안드레가 트럼펫을 버렸을 때 밴드부에서 실력을 길러 음악가가 되려는 목표는 사라졌다. 그 결과 그는 음악 정 체성을 떼어냈다.

그 후 삶의 목적은 친구들과 어울리기가 되었고 그에 따라 정체성과 행동, 상황이 만들어졌다. 이 시절의 행동과 정체성은 시간이 흐르며 그의 성격과 미래를 빚어냈다.

미리 정해진 고정적 특성이 아닌 목표가 정체성을 형성한다. 그리고 시간이 흐르는 동안 행동이 반복되면서 정체성은 성격이 된다.

작은 것도 끝까지 질문하기

아주 오래된 철학 개념인 목적론teleology('최종 목적'을 의미하는 고대 그리스어 telos에서 유래되었다)은 변화를 이해하는 데 도움이 된다. 모든 인간 행동은 기본적으로 결말이나 목적, 목표에 영향을 받는다. 하지만 이것들이 명시적이지 않거나 구체적으로 정의되지 않기도 한다.

유튜브에 들어가 몇 분간 정신을 파는 것은 비록 딴 데 정신 팔기라 하더라도 목적이 있다. 청구서 결제, 친구들과 어울리기, 취미와 관심사 추구에도 목적이 있다. 목표도 마찬가지다. 가장 간단하고 비생산적인 행동조차 목표 지향적이다. 미루기와 산만함에도 목표가 있다. 비록 그 목표가 한동안 무감각해지는 것이라 해도 말이다.

같은 방식으로 모든 행동에는 이유가 있다. 의식 있는 사람이 되려면 기본적으로 특정 행동을 하는 근본적인 이유를 깨달아야 한다. 자신이 하는 모든 행동이 목적이나 목표 지향적일 때 의사결정 수준을 높일 수 있다.

- 왜 이런 행동을 하는가?
- 의도나 이유, 목적이 무엇인가?
- 목표가 무엇인가?
- 목표는 궁극적으로 내 일에 어떻게 부합하는가?

결국 모든 행동을 이끄는 것은 결과다. 그 결과는 종교적이거나 경제적, 사회적, 감정적인 것 혹은 긴급한 것일 수도 있다.

안드레에게 트럼펫 연주를 좋아했던 이유를 묻는다면 그는 재미있었다거나 엘리스 선생님을 좋아했기 때문이라고 할 수 있다. 친구들과 어울리고 싶어 했던 이유를 묻는다면 그들이 멋진 아이들이어서 그들처럼 되고 싶었다는 것 외에는 별다른 설명을 할 수 없다. 그는 자신의 목표와 그것이 자기 행동에 미치는 영향을 제대로 검토하지 않았다. 그의 욕구나 관심사가 자신을 어디로 데려갈지 충분히 의식하지 못했다.

소크라테스는 "반성하지 않는 삶은 살 가치가 없다."고 했다.[2] 지금 내 삶을 잠시 살펴보도록 하자. 우선 지난 24시간 동안 했던 일부터 상기해보자. 이로써 모든 행동이 목표 지향적임을 알게 될 것이다.

먼저 종이 한 장을 꺼내 가운데에 선을 그어라. 왼쪽 맨 위에 '활동'이라고 적어라. 오른쪽 맨 위에는 '이유'라고 적는다. 그런 다음 지난 24시간 동안 했던 모든 활동을 기억나는 대로 열거해보자. 최소 한 페이지를 다 채울 만큼 적어라. 아래는 지난 24시간 동안 내가 했던 일들과 그 이유나 목표를 예시한 것이다.

활동	이유
새벽 5시에 기상해서 글쓰기	원고 마감 시간을 맞추기 위해
오디오북 듣기	휴식을 취하고 몸을 움직이고 영감을 얻기 위해
점심 식사	허기를 채우고 잠시 일을 생각하지 않기 위해

유튜브 영상 보기	정신을 딴 데로 돌리고 내가 응원하는 농구선수가 이겼는지 확인하기 위해
운동	심장박동수를 올리기 위해
퍼블릭스 식품점 방문	운동 후 에너지를 보충해줄 주스를 사기 위해
드레이에와의 대화	출간 계획에 맞춰 업무를 정리하기 위해
한 시간 동안 메시지 녹음	출간 계획의 개선안을 위해
몇 시간 더 글쓰기	원고 마감이 임박해서
로건과 조던 하교시키기	가족을 돌보고 함께해주기 위해
케일럽의 야구 경기 참석	케일럽을 응원하기 위해

이 이유들 각각에는 심층적 이유가 있을 것이다. 예를 들어 어제 체육관에 간 표면적인 이유는 심장박동수를 올리기 위해서였지만 '왜 심장박동수를 올리고 싶은가?'라고 묻는다면 '그래야 건강하고 집중할 수 있으니까'라고 대답할 것이다. '왜 건강하고 집중하고 싶은가?'라고 더 캐묻는다면 또 다른 이유를 댈 것이다. 내가 어제 했던 모든 행동에는 이유가 있다. 즉 결과가 행동을 이끌었다(궁극적으로는 가치를 두지 않는 결과라도).

당신이 시간을 어떻게 보내는가도 중요하다. 이는 나의 목표, 내가 추구하는 결과를 보여준다. 지난 24시간 동안 무엇을 했는지 살펴보고 그 행동들의 이유를 검토해보면 나의 목표가 무엇인지 알 수 있다.

어제 했던 모든 일을 왜 했는가? 어떤 결과를 얻고자 했는가? 내가 정말로 원하는 결과인가? 어쩌면 나의 일상적 행동은 사회나 정황, 트라우마 등으로 생긴 목표가 투영된 것인가?

내가 진정으로 무엇을 원하는지 결정할 때 비로소 시간과 자신이 통제될 것이다. 목표를 의식적으로 선택하고 치열하게 추구하라. 중요한 목표를 두고 가치 있는 일을 하며 후회 없이 하루를 보내라.

─────────────────[**Change Point**]─────────────────

· 지난 24시간을 살펴볼 때 미래의 자신과 일치하는 활동은 어떤 것인가?

· 그중에서 미래의 내가 하지 않을 행동은 무엇인가?

· 어떤 활동을 없애면 원하는 것을 할 여유와 에너지를 확보할 수 있을까?

최고들이 목표를 정하는
세 가지 기준

자신감은 현재 능력보다 훨씬 큰 목표를 향해 나아가는 데서 온다.
_댄 설리번

모든 행동은 목표 지향적이다. 그런데 목표는 어디에서 올까? 바로 다음 세 가지에서 온다.

1. 경험
2. 욕구
3. 자신감

이 장에서는 목표를 형성시키는 세 가지 원천에 대해 알아보고 최고의 변화를 이룬 사람들은 어떻게 목표를 설정하는지 알아볼 것이다.

경험: 부자와 빈자의 결정적 차이

찰리 트로터Charlie Trotter는 현대 고급 요리에 영향을 끼친 미국 요리사로, 시카고에 있는 그의 레스토랑은 수년 동안 미국에서 가장 고급스러운 식당으로 꼽혔다. 세련되고 우아한 분위기에서 제공되는 요리는 가격이 수백 달러나 됐다.

그는 정기적으로 가난한 아이들을 레스토랑에 초대해 무료로 요리를 제공했다. 아이들의 열망과 목표를 높여주고 싶다는 바람에서였다. 완전히 다른 세계를 접하게 해주고 싶었던 그의 시도는 정말로 아이들의 눈을 뜨게 해주었다.

그러나 소외계층 아이들에게 이런 특별한 경험을 제공한 것 때문에 그는 엄청난 비판을 받기도 했다. '아이들이 삶에 만족하지 못하고 불행해질 것이다', '가능성에 대한 비현실적인 기대감만 안겨준다' 등. 하지만 트로터는 사람들이 뭐라 하든 개의치 않았다. 정작 아이들은 레스토랑 방문 경험에 무한한 감사를 표하는 메일을 보내왔기 때문이다. 크면 요리사로 일하고 싶다거나 트로터보다 훨씬 더 멋진 레스토랑을 만들겠다고도 했다.[3]

트로터는 소외계층 아이들에게 잠재의식을 향상시키는 경험을 제공했다. 아이들은 다른 생활 방식을 접하며 전에는 생각조차 못 했던 가능성에 놀라운 상상력이 열리는 경험을 했다. 누구라도 존재하는지도 모르는 결정과 선택을 할 수는 없다. 선택 능력은 그가 처한 상황과 지식에 제한되며, 상황이 확장되면 선택지도 확대된다.

목표는 자신이 접한 경험에 기초해서 형성된다. 내가 학부에서 심리학을 전공했을 때 우리 과는 상담심리학과 사회심리학에 중점을 두었다. 그래서 나는 처음에 대학원을 지원하면서 내 목표에 가장 적합한지 확신하지 못했음에도 상담심리학을 전공으로 선택했다. 그리고 지원했던 모든 대학원에서 불합격 통보를 받고 몇 개월 후 중국으로 여행을 갔다.

그곳에서 애플의 아시아 지역 관리자를 만났는데 그는 애플의 관리자들과 부서들을 훈련시키고 동기를 부여하며 효율성을 높이는 일을 하고 있다고 했다. 자기 일을 설명해주는 그의 말들이 내 귀에 그대로 꽂혔다. 그는 정확히 내가 하고 싶은 일을 하고 있었다.

"어떻게 이런 일을 하게 되었나요?"

"어쩌다 보니 이 일을 하게 됐네요. 사실 전 법학을 전공했는데 이 직책을 맡게 되었어요. 하지만 제 상사는 산업 및 조직심리학 석사 학위를 가지고 있죠."

흥미로웠다. 심리학 개론 수업에서 산업 및 조직심리학에 대해 5분 정도 들었던 기억이 어렴풋이 났다. 하지만 그걸 제외하고는 학부 과정에서 산업 및 조직심리학에 대해 들은 게 없었다. 인터넷으로 검색해보니 그 분야가 내가 배우려는 공부와 완벽히 들어맞았다. 그 후 다시 대학원에 지원했고 이때는 처음 지원했을 때와 달리 내가 하고 싶은 분야에 대한 정보가 있었다. 알지 못하면 선택도 불가능하다.

성공하는 사람들은 끊임없이 새로운 것을 접한다. 여행을 다니고 책을 읽고 새로운 사람들을 만난다. 교육과 학습을 소중히 여긴다. 뜻밖의 발견을 추구한다. 그들은 양질의 정보에 근거해 현명한 결정을 내릴 수 있음을 알고 있으므로 새로운 패러다임을 위해 현재 패러다임을 기꺼이 깨뜨린다. 자신을 위해 더 나은 목표와 목적을 설정하며 더 나은 행동의 이유를 만든다.

지식은 목표 설정을 위한 열쇠다. 존재하는지도 모르는 무언가를 추구할 수는 없다. 따라서 목표의 첫 번째 원천은 경험이다. 지금 무엇을 추구하든 그것은 자신이 경험한 것들에서 나온다. 따라서 더 나은 목표를 세우고 더 나은 미래를 설계하려면 더 많이 배우고 관점을 바꿔 새로운 것에 마음을 열어야 한다. 미국의 26대 국방부 장관이었던 제임스 매티스James Mattis 장군은 "수백 권의 책을 읽지 않았다면 기능적 문맹functional illiterate 으로서, 당신은 개인적인 경험이 자신을 지탱해줄 만큼 폭넓지 않아 무능할 것이다."라고 했다.[4]

손에 잡히는 대로 책을 읽어라. 여러 권 중에서 가장 좋은 책을 걸러내는 데 능숙해져라. 영감을 주는 전기는 자신이 무엇을 할 수 있는지 열린 마음으로 생각하게 해준다. 인간의 실태, 역사, 철학, 심리학, 영성, 경제학 등을 배워라. 그러는 동안 한 인간으로서 변화할 것이다. 견해가 바뀌고 목표도 바뀔 것이다.

책 읽기 외에도 다른 미래를 접하고 추구할 수 있도록 자신을 확장시키는 경험을 하라. 때로는 쉽지 않은 경험을 하면서 자신도 힘든 일을 할 수 있음을 깨달을 필요가 있다. 내 경우 선교 활동과 다섯 아이의 아버지가 되었던 일이 그런 경험이었다. 나는 많은 실패를 경험하며 겸손해졌고 새로운 사람이 되었다. 자신을 새롭게 형성하고 변화시킬 경험을 피하지 마라. 지금보다 더 강하고 현명하며 뛰어난 능력을 갖추고 싶다면 혹독하고 도전 의식을 북돋우는 새로운 경험이 반드시 필요하다.

욕구: 원하지 않으면 얻지 못한다

우리는 원하지 않으면 어떤 일을 추구하거나 관여하지 않는다. 통계를 보면 사람들 대부분이 자신의 직업을 싫어하지만 사회적, 재정적 이유로 또는 다른 이유로 출근한다. 원하는 목적을 위해 즐겁지 않은 과정을 견디는 것이다.

어떤 활동에 시간을 쓰는 이유는 결국 그것이 원하는 바를 얻게 해주리라고 믿기 때문이다. 하지만 잘못된 것을 원하고 있다면? 혹은 다른 것을 원한다면? 만일 생활비 해결이 더 이상 목표가 아니라면 어떨까? 그래도 자신이 싫어하는 직업을 유지할까?

욕구는 타고난 성격에서 오는 게 아니다. 그보다는 경험, 사회, 미디어, 주변 사람을 통해 길러지고 훈련된다. 욕구는 선천적인 것이 아니다. 학습되고 주변에서 부추기는 것이다. 이로써 우리는 욕구에 매달리고 자신과 동일시한다. 그러나 욕구를 진짜 자신과 오인해서는 안된다. 욕구는 의미를 부여한 것일 뿐이므로 얼마든지 벗어나거나 바꿀 수 있다.

예를 들어 당신이 어려서부터 스포츠 팬이었다고 하자. 당신은 타고난 성격 때문에 스포츠 팬이 되었다고 생각할 수 있다. 하지만 그렇지 않다. 스포츠가 성격과 정체성의 일부이기는 하지만 실은 당신 성격의 특정 면을 적극적으로 부추기는 것이다. 따라서 언제든지 그만둘 수 있다. 그러다 보면 시간이 흐르면서 스포츠에 전혀 관심을 두지 않을 것이다. 정말로 가능한 일이다. 물론 열렬한 스포츠 팬이기를 그만두려면 특별한 이유가 필요하겠지만 말이다.

지금 뭔가를 원한다고 해서 5년 후나 내년에도 그러리라는 법은 없다. 마찬가지로 5년 전을 생각해보면 무엇을 원했는지 기억도 안 날 정도다. 당신은 변했고 환경도 변했으며 목표도 변했기 때문이다.

늦잠 자기, 넷플릭스 몰아보기, 친구와 밤늦도록 놀기 같은 현재 욕구는 더 나은 결과와 상충할 때가 많다. 현재 욕구도 훈련의 산물이라는 것을 알면 왜 그런 욕구를 가지게 되었는지 의문을 제기할 수 있다. 또한 품을 가치가 있는 욕구를 미리 선택하고 훈련할 수도 있다.

당신은 무엇이든 원할 수 있다. 하지만 무엇을 원할지 의도적으로 훈련하면 어떨까? 미래의 자신이 진화한 버전이라면 현재보다 높은 수준의 자신감, 능력, 자유를 갖고 있으며 목표나 관심사, 욕구도 현재와 다를 것이다.

미래의 자신이 원하는 것을 지금 당장은 원하지 않을 게 분명하다. 미래의 자신은 '습득된 것'이기 때문이다. 그렇기에 현재 원하지 않는 것에 가치를 두고 원하는 법을 배워야 한다. 미래의 자신을 위해 성공에 필요한 것들을 원하도록 학습해야 한다. 미래의 자신이 더 건강해지려면 더 건강하기를 원해야 한다. 추구할 가치가 있다면 욕구 훈련은 필수적이다.

지금 당장 원하는 것이 시간을 투자할 가치가 없을 수도 있다. 따라서 현재 내가 무엇을 원하는지 멈추고 질문해야 한다. 미래의 나 자신, 즉 내가 되고 싶은 사람은 현재 내게는 없는 지식과 기술, 성격, 관계 등을 갖고 있기 때문이다.

성격은 선호도와 흥미다. 내향적인 사람은 구석에 앉기를 선호한다. 하지만 내향적인 사람들도 군중 속에 있기를 선호하도록 자신을 훈련할 수 있다. 그러나 군중 속에 있기가 그들의 궁극적인 목표와 관련이 있어야 한다. 반면에 외향적인 사람은 방 안에 혼자 있기가 어려울 수 있다. 하지만 목적이 있다면 그들도 혼자 있는 법을 배우고 마음을 가라앉힐 수 있다.

우리가 한 인간으로 발전하고 나아갈 때 개인적 기호와 관심사를 확장시키는 목적의식이 발달한다. 이 목적은 기호를 넘어서게 하고 궁극적으로 한 인간을 바꾼다.

욕구는 적극적으로, 의도적으로 추구함으로써 훈련된다. 열정은 행동하고 기술을 발달시킬 때 생긴다. 당신은 무슨 일에든 열정적으로 되는 법을 배울 수 있다. 나폴레온 힐Napoleon Hill의 말처럼 "욕구는 모든 성취의 출발점으로서 희망이나 소망이 아니라 모든 것을 초월하는 격렬한 갈망이다."

욕구는 목표의 두 번째 원천이며 훈련될 수 있고 훈련되어야 한다. 미래의 자신을 만들어줄 욕구를 선택할 때 훨씬 성공적인 삶을 살 수 있다.

자신감: 극적인 변화의 원천

보통은 스스로 달성할 수 없다고 믿는 목표를 생각해내거나 마음에 품지 않는다. 지난 24시간 내가 했던 일들의 목록은 현재의 자신감 수준을 나타낸다. 그 목록에서 용기가 필요했던 일은 몇 가지인가? 쉬웠던 일은 몇 가지인가? 달성이 힘든 목표를 향해 나아가는 데 쓴 시간은 얼마나 되는가?

직업과 소득 수준은 자신감을 기반으로 한다. 친구들도 자신감을 기반으로 만난다. 옷도 자신감을 기반으로 입는다. 자신감은 미래를 바라보고 선택하는 데 필요한 상상력의 기초다. 자신감은 배우고 성취할 수 있는 것에 대한 개인적인 믿음을 반영한다. 따라서 자신감이 클수록 미래의 자신도 커진다.

그러나 자신감의 문제는 쉽게 깨질 수 있다는 점이다. 자신감은 손상되기 쉽고 항구적이지 않다. 충격적이고 고통스러운 경험은 자신감과 상상력을 망가뜨린다. 우리 모두에게는 앞으로 나아갈 능력과 희망과 욕구를 마비시키는, 옆구리에 박힌 가시 같은 고통스러운 경험이 있다.

다음 장에서는 트라우마와 이것이 성격에 미치는 영향을 중점적으로 다룰 것이다. 지금은 트라우마가 자신감을 파괴한다는 사실만 알아두도록 하자. 사람들은 종종 해결되지 않은 트라우마 때문에 매우 한정적인 목표를 세운다. 슬프게도 그런 경우라면 고통스러운 감정의 회피가 목표가 된다.

자신감은 용기 있는 행동을 통해 형성된다. 과거를 직시하고 더 이상 상처받지 않을 때까지 자신을 노출해야 하기에 용기가 필요하다. 인생에서 진정으로 원하는 것이 무엇인지 알기 위해서는 용기가 필요하다. 도전적인 목표를 시도하고 그 과정에서 실패도 경험하려면 용기가 필요하다.

어느 날 사무실에서 집으로 차를 몰고 오면서 나는 고도비만인 남자가 반바지 운동복만 입고 상의를 벗은 채 달리는 모습을 봤다. 플로리다의 햇살 아래 출렁거리는 몸이 땀으로 번들거렸다. 그 모습을 본 순간 깨달았다. 그는 미래의 자신을 대담하게 공개하고 있었다. 나나 사람들이 덜렁거리는 군살과 튼살을 어떻게 생각하든 신경 쓰지 않았다. 그저 내딛는 걸음에만 시선을 고정하고 있었다. 그의 몸에서는 땀이 뚝뚝 떨어졌고 정체성은 변화하고 있었다.

어느 날 그는 더 나은 생활 방식을 접했고 자신의 행동과 선택이 불러올 가치를 인식했을 것이다. 그는 더 건강해진 자신의 모습을 떠올렸고 현재의 욕구에 의문을 품기 시작했다. 그리고 행동하기로 선택했다. 그가 선택한 행동을 계속해서 하느냐는 어떤 목표를 추구하느냐에 따라 다르다. 목표가 명확하고 설득력이 있다면 그는 더 많이 달릴 것이고 지방은 곧 사라질 것이다. 반면에 목표가 명확하지 않고 설득력이 없다면 달리기는 산발적이고 일관성이 없어 결과가 썩 좋지 않을 것이다.

어쨌든 적어도 그 순간만큼 그는 되고자 하는 미래의 자신처럼 행동하고 있었다. 자신의 다른 미래를 봤고 나가서 뛰어야 할 이유가 있었다. 이처럼 목적에 힘이 실리고 이에 맞는 정체성을 갖는다면 원하는 사람이 될 수 있다.

자신감은 용기 있는 행동과 전심전력을 통해 형성된다. 뻔뻔하게 튀어나온 배를 드러내며 달리는 동안 그의 자신감은 치솟고 있었다. 이 대담한 행동은 잠재의식을 향상시킨다. 미래의 자기 시점에서 용감하게 행동함으로써 잠재의식을 확장하는 절정 경험peak experience을 하게 된다. 그리고 자신과 세상을 바라보는 기준선, 기대치의 기준선을 새로 설정하게 된다.

절정 경험은 무작위가 아니라 의도적으로 해야 한다. 다작 작가이자 철학자인 콜린 윌슨Colin Wilson의 설명을 들어보자.

긍정적인 반응(또는 최고의 경험)을 원한다면 능동적이고 의도적인 마음 상태를 갖출 때 그렇게 된다. … 우울증은 부정적이면서 자신의 의지와 상관없이 끌려가는 태도의 결과물이다. 그러나 절정 경험은 의도적인 태도의 결과물이다.[5]

의미 있는 목표들을 의도적으로 용감하게 추구할 때 절정 경험을 하게 된다. 이런 경험들은 나를 더 개방적이고 유연한 사람으로 만들어 준다. 그러면 더 이상 자신을 과거의 모습으로 보지 않으며 자신감을 갖고 더 큰 목표를 세워 달성할 수 있다.

절정 경험은 드문 경험이지만 놀랍게도 계속해서 정기적으로 경험할 수도 있다. 선택에 따라 오늘 절정 경험을 할 수도 있다. 그러나 의도해야만 한다. 용기를 내야 한다. 진심으로 가고자 하는 방향으로 삶을 이끌고 가야 한다.

땀을 뻘뻘 흘리며 달리던 남자는 미래의 자신을 향해 한 발씩 내디딜 때마다 그 미래를 현실로 믿는다. 처음에는 간헐적이고 한결같지 않더라도 그의 행동은 현실을 반영하고 있다. 시간이 흘러도 미래와 일관된 행동을 계속한다면 그는 그 미래를 더욱 원하게 되고 정체성은 확고해진다. 결국 모든 면에서 미래 자신이 곧 현재 자신인 지점에 도달한다.

그는 더 이상 과거와 지금의 자신을 동일시하지 않을 것이다. 어쩌면 과거의 자신이 어땠는지 기억조차 못 할 수도 있다. 그에게 과거는 정보일 뿐 더 이상 감정을 불러일으키지 않는다.

자신감은 개인 목표 설정의 열쇠다. 자신감이 클수록 목표도 확고해진다. 자신감은 의미 있는 목표를 향한 의도적인 행동을 통해 얻을 수 있다. 먼 과거에서 빌릴 수 있는 자신감은 한정돼 있다. 오히려 최근에 자신이 어떤 사람이었는가에 따라 달라지는 측면이 훨씬 크다.

자신감은 미래의 자신을 반영하는 작지만 일관된 행동으로 키워나갈 수 있다. 또 미래 자신을 향한 과감하고 대담한 '파워 무브'power move를 통해 쌓을 수도 있다. 파워 무브란 미래 자신을 향한 적극적인 행동이다. 싫어하는 직장 그만두기, 멘토에게 투자하기, 공공장소에서 달리기, 솔직한 대화 나누기, 두렵더라도 블로그에 글 올리기, 봉급 인상 요구하기가 예가 될 수 있다.

파워 무브를 많이 할수록 절정 경험을 더 하게 되며 절정 경험을 많이 할수록 더 유연하고 자신감 넘치는 사람이 된다. 그리고 유연성과 자신감이 커질수록 더 창의적이고 흥미로운 미래를 창조하고 추구하는, 원하던 모습의 사람이 된다.

10년 후 내 모습을
구체적으로 그린다

상상력은 지식보다 중요하다. 지식은 지금 우리가 알고 이해하는 것에 한정되지만
상상력은 전 세계와 장차 우리가 알고 이해할 모든 것을 아우르기 때문이다.[6]
_알베르트 아인슈타인

흔히 정체성과 성격은 생활 속 사건들과 환경, 습관에 대한 반응으로 형성된다. 자신이 되고자 하는 모습을 정하고 이를 기초로 정체성을 규정하고 형성한 다음, 그 모습을 갖춰가는 사람은 거의 없다. 현재와 미래의 자신은 명백히 다른 두 사람이다. 미래의 자신은 지금의 자신이 아니다. 미래의 자신은 지금과는 다르게 행동할 것이다. 혹은 지금보다 행동이 나아지기를 기대할 것이다.

미래 자신은 현재 자신에서 진화한 모습이어야 한다. 사람들에게 많은 기대와 찬사를 받더라도 미래의 자신이 지금과 똑같다면 배우고 발전하고 변화하지 않는다는 뜻이다. 하나의 이야기에 갇혀 새로운 경험을 피하고 잠재력을 제한하고 있는 것이다.

정체성을 짓는 건축가 되기

미래 자신을 현재 자신과 다른 사람으로 봐야 하는 이유는 또 있다. 자신을 달리 상상해보지 않으면 '의도적 연습'deliberate practice 을 사실상 할 수가 없다.[7] 왜 정체성을 형성하는 과정을 의도적 연습이라고 할까. 목표가 있고 그 목표를 직접적으로 겨냥한 연습이기 때문이다. 무작위적이고 단순히 과정이 좋아서 하는 게 아니라 목적에 맞게 조정된 연습이다.

의도적 연습에는 지향할 무언가가 필요하다. 지향할 누군가가 있다면 더 좋다. 연습에 의미와 목적을 부여하는 비전이 필요하다. 그 자체가 좋아서 하는 연습도 좋다. 그러나 한계에서 벗어난 자신을 그려보지 않고는 한계를 뛰어넘을 수 없다.

성공한 사람들은 먼저 미래의 자신을 비전으로 삼아 이를 모든 행동의 필터로 사용한다. 배우 매튜 맥커너히Matthew McConaughey 는 아카데미 남우주연상 수상 소감에서 누가 그의 영웅인지 다음과 같이 설명했다.

열다섯 살 때 제 인생에서 정말 중요한 사람이 "너의 영웅은 누구니?"라고 물은 적이 있습니다. 그래서 저는 "그게 누굴까? 10년 뒤의 나?"라고 했죠. 그리고 스물다섯 살이 되었을 때 10년 전에 질문했던 그녀가 다시 물었죠. "이제 넌 네 영웅이니?" 저는 대답했죠. "아직 멀었어! 아니, 아니야." 그녀가 왜냐고 묻더군요. 저는 "내 영웅은 서른다섯 살의 나야."라고 말했죠. 그러니까 제 인생의 매일, 매주, 매달, 매년 저의 영웅은 항상 10년 후의 저입니다. 저는 결코 제 영웅이 되지 못할 겁니다. 그걸 알지만 그래도 괜찮습니다. 계속 10년 뒤의 저를 쫓아갈 테니까요.[8]

언젠가 나는 미래의 내가 될 것이다. 문제는 '미래의 나는 어떤 사람인가?'다. 이 질문에 대답할 때 내가 원하는 이상적인 사람을 생각해야 한다. 현재 상황이나 정체성을 생각해서는 안 된다. 내가 이전에 어떤 사람이었든 상관없다. 나는 어떤 사람이 되고 싶은가? 그것이 진실한 참 자기다(당분간은).

미래의 나를 설계하려면 그 미래 속에서 내가 어떤 사람이고 일상에서 어떤 경험을 할지 상상해야 한다. 생생하고 세밀하게 상상할수록 좋다. 미래의 니에게는 어떤 지유와 선택, 환경, 경험, 일상 행동이 있을까?

자신의 정체성을 설게하는 건축가가 될 때 현재의 나를 바라보는 시각에는 비중을 덜 두어야 한다. 지금의 나는 중요하지만 제한적이기도 하다. 미래의 나는 다를 것이다. 나는 사물을 달리 보며 다른 자유를 누린다. 관계, 일상 행동, 경험도 다르다. 지금은 너무나 놀랍고 흥미로워 보이는 것이 미래에는 평범한 일상이다.

그렇게 아주 솔직해져 보자. 어떤 사람이 되고 싶은가? 종이를 꺼내 미래의 나는 어떤 사람인지 상세히 써보자.

- 10년 후 나의 일상생활은 어떤가?

- 나는 무엇을 지지하는가?

- 돈은 얼마나 버는가?

- 어떤 옷을 입고 있는가?

- 사람들과 어떻게 교류하는가?

- 자신의 현재와 미래를 어떻게 보는가?

- 목적은 무엇인가?

- 어디에 살고 있는가?

- 친구들은 누구인가?

- 어떤 기술과 재능이 있는가?

'핵심 습관'으로
시스템을 구축한다

당신의 사명을 결정하려면 모든 목표를 살펴보고 나서 스스로 물어보라.
이 목표들 가운데 어떤 것이 인생에서 원하는 걸 달성하게 해줄까?
그 질문의 답이 당신의 사명이다.
_할 엘로드⁹

미래의 나 자신이 어떨지 생각했다면 이제는 그런 내가 되기 위한 주요 목표나 결과 한 가지를 생각해보자. 반드시 한 가지 목표여야 한다. 다수의 목표를 세우면 집중하기 어렵다. 또한 다수의 목표는 중요한 한 가지 목표를 세우기가 두렵거나 결단력이 부족하다는 걸 보여주는 증거다.

여기서 한 가지 목표는 측정할 수 있고 정의할 수 있고 시각화할 수 있어야 한다. 또한 삶의 핵심 영역 전부를 확실하게 도와주고 지지해줘야 한다. 소득 목표가 그토록 효과 있는 이유다. 작가라면 특정 페이지 뷰나 구독자 수가 주목표일 수 있다. 컨설턴트라면 고액 의뢰인 수, 달리기하는 사람이라면 마라톤 기록이 주목표일 수 있다.

나는 무엇이 되고 싶은가

하나의 목표는 집중하게 하며 집중은 추진력을 만들어낸다. 추진력과 자신감은 삶의 다른 모든 영역으로 흘러든다. 찰스 두히그Charles Duhigg 는 《습관의 힘》에서 삶의 한 영역을 개선하면 다른 모든 영역까지 개선된다고 설명한다. 이를 '핵심 습관'keystone habit 이라고 부른다. 나의 주요 목표 한 가지를 핵심 습관으로 생각하라. 공격적으로 추구하고 적극적으로 달성할 때 이 한 가지 목표는 내가 하고자 하는 모든 것을 할 수 있게 도와준다.

안드레의 경우 하버드대학교 입학이 한 가지 분명한 목표였다. 이 목표로 그는 성공을 거두고 감옥으로 돌아가지 않을 수 있었다. 만일 그가 다섯 가지 이상의 목표를 달성하려 했다면 결코 감옥에서 벗어나지 못했을 것이다. 그의 단일 목표는 모든 하위 목표와 그가 이루고자 하는 다른 것들에 방향과 목적을 부여했다.

또한 안드레의 단일 목표는 미래의 그를 창조해가는 과정을 형성했다. 이는 아주 중요한 사실이다. 최근 성공에 대한 매우 잘못된 조언들이 많기 때문이다. 많은 사람이 전적으로 과정에만 집중하고 결과는 기본적으로 무시할 것을 권한다. 하지만 목표를 염두에 두지 않고는 과정의 유효성을 말할 수 없고 과정으로 유도하기가 불가능하다. 더욱이 중간에 진전 정도와 결과를 정기적으로 측정하지 않고는 과정이 제대로 작동하는지 판단하기 어렵다.

과정은 결과를 기반으로 해야 한다. 즉 시작할 때 결말을 염두에 두어야 한다. 목표라는 맥락 없이 과정만으로는 아무 의미가 없다. 과정을 우선시하는 사고는 계획 없이 살아가면서 다른 사람에게 효과가 있는 것들을 찾으려는 '전술'이다.

반대로 목적을 염두에 둔 사고는 자신이 원하는 결과에 따라 과정을 역설계하는 '전략'이다. 그러므로 측정 없는 과정은 과정이 아니다. 원하는 결과가 거기에 도달하는 과정을 결정한다. 그리고 중간 결과에 따라 과정의 조정 여부가 결정된다.

억만장자 피터 틸은 그의 책 《제로 투 원》에서 왜 과정을 우선하는 사고가 평범함을 가져오는지 설명한다. 그는 확실한 태도와 목적을 가져야 한다고 하면서 이렇게 말한다.

막연히 미래를 바라보는 태도는 현재 우리 세계에서 가장 역기능적인 현상을 설명한다. 과정이 실질적 결과를 능가하고 있다. 사람들은 수행할 구체적인 계획이 없을 때 형식적 규정에 따라 다양한 선택지가 담긴 포트폴리오를 구성한다. 이것이 오늘날 미국인의 모습이다. 중학교에서는 특별활동을 이것저것 해놓기를 권장하며, 학생들은 모든 면에서 뛰어난 사람으로 보이기 위해 고등학교 때 더 열심히 경쟁한다. 대학에 들어갈 때까지 전혀 알 수 없는 미래를 대비하려고 놀라울 만큼 다양한 이력을 쌓으며 10년을 보낸다. 무슨 상황이 와도 괜찮도록 준비하는 것이다. 하지만 특별히 준비된 것은 없다.[10]

동기와 관련해 가장 많이 연구된 기대이론Expectancy Theory에 따르면

동기 수준을 높이기 위해서는 다음 세 가지가 필요하다.[11]

- 명확하고 설득력 있는 목표 또는 결과
- 목표 달성으로 이어지는 경로 또는 과정
- 실행과 성공에 대한 믿음

목표 없이는 동기부여도 안 된다.[12] 연구에 따르면 목표 없이는 희망도 가질 수 없다. 목표가 분명하고 구체적일수록 더 직접적인 경로와 과정이 나온다. 그 과정을 따라 기술과 지식을 개발하고 목표를 향해 나아갈 때 뭔가를 시도하고 성공할 수 있다는 자신감이 생긴다. 자신감이 생기면 그 목표를 점점 더 원하게 되며 결국 그 목표에 도달해서 삶 전체가 변한다. 다시 더 확장된 목표를 세울 수 있는 새로운 발판을 갖게 된다.

과정이 아닌
결과로 말한다

우리가 무엇에 전념하고 있는지는 말이 아니라 결과로 알 수 있다.
결과는 우리가 전념하고 있다는 증거다.[13]
_짐 데스머, 다이애나 채프먼, 케일리 클램프

지금 자신의 삶을 보라. 무엇이 보이든 그것이 내가 전념하고 있는 것이다. 현재 체중이 얼마든 그것이 스스로 노력하고 있는 몸무게다. 얼마나 벌고 있든 그것이 내가 벌기 위해 노력하는 돈이다. 나의 노력은 현재 얻고 있는 결과에 100퍼센트 반영되어 있다. 다른 것에 전념했다면 다른 결과를 얻었을 것이다.

진정으로 원하는 결과에 전념할 때 삶이 개선된다. 주요 목표 한 가지에 집중해야 명확한 변화가 보인다. 다른 모든 일은 그 한 가지 주요 목표를 통해 걸러져야 한다.

132

맨날 꼴찌만 하던 팀이 금메달을 딴 비결

1912년 이후로 금메달을 따지 못했던 영국 조정팀은 2000년 시드니 올림픽 준비에 전념했다. 그들은 모든 결정에 앞서 단 한 가지 질문만을 던졌다.

"그러면 속도가 빨라질까?"

그들은 이 질문으로 모든 상황과 결정, 장애물을 가늠하고 목표에서 벗어나지 않을 수 있었다. 이후 팀에서 어떤 상황이 발생하든지 팀원들은 자문했다. 그러면 속도가 빨라질까? 만일 '아니요'라는 답이 나오면 실행하지 않았다. 도넛을 먹을까? (그러면 속도가 빨라질까?) 밤늦도록 파티를 할까? (그러면 속도가 빨라질까?) 그들은 전심전력으로 기록 단축에 전념했고 원하는 결과를 얻었다. 그해에 영국 조정팀은 금메달을 땄다.

존 아사라프John Assaraf는 루이스 하우스Lewis Howes의 팟캐스트에서 목표 설정에 관해 다음과 같은 이야기를 들려줬다. 그의 첫 멘토는 다양한 생활 영역, 예를 들면 건강, 종교, 재정, 관계, 봉사 등에서 1년, 3년, 5년, 25년 뒤 목표를 설정하라고 한 다음 그에게 물었다.

"자네는 이 목표들의 달성에 단순히 관심이 있는 건가, 아니면 목표를 향해 전념할 건가?"

"무슨 차이가 있죠?"

"관심 정도면 목표 달성을 왜 못 하는지, 사연과 변명, 이유, 정황을 대지. 전념한다면 그런 게 없어. 무슨 일이 있더라도 한다네."[14]

기적이 일어나는 메커니즘

전념하면 어떤 결과든 얻는다. 하지만 우리는 구체적 결과를 내려고 전심전력하지 말라고, 뭔가에 지나치게 전념하면 실패했을 때 실망이 크다고, 결과보다는 과정에 집중해야 한다고 귀가 따갑도록 들었다. 그래서 전력을 다하는 일은 뭔가 부담스럽고 외적인 것에 너무 집착하는 느낌이 든다.

그러나 구체적 결과를 위해 전심전력할 때 생기는 이득이 몇 가지 있다. 예를 들어 무언가에 전념할 때는 자신이 진정으로 원하는 것에 대해 자신과 사람들에게 솔직해질 수밖에 없다. 이런 솔직함은 드물다. 사람들 대부분이 진정 원하는 것을 가슴에 꽁꽁 묻어둔다. 인생에서 가장 원하는 것을 전부 드러내기를 두려워한다.

하지만 구체적 결과를 위해 노력할 때는 그 결과를 새롭게 자신의 이야기로 만들어야 한다. 그게 당신이 할 일이다. 모든 일이 어떻게 진행될지 정확히 알 수는 없지만 분명 결과를 얻을 것이다. 이런 솔직함과 투명성은 드물면서도 전염성이 있다. 진전이 보이기 시작하면 자신감이 생기고 다른 사람의 지원과 도움을 구하게 된다.

또 전심전력은 정체성을 명확히 해준다. 정체성은 목적에서 나온다. 목적을 전적으로 받아들이고 분명히 할 때 강한 목적의식이 생긴다. 원하는 위치에 있는 자신을 상상할 수 있다.

반면에 명확한 결과 없이는 정체성에 혼란이 온다. 나는 어떤 사람인가? 나에게 중요한 것은 무엇인가? 무엇을 하려고 하는가? 어떤 사람이 되려 하는가?

또한 구체적 결과, 즉 한 가지 목표에 전념하면 자신을 개선할 수밖에 없다. 예를 들어 내가 블로그 활동을 시작했을 때 과정에 전념하는 작가들이 엄청 많은 글을 올린다는 것을 알았다. 하지만 그들의 글은 조금도 나아지지 않았고 세월이 흘러 나는 전문 작가가 되었다. 그들은 여전히 블로그 게시글만 열심히 올리고 있다. 명확한 결과를 내는 데는 전념하지 않았기 때문에 결과물에 변화가 없었던 것이다.

구체적 결과를 내기 위해 전념하면 더 나아질 수밖에 없다. 이는 결과가 말해준다. 결과가 나아지지 않는다면 자신이 그 일에 얼마나 관심이 있는지, 얼마나 전념하고 있는지 질문해야 한다. 모든 작업을 아주 세세히 추적하기 시작하면 자신이 더 나은 결과를 얼마나 바라는지 알게 된다. 피어슨의 법칙Pearson's Law에 따르면 "실적을 측정하면 실적이 향상된다. 실적을 측정하고 보고하면 향상 속도가 빨라진다."

구체적 결과를 내는 데 전념하면 동기도 강화된다. 기대이론에 따르면 목표 없이는 동기부여도 될 수 없다. 목표가 한 가지로 집중되면 더 직접적인 경로가 그려진다. 경로가 직접적이고 분명할수록 더 동기부여가 된다. 그렇기 때문에 하나의 핵심 목표에 집중할 때 전세가 바뀐다. 하나의 목표는 경로를 더 간결하게 하여 현실로 만들어준다. 그리고 이는 동기와 자신감을 크게 높인다.

마지막으로 구체적 결과를 내는 데 전심전력하면 믿음도 커진다. 나폴레온 힐은 "절대적인 믿음으로 뒷받침된 확실한 목적은 일종의 지혜이며 행동하는 지혜는 긍정적 결과를 낳는다."고 말했다. '노력해보겠다'라거나 '지켜보겠다'라고 말하는 데는 그다지 믿음이 필요하지 않다. 반면 '그렇게 될 것이다. 방법은 정확히 모르겠지만 그렇게 될 것이다'라고 말하려면 강한 믿음이 필요하다. 그렇게 전심전력하면 더 진심으로 간절히 바라게 된다. 전념하지 않았다면 절대로 하지 않았을 일들을 하게 된다. 기적이 일어날 수밖에 없다.

─────────────── ⟦ **Change Point** ⟧ ───────────────

- 나는 미래에 전념할 것인가?
- 한 가지 구체적 목표에 전념할 것인가?
- 목표를 이루기 위해 모든 걸 걸 것인가?
- 진심으로 원하는 것을 솔직히 말할 수 있는가?
- 결과를 향상시키기 위해 과정을 개선하고 강화할 것인가?

저녁 8시,
최고의 휴식이 시작되는 시간

두 번 이상 반복하는 실수는 자신의 결정이다.
_파울로 코엘료

보다 나은 미래를 위해 전심전력할 때는 아침과 저녁 시간을 잘 보내야 한다. 하루의 끝은 휴식과 성찰을 위한 시간이다. 하루가 끝나갈 무렵이면 이미 많은 결정을 내린 후이므로 심신이 지쳐 있으며 의지력도 고갈돼 있다.[15] 의지력이 약해지면 불건전한 소모적 행동, 주로 빠르게 도파민을 분비시키는 쾌락을 추구하게 된다.

소셜 미디어, 설탕, 탄수화물, 오락은 많은 사람의 일반적인 저녁 활동이다. 의지력이 떨어지면 나쁜 선택으로 빠지기 쉽다. 이런 선택은 잠깐 도파민이 분비되어 기분을 전환할 수 있지만 그 대가는 크다. 밤에 소모적이고 건강에 해로운 행동을 하면 수면에 부정적인 영향을 미치고 아침에도 늦게 일어나 자신감이 사라진다.

영화를 보고 사랑하는 사람과 오붓한 시간을 보내는 것과 가족 옆에서 스마트폰에 정신을 파는 것은 다르다. 미래에 원하는 자신으로 살고 싶다면 특히 의지력이 약한 밤의 함정을 피해야 한다. 그러지 않으면 낮에 한 발짝 나아갔다가도 밤에 한 발짝 뒤로 가고 만다. 그래서 하루 중 처음과 끝을 잘 보내는 것이 아주 중요하다.

왜 루틴이 중요한가

밤의 소모적인 기분 전환용 습관을 저지할 방법은 더 일찍 잠자리에 드는 것이다. 저녁 시간을 효율적으로 보내는 사람은 드물다. 하루 중 일반적으로 효율성이 줄어드는 시점이 있는데 보통 저녁 8~9시에서 한 시간 전후부터다. 이 시간에 사랑하는 사람들과 교류하지 않는다면 일찍 자는 게 낫다.

평소보나 한 시간 일찍 잠자리에 든다면 소금 더 성공석인 내일을 맞이할 수 있다. 이는 소모적인 행동을 피하게 해주고 휴식을 더 취하게 해준다. 그리고 분주한 시간이 시작되기 전에 일찍 일어나 자신의 목표를 위해 노력할 수 있다.

사람들 대부분이 자야 할 시간보다 훨씬 늦게 잠자리에 든다. 10시가 넘어 잠자리에 들면 분명 다음 날 무리가 간다. 계속해서 일찍 잠자리에 들면 이상한 사람으로 보일 수도 있지만 그런 시선이 오래가지는 않는다. 시간이 지나면 결과가 말해줄 것이다. 일찍 자면 휴식의 질과 양이 증가한다. 목표와 상충하는 체력 소모가 없어지므로 더 일찍 일어나고 자신감도 더 커진다.

배우 마크 월버그는 저녁 일곱 시에 잠자리에 들고 새벽 세 시에 일어나 최상의 상태에서 일할 수 있도록 체력을 단련한다. 그는 목표가 명확하며 그가 그리는 미래는 보통 사람들보다 훨씬 원대하다. 그래서 사람들이 극단적이거나 이상하다고 여길 과정이나 일정을 기꺼이 소화한다.

한 시간 일찍 잠자리에 들어라. 의지력과 의사결정 능력이 가장 낮은 밤 시간에 활동하는 것을 피하라. 다음 날 아침의 성공을 위해 준비하라.

'파워 무브'로
성공 경험을 반복한다

아침에 한 시간을 잃으면 온종일 그 한 시간을 찾아 헤매게 된다.
_리처드 웨이틀리

일찍 일어나 미래의 자신을 좇아라. 매일 아침 꿈을 향한 파워 무브를 시작하면 온종일 파급력을 발휘할 자신감과 추진력을 얻는다. 더 나은 결정을 내리고 주변 사람들과 훨씬 소화를 이루며 더 나은 24시간을 보낸다.

하루하루를 개선하면 인생도 개선된다. 마지못해 일어나 급한 일만 처리한다면 의미 있는 발전을 이루지 못한다. 현상 유지에 그치고 시간만 빠르게 흘러갈 뿐이다. 며칠, 몇 주, 몇 년이 지나도 의미 있는 발전을 이루지 못한다.

한 가지 주요 목표를 달성하고 원하는 자신이 되려면 용감해야 한다. 날마다 목표를 향해 과감한 발걸음을 내디딜 필요가 있다. 이런 과감한 움직임 모두가 파워 무브다. 파워 무브는 잠재의식을 확장하고 자신이 생각하는 '정상적' 행동을 재설정한다. 아침에 의도적이고 목표 지향적인 행동을 하면 매일 절정 경험을 하게 된다. 뇌와 정체성이 변화하고 자신감이 커진다. 과거의 자신에서 벗어나 그토록 바라던 미래의 자신이 될 수 있다.

절정 경험: 성공을 반복하는 힘

유연성과 자신감을 높여주는 절정 경험을 하고 싶다면 의도적이고 선제적으로 행동해야 한다. 즉 의식해서 일찍 잠자리에 들고 잠에서 깨는 즉시 미래의 자신을 향해 나아가야 한다. 그렇게 되면 절정 경험은 매일 밥을 먹는 것과 같은 일상이 되어 아주 많은 것을 배우고 배움과 함께 변화할 것이다. 영국의 소설가이자 철학자 알랭 드 보통이 말했듯이 "12개월 전 자신의 모습이 부끄럽지 않은 사람은 배움에 힘쓰지 않는 것이다."

  자아실현self-actualization 이라는 용어와 이론 체계를 만든 심리학자 에이브러햄 매슬로Abraham Maslow에 따르면 절정 경험과 같이 자신이 확장되는 경험은 자아실현의 중요한 핵심이다.[16] 자아실현은 더 이상 내적 또는 외적 한계에 저지당하지 않고 자신의 최대 잠재력과 목적을 자유롭게 추구하는 상태를 가리킨다. 이를 위한 절정 경험을 매슬로는 이렇게 정의했다. "희귀하고 흥분되고 광대하며 깊은 감동과 환희, 정신을 고양하는 경험을 통해 진보된 형태의 현실을 지각하게 해준다. 이는 신비롭고 마법과도 같은 영향을 미친다."[17]

절정 경험이 드문 이유는 앞서서 과감하게 미래의 자신을 창조해가는 사람이 거의 없기 때문이다. 원하는 미래를 위해 헌신하는 사람은 거의 없다. 매일 용감하게 파워 무브를 하는 사람도 거의 없다. 다음과 같은 질문을 해보자.

- 나는 더 많은 절정 경험을 만들어갈 것인가?
- 더 적극적이고 의도적으로 시간을 쓸 것인가?
- 더 용기를 내고 노력할 것인가?
- 미래를 지향하며 행동하고, 더 유연해지고, 이전의 자신이 진정한 나라고 주장하기를 멈출 것인가?

좀 더 유연해지고 일상적인 절정 경험을 추구하려면 불확실성을 수용해야 한다. 엘렌 랭어의 설명처럼 "의미 있는 선택을 하면 불확실성이 따른다. 선택할 게 없으면 불확실성도 없다."[18] 불확실성과 마주하고 상호작용하기를 꺼린다면 자신이 어떤 사람이고 무엇이 될지 크게 제한하는 것이다. 모든 선택에는 불확실성과 위험이 따른다. 불확실성이 두려워 시도하지 않는다면 자신의 선택 능력을 제한하는 것이다.

불확실성은 다루기 힘들다. 컬럼비아대학교 주커만 연구소Zuckerman Institute의 신경과학자 대프너 쇼하미Daphna Shohamy에 따르면 우리 뇌의 주목적은 행동 결과를 예측하는 데 있다.[19] 그것이 뇌의 가장 중요한 효용성이다. 정확하게 미래를 예측하기 위해 기억이 형성된다. 이 덕분에 인간은 수천 년 동안 번성하는 종이 되었다.

이것이 개인적 차원에서는 어떤 의미가 있을까? 뇌는 생존을 위해 불확실한 상황에서 벗어나도록 설계되었다. 이런 이유로 새로운 상황에 놓이거나 이전에 해본 적 없는 일을 시도할 때 종종 불안이나 두려움이 밀려온다. 몇몇 연구자들은 사실 미지의 변수가 모든 두려움의 토대라고 주장한다.[20] 투쟁-도피 반응fight-or-flight response은 무슨 일이 일어날지 전혀 알 수 없으니 안전한 상태로 되돌아가는 것이 좋겠다는 뇌의 화학적 신호다.

예측 오류가 두려운 뇌

뇌는 삶이 안전하고 예측 가능하기를 원한다. 당신이 위험한 상황에 처하는 것을 막기 위함이다. 그러나 역설적이게도 뇌는 새로운 상황을 경험할 때, 특히 미래에 대한 예측이 틀렸을 때 가장 강력한 기억을 형성하고 학습한다. 쇼하미는 예측 오류prediction error를 통해, 즉 무슨 일이 있을지 잘못 예측했을 때 뇌가 변화하고 학습한다고 설명한다.[21] 예측 오류는 실패의 또 다른 이름이며 실패는 학습의 또 다른 이름이다. 그리고 학습은 변화의 또 다른 이름이다.

내가 학습하고 변화한 만큼 미래의 나는 현재의 나와 세상을 다르게 볼 것이다. 학습 속도를 높이고 싶다면 불확실성을 수용해야 한다. 위험을 감수하고 실수를 해야 한다. 그럴 때 훨씬 더 많은 감정(고락)을 경험하고 이를 통해 변화한다. 이것이 바로 현재나 이전의 자신이 아니라 미래의 자신에게 전념할 때 매일 할 수 있는 절정 경험들이다.

불확실성과 변화를 피하지 않고 미래의 자신을 기준으로 둘 때 삶은 덜 반복되고 훨씬 더 흥미진진해진다.

일기 쓰기로
잠재의식을 컨트롤한다

지금보다 기술이 향상된 자신을 상상해야만
기술을 갈고닦을 동기가 생기고 계획하고 실행할 수 있다.
_토머스 서든도프, 멜리사 브리넘스, 카나 이무타[22]

일기는 내가 원하는 것을 이미 갖고 있다고 자신을 설득하기에 아주 좋은 도구다. 우리는 일기를 쓰며 전략적 소통을 통해 자신에게 영향을 미칠 수 있다.

많은 사람이 일기를 단순히 과거를 기록하는 수단으로 생각한다. 그럴 수도 있다. 하지만 미래를 구상하고 전략적으로 접근하는 일기 쓰기는 목표를 내면화하고 명료화하는 방법이다. 그러나 일기 쓰기로 자신을 설득하기 위해서는 먼저 내적으로나 외적으로 준비를 해야 한다. 이런 준비 의식을 사전에 정하고 매일 실천하면 일기 쓰기 시간에 절정 경험을 할 수 있고, 나머지 시간도 최고의 상태로 보낼 수 있다. 준비 의식은 다음과 같은 방식으로 한다.

- 산만하지 않은 환경으로 이동해서 방해받지 않도록 모든 알림을 꺼둔다(스마트폰을 다른 곳에 두거나 비행 모드로 전환한다).
- 일기를 쓰기 전에 명상이나 기도를 한다.
- 일기를 쓰기 전에 자신의 비전이나 목표를 검토한다.
- 과거, 현재, 미래에 감사한 일들을 적어본다.

잠자기 전에 쓴다

하루 중 어느 시간에 일기를 쓰는지는 중요하지 않지만 잠자기 직전이나 자고 일어난 직후가 가장 적합하다. 뇌파의 속도가 느려 잠재의식이 영향을 받기 쉬운 시간이기 때문이다. 일기를 쓸 때는 환경이 사고와 감정에 미치는 영향에 주의하라. 일기를 쓰고 생각을 시각화하고 미래로 나아갈 장소를 구체적으로 지정해둔다면 이상적이다.

매일 정해둔 시간에 일기를 쓸 공간으로 들어가면 심호흡부터 몇 번 하고 일기장을 열기 전에 잠시 명상이나 기도를 하라. 그러면서 이렇게 다짐하라. '오늘 성공할 것이다. 오늘 목표를 이룰 것이다. 인생은 경이롭다.'

이제 천천히 일기장을 열어라. 그리고 일기를 쓰기 전에 자신의 목표를 검토하라. 여기에는 주요 목표 한 가지와 그보다 작은 단기 목표들이 포함된다. 쉽게 볼 수 있는 곳에 그 목표들을 적어두어야 한다. 일기 쓰기 전에 목표를 검토하면 미래의 자신을 떠올리게 되고 이때의 마인드셋과 상황을 상상하며 미래의 시점視點과 관점에서 일기를 쓰게 된다.

나는 일기장 앞표지 안쪽에 목표들을 써두었다. 그래서 일기장을 열 때마다 표지 안쪽을 본다. 한 달에 한 번 정도 일기 전체를 훑어보며 이 목표들을 재평가하고 다시 적는다. 이때는 다음과 같은 질문에 답하며 정리한다.

- 현재 어디까지 왔는가?
- 지난 90일 동안 무엇을 해냈는가?
- 앞으로 90일 동안 무엇을 해내고 싶은가?
- 3년 안에 어디에 있고 싶은가?
- 1년 안에 어디에 있고 싶은가?
- 궁극적으로 무얼 하고 싶은가?

나는 일기장을 열 때마다 표지 안쪽을 보며 이 질문들에 대한 답부터 읽는다. 물론 내 대답(목표)은 매달 바뀐다. 시간이 지나면서 계획은 계속 조정될 것이다.

최근 90일 동안 거둔 성공을 돌아보면서는 활기와 추진력을 느낀다. 앞으로 단기적 또는 장기적으로 달성하려는 목표들을 보면서 미래의 나를 떠올린다.

감사하며 쓴다

적절한 환경, 명상, 호흡, 최근의 성공과 목표 검토. 이 모두는 올바른 마인드셋으로 전환해 더 고양되고 확고한 마음으로 일기를 쓰게 해준다. 적절한 마인드셋을 갖추기 위한 또 한 가지 중요한 일은 감사하고 충만한 마음을 일기에 쓰는 것이다.

감사 일기 쓰기의 효과는 이미 입증되었다. 연구에 따르면 감사는 사람들의 정서적 웰빙을 지속적으로 향상시킨다. 감사한 마음으로 글을 쓰고 재구성하기를 규칙적으로 연습하면 우울과 중독, 자살 충동을 예방하며 관계를 치유하고 변화시키는 것으로 밝혀졌다. 감사는 사실 거의 모든 면에서 도움이 된다.[23]

최근까지 감사에 관한 연구는 대부분 자기 보고를 바탕으로 했다. 그러나 새로운 연구들에 따르면 감사 일기 쓰기가 정서적 웰빙 및 심부전 같은 건강상 위험을 보이는 생체 지표도 개선할 수 있는 것으로 밝혀졌다.[24] 예를 들어 심부전의 전 단계인 B 단계의 심장질환자에게는 치명적인 심부전으로 치닫는 것을 되돌릴 수 있는 약간의 시간이 있다. 그래서 한 연구에서는 의사들이 그 기간에 환자들에게 감사 일기를 쓰게 했다. 환자들은 실험 집단이나 통제 집단에 무작위로 배정됐고 실험 집단의 환자들은 8주 동안 감사 일기를 썼다. 통제 집단의 환자들은 감사 일기를 쓰지 않고 평소처럼 치료를 받았다.

8주 후 두 집단 모두 여섯 문항으로 구성된 감사 설문지를 작성하고 안정 시 심박수 변화, 염증성 생체 지표를 포함한 검사를 받았다. 그 결과 감사 일기를 썼던 환자들은 심부전 증상과 염증이 감소한 것으로 나타났다.

감사한 것에 대해 기도하고 명상한 다음 일기를 쓰면 정서적, 신체적 상태뿐만 아니라 관점이 즉시 바뀐다. 자신감과 더불어 감사와 기쁨이 과거와 미래의 경험을 들여다보고 글로 쓰는 렌즈가 된다. 따라서 감사의 마음으로 일기를 쓰면 자신이 달성하고자 하는 것에 대한 불건전한 집착 없이 긍정적인 기대를 하게 된다.

기쁘고 평화롭고 행복한 감정 상태가 되면 많은 아이디어가 떠오르고 이를 달성하기 위한 용기도 솟아난다. 바로 이런 감정들이 잠재의식을 업그레이드하고 궁극적으로는 미래의 자신을 만들어줄 것이다.

그러니 그냥 써라. 자신이 써 내려가는 글에 지나치게 집착하지 마라. 일기는 자신의 심리적 유익을 위한 글일 뿐이다. 다른 누구도 읽지 않는다. 그냥 자신의 목표들을 써라. 글머리 기호를 쓸 수도 있고 그림을 그려 넣을 수도 있다. 옳거나 그른 방법은 없다.

미래의 자신이 현실이며 성공할 것이라는 기대와 흥분을 담아 일기를 써보자. 앞으로 나아가기 위해 무엇을 해야 할지 생각해보고, 지금 해야 할 일들과 연락해야 할 사람들을 전부 적어보자.

오직 나만이
나를 믿는다

제게 충분히 긴 지렛대와 이를 받칠 지렛목을 준다면
지구를 들어 올려 보이겠습니다.
_아르키메데스

2019년 12월 루이지애나 주립대학교LSU의 쿼터백인 조 버로는 NACC (미국대학체육협회)에서 최우수 미식축구 선수에게 주는 하인즈만 트로피를 수상했다. 흥미롭게도 2년 전 조는 어려운 결정을 내려야 했다. 당시 오하이오 주립대학교의 후보 쿼터백이었던 그는 학교를 옮기지 않으면 꿈을 제대로 펼칠 수 없는 상황이었다.

그는 결국 LSU로 이적했다. 2018년 시즌에 LSU 타이거스는 10승 3패를 기록했다. 그 시즌에 그는 터치다운 패스 16개에 2,894야드(약 2,646미터)를 던졌고 5개의 인터셉트를 했다. 그는 훌륭한 쿼터백이 될 조짐을 보이기는 했지만 2019년 시즌에 벌어질 일을 예상한 사람은 아무도 없었다. 2019년 LSU는 무패 행진을 이어가며 역사상 모든 대

150

학 축구팀의 단일 시즌 기록을 깼고 내셔널 챔피언십에서 우승했다. 조는 55개의 터치다운과 6개의 인터셉트로 5,671야드(약 5,185미터)를 던져 자신의 기록을 또 갈아치웠다.

한 시즌 만에 그는 꽤 훌륭한 쿼터백에서 대학 미식축구 역사상 가장 훌륭한 시즌을 보낸 쿼터백이 되었다. 2019년 시즌이 끝날 무렵에는 NFL(미국프로미식축구연맹)의 2020년 시즌 드래프트 1순위이자 하인즈만 트로피 수상자가 되었다. 누구도 예상하지 못했던 일이었다. 그는 하이즈만 트로피 수상 후 ESPN 인터뷰에서 이런 질문을 받았다.

"조, 내가 두 시즌 전에 당신이 선발되어 앨라배마대학교를 이기고 하인즈만 트로피를 수상하고 플레이오프에 진출할 거라고 했다면 당신은 뭐라고 했을까요?"

그의 대답은 다음과 같았다.

저는 당신 말을 믿었을 겁니다. 이제껏 엄청나게 노력했으니까요. 기회가 필요했을 뿐입니다. 어떤 선수들이 올라올지 알고 있었고 코치님은 제게 비전을 제시했습니다. 우리는 비시즌에도 열심히 했고 그래서 우리가 이 자리에 올 거라고 기대했습니다.[25]

2017년 그에게는 그런 결과를 예상할 만한 증거가 전혀 없었다. 사실 믿을 수 없을 정도로 기념비적인 결과였다. 하지만 그는 믿었고 실제로 그런 결과를 얻었다.

미래에서 온 예언자

만일 미래의 당신이 당신을 찾아와서 원하는 모든 일이 이뤄질 거라고 말한다면 어떨까? 당신은 그 말을 믿을까? 그렇다는 대답이 나와야 한다. 믿지 않으면 이뤄지지 않기 때문이다. 당신은 미래의 자신과 그와 관련된 모든 것을 위해 전심전력을 다해야 한다. 그런 노력은 당신을 굉장한 길로 인도할 것이다. 당신은 어려운 결정을 내리고 직감을 따르고 때로는 선의의 조언에 맞서야 한다.

만일 미래의 자신이 찾아와 장차 일어날 기념비적인 일들을 이야기해주면 그 말을 믿겠는가?

최고의 변화를 한 번이라도 이뤄본 사람들은 성격은 변화할 수 있고 변화해야 하며 실제로 변한다는 사실을 안다. 그들은 성격의 발달 방식을 정확히 이해하고 있다. 그래서 올바른 목표를 정해 정체성을 형성하고, 그 정체성이 행동을 낳게 한다. 그다음 행동으로 최고의 변화를 만들어낸다.

이 장 이후에는 성격의 핵심 레버, 즉 당신이 통제할 수 있고 미래의 당신을 간접적으로 형성하는 것들에 초점을 맞춘다. 미래의 이야기를 다시 쓰고 도전적 목표를 달성하려 할 때마다 이 성격 레버 각각을 바꿔야 한다. 네 가지 성격 레버는 다음과 같다.

- 자신을 과거에 가두거나 극단적인 변화와 성장을 추구하게 하는 **트라우마**

- 과거 또는 미래의 자신에 관한 이야기인 **정체성 서사**
- 항상성을 유지하지만 감정적 경험과 미래의 행동으로 계속 업그레이드되는 **잠재의식**
- 현재의 자신을 유지하거나 새로운 사람으로 진화하도록 강요하는 **환경**

전략적으로 수정하지 않으면 이 네 가지 성격 레버로 늘 똑같은 패턴을 반복하게 된다. 갇힌 느낌이 들고 변화가 불가능하진 않더라도 힘들게 느껴진다. 그러나 이 레버들을 움직이고 바꿀 방법을 이해하면 갑작스럽고 극적이며 불가피한 변화가 발생한다.

다음 네 장에서는 이 네 가지 성격 레버를 차례로 설명하고 이 레버들을 효과적으로 사용하는 방법을 소개한다. 인생에서 그리고 한 사람으로서 자기 주도적이고 급진적인 변화를 경험하기 바란다.

PERSONALITY I

최고의 변화를 만드는 **첫 번째 레버**

'트라우마'를
조절한다

N'T PERMANENT

우리는 모두
트라우마에 갇혀 있다

트라우마가 있으면 모든 새로운 만남이나 사건이 과거에 오염되기 때문에
마치 그 트라우마가 진행 중인 듯한 삶이 계속해서 구조화된다.[1]
_베셀 반 데어 콜크

친절하고 사랑스러운 80대 여성 로잘리는 평생 동화책을 쓰고 싶다는 꿈을 이루지 못했다. 힘들게 살았거나 글을 읽을 줄 모르거나 극심한 가난 속에서 성장한 탓에 밥벌이를 해야 해서가 아니다. 그녀가 동화책을 쓰지 못한 이유는 50여 년 전 누군가 의도치 않게 그녀를 낙담시켰기 때문이다.

    나는 콘퍼런스에서 로잘리를 만났다. 콘퍼런스가 진행되는 며칠 동안 그녀를 옆에서 보게 되었는데 그녀는 시간이 날 때마다 틈틈이 짧은 글과 시를 끼적이곤 했다. 무엇을 쓰고 있냐는 내 질문에 그녀는 과거에 삽화가 들어간 동화책을 쓰고 싶었다고 털어놓았다. 그런데 왜 책을 쓰지 않았냐고 묻자 그림을 잘 그리지 못했기 때문이라고 했

다. 깜짝 놀라 그게 무슨 말이냐고 물었다. 그러자 로잘리는 50년 전에 있었던 일을 들려주었다.

1960년대 후반 결혼하고 아이를 낳아 기르던 로잘리는 어느 날 미술 수업을 듣기로 했다. 아주 오래전부터 동화책을 쓰고 삽화를 그려 출판하는 것이 꿈이었기 때문이다. 어느 날 저녁 몇 사람과 미술 수업을 듣던 중 로잘리는 꿈에 종지부를 찍게 된 경험을 했다. 강사는 학생들에게 소묘 연습을 시킨 후 화실 안을 한 바퀴 돌며 학생들의 그림을 하나하나 봐주었다. 그러다 로잘리의 그림 앞에 서더니 그녀의 목탄을 잡고 수정해주었다.

그녀가 작업한 그림 위에 강사가 스케치를 하는 60여 초 동안 로잘리는 몹시 당황스러웠다. 다른 학생들은 아무도 이런 식의 수정을 받지 않았다. 모두의 시선이 그녀에게 쏠렸고 이 모든 일이 그녀가 감당하기에는 너무 고통스러웠다. 감정이 소용돌이치는 그 순긴 그녀의 머릿속에 '나는 그림을 잘 못 그리나 봐'라는 생각이 떠올랐다. 이후 다시는 그림을 그리지 않았다.

로잘리가 당시의 경험을 묘사하는 동안 나는 놀라서 입이 다물어지지 않았다. 50년 전의 이 사건을 마치 지난주에 있었던 일처럼 생생하게 이야기했기 때문이다.

"잠시만요⋯. 그 오랜 세월 동안 한 번도 삽화를 그려보려고 한 적이 없다고요?"

"네, 전 그림 솜씨를 타고나지 못했어요."

감정이 담기지 않은 대답이었다. 그녀의 관점에서 볼 때 그녀는 엄연한 사실, 현실을 말하고 있었다. 그녀를 설득할 방법은 없었다. 우리가 함께 보낸 며칠 동안 나는 여러 번 이렇게 물었다.

"그림을 그릴 능력이 되면 동화책을 쓸 건가요?"

"그러면 정말 재미있을 것 같아요."

상상력을 잡아먹는 괴물

세월이 흐르는 동안 물론 로잘리도 동화책을 쓰고 삽화를 그리고 싶다는 생각이 간혹 떠올랐을 것이다. 하지만 그 즉시 끔찍했던 미술 수업이 떠오르고 그때의 고통이 되살아나면서 상상력은 곧바로 사라졌을 것이다. 지금은 적절한 때가 아니라는 온갖 이유가 튀어나왔을 것이다. 이렇듯 사람들의 창조적 행동 전반을 막는 힘을 소설가 스티븐 프레스필드Steven Pressfield 는 '저항'resistance 이라고 부른다.[2]

트라우마에서 생긴 저항은 로잘리가 꿈을 생각해보거나 행동으로 옮겨보기도 전에 스스로 멈춘 이유다. 가장 슬픈 건 그녀가 여전히 동화책 삽화를 그릴 수 있기를 바라지만 그럴 수 없다고 정말로 믿는다는 점이다.

사람들 대부분은 트라우마를 생각할 때 PTSD(외상 후 스트레스 증후군)처럼 극단적 증상만을 상상한다. 하지만 트라우마는 잘 알려진 주요 사건에 국한해 생기는 게 아니며 다양한 형태로 우리의 삶 일부를 차지한다. 트라우마는 당신이라는 사람과 당신이 살아가는 행동과 태도를 형성하는 부정적인 경험이나 사건들을 모두 포함한다. 우리는 모두 트라우마를 경험했고 그 영향을 과거에도, 지금도 받고 있다.

이제부터 트라우마가 어떻게 성격을 형성하는지에 대해 설명할 것이다. 사실 우리는 진정으로 원하는 삶을 꾸리기보다는 트라우마를 중심으로 삶을 꾸려가는 경우가 아주 많다. 과거의 고통을 피하고자 원하는 성격이 아닌 가인격假人格, pseudo-personality 을 만들어내기도 한다.

먼저 트라우마가 어떻게 우리 삶과 목표를 형성하는지 알아보고 그 뒤에는 과거가 미래를 제한하지 않도록 트라우마를 처리하고 재구성하고 극복하는 법을 살펴볼 것이다.

당신이 수학을 포기한
진짜 이유

수학교육학과 교수인 제니퍼 루프Jennifer Ruef 는 아이들이 수학을 포기하지 않도록 지난 30년간 교사들에게 더 나은 수학 교수법을 가르쳐 왔다. 이는 쉬운 일이 아니었으며 현재 많은 미국의 수학 교사들이 직면하는 가장 큰 도전 과제 중 하나다. 너무 많은 학생이 수학만 마주하면 사고가 정지되는 '수학 트라우마'로 고통받고 있기 때문이다.[3]

수학 교사들, 특히 중고등학교의 수학 교사들은 정말로 고생하고 있다. 학생들 대부분은 자신이 수학을 잘하지 못한다고 믿기에 최소한의 노력과 주의만을 기울인다. 그들은 과거의 어느 날 수학과 관련해 나쁜 경험을 하고는 '나는 수학을 못해. 나는 수학을 좋아하지 않아' 라는 정체성 서사를 내면화한다.

루프에 따르면 수학 트라우마는 불안이나 두려움, 틀리는 것에 대한 무력감과 공포로 나타난다고 한다. 안타깝게도 이런 두려움 때문에 학교나 직업 선택에서 스스로를 제한하는 사람들이 많다. 문제는 정말로 수학을 못해서가 아니라 단지 수학에 대한 두려움 때문이라는 점이다.

때때로 학생들은 초반에 수학 시험과 과제에서 좋은 성적을 거두고도 혹시 실수하거나 교사 또는 부모에게 자신이 못한다는 사실을 들킬까 봐 두려워한다. 어려운 문제를 푸는 것에 지속적으로 실패한 학생들은 루프가 지적한 '취약한 수학 정체성'fragile math identity 을 갖고 있다. 이들은 아주 약간의 부정적 경험만으로도 얇은 유리처럼 산산이 부서질 듯한 표정을 짓는다. 사실 이들은 부정적 경험, 즉 실패를 피하다가 결국 실력의 상한선에 도달해 실패한다. 실패를 피하고자 하는 사람들이 자기 실력의 상한선에 도달하는 것은 충분히 드라우마가 될 수 있다.

루프에 따르면 수학 트라우마를 초래하는 가장 흔한 경험은 어른들로부터 수학을 못한다는 말을 듣거나, 수학 시험 중 시간에 쫓기거나, 어떤 문제에서 갑자기 막혀 끙끙댔던 경험들이다. 이때 격려해주는 교사나 멘토, 부모의 도움이 없으면 학생은 포기하고 "난 못 하겠어." 라고 선언한다. 고통과 실패가 수학과 연관되고 수학을 향한 모든 상상력과 관심이 시들해진다. 이제 수학과 관련된 미래는 더 이상 선택지가 아니다. 그렇게 트라우마가 생긴다.

열심히 했는데 안 되면 어떡해

트라우마의 특징은 심리적으로 유연해지지 못하게 막는다는 것이다. 대신 경직되고 고착된 사고만 하게 된다. 그래서 PTSD를 앓는 사람들은 종종 상상력에서 0점을 받는다는 연구 결과도 있다.[4] 상상력에서 중요한 것은 다른 시각과 가능성을 보고 믿는 정신적 유연성이다.

트라우마가 생기면 흑백논리로 사고하기 시작한다. 다른 관점과 맥락을 보지 못하고 오로지 발생한 일의 내용에만 초점을 맞춘다. '시험을 망쳤어. 난 이걸 잘 못해.' 그렇게 해서 굳어진 자신의 관점이 어떤 사건이나 경험에 대한 주관적인 관점이 아니라 객관적 관점이라고 믿는다.

이런 사고는 스탠퍼드대학교의 심리학자 캐럴 드웩Carol Dweck이 '고정 마인드셋'이라고 부른 사고방식을 만들어낸다.[5] 이는 특정 영역에서 결코 변화하거나 성장할 수 없다는 믿음이다. 자신의 기술, 성격, 특성은 타고난 것이며 앞으로도 변하지 않는 고정적인 특성이라는 믿음이다.

드웩에 따르면 고정 마인드셋은 삶이 과거에 의해 규정된다고 본다. 고정 마인드셋과 반대인 사고방식은 '성장 마인드셋'growth mindset이라고 부른다. 이는 자신의 특질과 성격을 바꿀 수 있다는 믿음이다. 성장 마인드셋은 미래에 변화할 수 있다는 것에 초점을 둔다.

로잘리는 수십 년 전 미술 수업 시간에 있었던 일을 부정적으로 해석하고 의미를 부여한 결과 고정 마인드셋을 갖게 되었다. 그래서 타고난 특질에 초점을 두고 자신은 예술적 유전자나 자질이 부족하기 때문에 훌륭한 예술가가 못 된다고 생각한다.

고정 마인드셋을 갖게 되면 선입견premature cognitive commitment(조기인식 수용)이 생긴다.[6] 심리학자들이 설명했듯이 선입견은 어떤 일이 일어 났는지 비판적으로 평가하지 않을 때 생겨나며 이를 지지하거나 정당 화할 심층적인 증거 없이 감정에 기반을 둔다.

따라서 아주 작은 일이라도 트라우마가 생기는 경험을 할 때 그 순 간의 감정은 다음과 같은 새로운 선입견을 정당화한다.

'나는 할 수 없어.'
'나는 자격이 없어.'
'나는 절대 원하는 삶을 살 수 없을 거야.'
'나는 이런 일은 밀리해야 해.'
'나는 원래 못하는 사람이야.'

로잘리는 그림을 잘 그리지 못하므로 더 이상 그림을 그려서는 안 된다는 생각에 빠졌다. 그녀는 자신이 그림에 소질이 없다고 생각했 다. 미술 수업 시간에 끔찍한 감정적 경험을 하는 동안 이런 선입견이 만들어졌고, 이후 그녀는 그 선입견의 타당성이나 가치에 의문을 제 기한 적이 한 번도 없었다. 대신 오랜 세월 그것을 가슴에 묻어두고 누구에게도 말하지 않았다.

생각이 우리를 실패하게 한다

트라우마와 고정 마인드셋에 관한 연구는 각각이 실패에 대한 과장된 두려움으로 이어진다는 것을 보여준다.[7] 캐럴 드웩에 따르면 고정 마인드셋을 지닌 사람이 가장 두려워하는 일은 가진 전부를 쏟아부어 뭔가를 시도했는데 기대에 못 미치는 것이다. 이렇게 실패한다면 자신에게는 능력이 없으니 다른 일을 해야 한다는 사실을 받아들여야 한다.

사람들은 그런 실패를 하기 싫어한다. 정체성에 큰 흠집을 남길 뿐 아니라 정말로 실패자가 된 기분이다. 그래서 시도조차 하지 않고 다른 일, 덜 위험하고 더 확실한 일을 하도록 자신을 설득한다. 작가인 로버트 브롤트Robert Brault 가 말했듯이 "우리는 장애물이 아니라 더 작은 목표를 향한 명확한 경로 때문에 목표에서 벗어난다."[8]

우리와 꿈 사이에 놓인 장애물이 우리를 막는 게 아니다. 오히려 우리를 저지하는 것은 결코 목표를 달성할 수 없을 거라는 생각, 정체성에 대한 선입견이다. 목표를 이룰 능력이 나에게 없다는 생각이다. 그래서 진정으로 원하는 것에 전념하는 대신 더 작은 목표에 시간과 관심을 쏟는다.

우리는 더 작은 미래의 자신에 안주한다. 더 흥미롭고 강인한 미래의 자신을 상정하고 이를 추구하는 상상력, 믿음, 자신감은 없다. 자신과 능력에 대해 점점 융통성이 없어진다. 과거가 삶을 정의하고 이끌어가도록 내버려둔다. 그러니 트라우마나 감정적으로 상처받은 상태에서 자신과 미래에 대해 약속하지 말아야 한다. 믿음과 기대가 높은 절정 상태, 고양된 상태에서 결정하고 노력해야 한다.

일부 심리학자들은 로잘리가 동화책을 쓰겠다는 꿈을 포기한 건 옳은 결정이었다고 주장할 수도 있다. 그들은 이렇게 말할 것이다. 그녀는 망상적 목표로 자신을 실망시키지 않았으니 현실적이었다. 그녀에겐 훌륭한 만화가나 삽화가가 될 능력이 없었다. 그러니 현실에 충실한 것이 더 나은 선택이었다고 말이다.

이런 식의 사고는 타고난 성격과 재능에 맞춰 삶을 꾸리고 목표를 세워야 한다고 시사한다. 만일 당신이 사각형 핀이라면 둥근 구멍에 자신을 맞추려 하지 말라고 한다. 그 둥근 구멍이 자신이 진정으로 원하는 기회나 미래라도 말이다.

그렇다면 성격이 종종 트라우마의 부산물이라는 사실은 놀라울 게 없다. 트라우마 전문가인 가보르 마테Gabor Maté 의 말처럼 "우리가 성격이라고 부르는 것은 종종 우리의 진짜 특성과 진정한 자신을 반영하지 못하는 대처 방식이 뒤범벅되어 있다."[9]

[**Change Point**]

- 과거에 겪었던 부정적이거나 충격적인 경험 한 가지를 떠올려보자. 이 경험은 나에게 더 낮은 단계의 목표들을 추구하게 했는가?
- 아니면 어떤 식으로든 발전을 방해했는가?
- 이제 그 부정적인 경험을 재구성해보자. 그 경험은 내가 더 강한 사람이 되는 데 어떤 도움이 될 수 있을까?

내 안의 진짜 두려움 마주하기

딸의 열 번째 생일에 아들 로건이 발뒤꿈치에 유리 조각이 박힌 채로 아내에게 왔다. 아내가 핀셋을 집어 들자 로건은 겁에 질렸다. 아내는 로건에게 원한다면 유리 조각을 그대로 둘 테니 뽑을 준비가 되면 다시 오라고 했다.

로건은 무서운 핀셋을 피한 데에 안도하며 파티를 즐기려고 했다. 하지만 발뒤꿈치에 박힌 유리 때문에 뛸 수 없었다. 다른 아이들은 뛰어다니며 놀았다. 수영장에 들어가는 것도 너무 위험했다. 아들은 친구들이 수영장에서 신나게 물놀이를 하는 것을 지켜봐야 했다. 잠깐 움직이려 해도 까치발을 하고 느릿느릿 걸어야 했다.

로건은 놀고 싶었다. 결국 풀이 죽은 모습으로 머뭇거리며 아내에게

와서 유리 조각을 빼달라고 했다. 고통스러운 20초를 견딘 후 로건은 파티를 즐길 수 있었다.

이 사건은 마이클 싱어 Michael Singer 의 《상처받지 않는 영혼》을 떠올리게 했다.[10] 이 책에는 실수로 커다란 가시에 팔을 찔려 살짝만 스쳐도 찌릿한 고통을 느끼는 인물이 등장한다. 그녀는 가시를 빼내는 고통을 겪는 대신 가시를 그대로 둔다. 그래서 가시를 제거하는 고통은 피하지만 그 결정에는 대가가 따랐다. 가시가 박힌 팔로 살아가려면 가시에 어떤 것도 닿지 않게 해야 했다.

그녀는 더 이상 침대에서 잘 수 없었다. 자는 동안 뒤척이다 가시가 박힌 곳을 건드릴 수 있기 때문이다. 그녀는 가시를 건드리지 않으면서 잠을 잘 수 있는 장치를 만들어 이 문제에 대처했다. 또한 그녀는 운동을 좋아하지만 운동하다 가시를 건드려 극심한 통증을 유발할까 봐 무서웠다. 그래서 팔이 닿지 않게 보호해줄 패드를 개발했다. 이 패드가 불편하고 운동 능력을 제한하기는 하지만 최소한 가시를 건드리지 않으면서 좋아하는 운동을 할 수 있게 해주었다.

그녀는 결국 가시에 닿는 게 없도록 삶의 모든 영역을 바꾸었다. 일에서부터 취미와 인간관계까지, 가시의 고통으로부터 해방될 새로운 삶과 환경을 구축했다.

그런데 정말로 그랬을까? 그녀는 진정으로 원하는 삶을 창조하기보다는 고통을 피하고자 더 작은 목표들에 계속 안주했다. 결국 자신이 원하는 삶이 아닌 대처 양식에 지나지 않는 삶을 살아야 했다.

모두의 삶에는 가시가 있다

우리 모두의 삶에는 크고 작은 가시와 유리 조각이 박혀 있다. 그 가시는 감정적이다. 우리가 피하고 있는 과거와 미래의 고통스러운 경험들이다. 우리의 진정한 참 자아는 현재의 우리가 아니다. 한계도 아니다. 오히려 그것은 아주 깊숙이 품고 있는 열망과 꿈, 목표들이다.

우리는 두려움을 직시하고 진실을 마주하기보다는 피하려고 한다. 원하는 삶을 만들기보다는 문제를 해결하지 않고 놓아둔 채 삶을 꾸려간다. 되고 싶은 사람이 되기보다 지금의 모습에 머문다. 자신을 목표에 맞추기보다 현재의 제한된 자신에게 목표를 맞춘다.

[**Change Point**]

- 부정적인 경험들은 나를 어떤 모습으로 만들었는가?
- 나는 어느 부분에서 고정 마인드셋을 가지고 있는가?
- 가시를 중심으로 삶을 구축해온 영역은 어디인가?
- 트라우마를 건드리지 않기 위해 어떤 목표를 추구하고 있는가?
- 만일 트라우마가 사라진다면 나의 삶은 어떻게 달라질까?
- 자신에게 이상적인 선택이 될 삶은 어떤 삶인가?
- 과거에 어떤 사람이었든, 무슨 일이 있었든 상관없이 이상적인 미래의 자신은 어떤 사람인가?

트라우마 조절의 기술 2
불안정한 첫 감정에서 빠져나오기

나는 항상 더 나아지고 싶었고 더 많이 원했다.
농구를 사랑했지만 남들보다 기억력이 좋지 못했다.
그 때문에 농구를 그만둘 때까지 더 열심히 할 수밖에 없었다.[11]
_코비 브라이언트

심리학에서 불응기refractory period 는 하나의 경험에서 감성석으로 회복하고 나아가는 데 걸리는 시간을 말한다. 도로에서 갑자기 끼어들기를 낭하거나 배우자와 말나툼을 하는 등에서 오는 소소한 좌절감은 몇 분 또는 몇 시간이면 회복할 수 있다. 그러나 어떤 사건을 흘려보내는 데는 몇 개월, 몇 년, 심지어 몇십 년이 걸릴 수 있다. 사실 어떤 사건들에서는 결코 벗어날 수 없다.

심리적으로 유연해지면 불응기를 줄일 수 있다. 정말 고통스럽거나 힘든 경험이 있었을 때도 그렇다. 자신의 감정을 돌아보되 거기에 완전히 빠지지는 않아야 한다. 그러려면 의미 있는 목표를 적극적으로 추구하면서 생각을 유연하게, 감정을 느슨하게 유지해야 한다.

프로농구 경기에서 선수들은 슛이 안 들어가더라도 화를 내고 낙담할 시간이 없다. 슛이 안 들어갈 때 실망하거나 당황할 수 있지만 그런 기분과 상관없이 다시 경기에 임해 매 순간 집중하고 팀의 승리에 일조해야 한다. 슛을 놓친 감정에 연연하면 코트에서 기량을 완전히 발휘하지 못해 자신과 팀에 더 많은 문제를 초래한다. 이미 일어난 일에 감정적으로 집착한다면 두려움이나 부정적인 예상 때문에 다음 슛을 쏘지 못하고 피할 수도 있다. 미래의 자신으로 행동하기보다 과거에 얽매이는 것이다.

심리적 유연성을 기른다

실수나 고통스러운 경험을 덜 붙들고 있을수록 현재 상황에 잘 대처하고 자신의 목표 달성을 위해 행동할 수 있다. 과거에 일어난 일은 다음에 할 일에 영향을 미치지 않으며 이 순간에 완전히 몰두하는 것을 막지도 않는다. 심리적으로 유연해질수록 지난 일들을 더 빨리 떨칠 수 있다. 반면에 심리적 유연성이 떨어질수록 작은 일들까지 더 오래 붙들고 있게 된다.

로잘리는 아직도 50년 전과 거의 똑같이 미술 수업을 기억하고 있다. 그 경험에 대한 그녀의 기억은 변하지도 않았고 맥락이 재구성되지도 않았다. 그 기억의 맥락이 바뀌지 않았기 때문에 경험의 의미도 바뀌지 않았다. 그 결과 로잘리는 여전히 자신의 감정을 상하게 했던 강사를 무례한 사람으로 보며 자신에게는 예술 창작의 잠재력이 없다고 생각한다. 그때의 경험이나 기억의 어떤 요소도 변하지 않았다.

그러나 만일 그녀가 그 사건에 연연하지 않고 유연하게 앞으로 나아갔다면 그녀는 동화를 쓰고 삽화를 그리는 법을 배웠을지 모른다. 수십 권의 책을 써서 많은 어린이가 그녀의 책을 읽었을지 모른다. 세월이 흐르면서 그 경험에 대한 기억은 의미가 바뀌었을 것이다. 심지어 완전히 잊어버렸을 수도 있다. 그 경험은 정체성을 규정하는 것은 고사하고 기억할 만큼 충분한 의미가 없었을 수도 있다.

힘든 경험을 한 후 감정적 불응기에 머물러 있는 사람은 계속해서 그 경험에 대한 초기 반응으로 삶을 바라보고 경험한다. 따라서 날마다 그때의 감정을 재현한다. 그 사건을 보고 느끼는 방식을 조절하고 재구성하지는 않는다. 그렇게 트라우마가 관례가 된다.《꿈을 이룬 사람들의 뇌》의 저자 소 디스펜자Joe Dispenza 는 이렇게 말한다.

만일 불응기가 몇 주, 몇 개월 동안 계속 지속하도록 둔다면 기질로 발전한다. 만일 불응기가 몇 년 동안 지속하도록 두면 성격 특성이 된다. 감정에 기반한 성격 특성을 발달시킬 때 우리는 과거에 살고 과거에 갇힌다. 우리 자신과 아이들이 불응기를 단축하는 방법을 배우면 방해 없이 삶을 살아갈 수 있다.[12]

트라우마 조절의 기술 3

나를 위해 모이는 팀 만들기

당신은 자신이 가진 비밀만큼 아프다.
_익명의 알코올 중독자들

트라우마는 몹시 고통스러운 감정과 결부된 경험의 해석이다. 하지만 트라우마 경험이 반드시 트라우마로 남을 필요는 없다. 처음에는 매우 부정적이거나 무기력해졌더라도 모든 고통스러운 경험이 재구성되고 재해석되어 궁극적으로는 성장 경험이 될 수 있다.

고통스러운 경험이 심신의 약화가 아니라 성장을 가져오는 경험이 되려면 고통을 억누르고 내면화해서는 안 된다. 실수나 피드백 받기를 회피하는 취약한 정체성을 가져서는 안 된다. 자신의 감정을 마주하고 다른 사람들과 공유해야 한다. 자신의 감정과 경험을 마주하면 그것들을 변화시키게 된다.

로잘리가 트라우마를 경험했던 50여 년 전 그날, 그녀는 집으로 돌아가 아무에게도 그 일을 말하지 않았다. 감정을 억누르고 그 일을 비밀에 부쳤다. 그 경험에 대해 성급한 판단을 내리거나 이를 재구성하기 위해 도움을 받은 적도 없었다. 다만 그녀는 목표를 포기했다. 그래서 트라우마가 되었다.

유명한 트라우마 연구자인 피터 레빈Peter Levine은 "트라우마는 우리에게 일어난 일이 아니라 공감해주는 증인의 부재로 우리가 속에 품는 것이다."라고 말했다.[13]

로잘리에게는 공감의 증인이 없었다. 그녀의 트라우마에 귀 기울여주고 재구성하도록 도와준 사람이 없었다.

감정은 누구라도 표현하기 힘들다. 고통스러운 감정은 더욱 그렇다. 그래서 다른 많은 사람처럼 로잘리는 고통을 혼자 간직하고 더 작은 미래를 위해 노력했다. 그녀가 해낼 수 있다는 생각, 원하는 미래의 자신이 현실이 될 수 있다는 생각을 확인시켜준 사람이 그녀에게는 없었다.

그녀에게는 단 한 번의 실패나 장애물의 고통을 물리치고 꿈을 향해 계속 나아가도록 도와줄 코치나 멘토가 없었다. 심지어 미술 수업의 경험을 다시 생각하게 도와줄 친구조차 없었다. 친구가 점심을 함께 먹으며 로잘리에게 "기분 상하라고 그 강사가 일부러 그러지는 않았을 거야."라고 말해줄 수도 있지 않았을까? 그러나 그런 대화는 전혀 없었다. 많은 고통스러운 경험이 그렇듯이 그녀의 감정은 억압되고 비밀이 되었다.

단 한 명, 공감해줄 사람이 있다면

훨씬 심각한 형태의 트라우마인 성적 학대와 관련된 통계를 고려해보자. 연구에 따르면 성적 학대 생존자 가운데 신고를 하지 않은 이들이 90퍼센트나 된다고 한다.[14]

감정적 경험이 고통스러울수록 그것을 억누르고 내면화할 가능성이 더 크다. 그리고 이런 감정적 억압과 함께 자신이라는 사람에 대한 선입견과 고정 마인드셋이 나타난다. 감정을 표현하거나 재구성하지 않고 과거는 생각하는 것조차 고통스럽다. 이렇게 고통을 회피하다 보면 과거의 고통뿐 아니라 미래를 만들어나가는 데 꼭 필요한 고통도 피하려고 할 수 있다. 마치 중독된 듯이.

로잘리에게 공감의 증인이 한 명이라도 있었다면 그날의 경험을 바꾸도록 도와주었을 것이다. 심지어 미술 강사에게 그녀의 기분을 표현하도록 도와줄 수도 있었다. 그건 굉장히 용기 있는 행동이었을 것이다. 그랬다면 그녀의 삶이 완전히 바뀌었을지 모른다.

미술 강사가 로잘리에게 고통을 줄 의도가 없었음을 알게 됐을 수도 있다. 강사를 달리 보고 그 사건의 의미를 완전히 재구성했을 수도 있다. 강사는 로잘리가 그림을 잘 그리게 되길 바라는 마음에 그런 행동을 한 것일지 모른다. 설령 강사가 그녀의 실력이 부족하다고 생각했던 것이었다고 해도 로잘리는 "열등감은 스스로 인정하지 않는 한 절대로 생기지 않는다."라는 엘리너 루스벨트 Eleanor Roosevelt 의 말처럼 열등감이 생기지 않았을 수도 있다.[15]

하지만 그녀는 이런 대화나 변화의 경험을 한 적이 없었다. 그 결과 여전히 처음과 같은 반응을 보인다. 그녀는 자기 경험이 전부라고 믿고 그에 따른 편견을 확인하면서 지난 50년을 보냈다.

흥미롭게도 나와 만나는 며칠 동안 로잘리의 마음이 확장될 기미를 보였다. 그냥 그 사건에 관해 이야기하고, 마음속에 그 사건을 재구성하고, 동화를 쓰고 삽화를 그리고 싶은 욕구에 집중하는 것만으로도 영향을 미치는 듯했다.

그리고 50년 만에 처음으로 로잘리는 그림을 그렸다. 물론 이는 첫 걸음이며 평생의 트라우마를 치유하는 과정은 더 많은 시간과 노력이 필요할 것이다. 그러나 로잘리는 공감의 증인이 있다는 것만으로도 그 첫걸음을 내디딜 수 있었다.

꼬리표 잘라내기

로잘리처럼 과거의 트라우마를 극복한 내 아내 로렌을 살펴보자. 로렌은 대학 1학년 때 목표와 야망이 정확히 일치하는 남자와 결혼했지만 그가 내면에 극도의 분노를 품고 있고 중독과 씨름하고 있다는 사실은 알지 못했다. 결혼한 지 겨우 몇 주 만에 그의 폭력이 시작됐다. 로렌은 고향에서 부모님과 몇 킬로미터 안 되는 거리에 살고 있었지만 그 일을 털어놓지 못했다. 남편에게 맞았다는 사실을 부모님이 어떻게 생각할지 두려웠기 때문이다. 부모님은 결혼한 지 얼마 안 되어 실패한 그녀에게 실망할지도 몰랐다. 혹은 스스로 대처하지 못한 그녀에게 실망할지도 몰랐다. 감정적 충격에 빠진 그녀의 생각은 그렇게 흘러갔다.

그녀는 모든 일을 비밀로 했다. 그리고 강한 사람이 되려고 애썼다. 처음에는 가끔 있었던 학대가 3년 후에는 매일의 광란으로 치달으며 그녀에게 지워지지 않을 상처를 남겼다. 그로부터 상당한 시간이 지난 후 로렌은 결혼 생활을 끝내고 나와 사귈 때 함께 커플 상담을 받기로 했다. 상담사는 로렌의 이전 결혼이 내가 평생 대처해야 할 문제가 될 거라고 말했다. 언제라도 그녀를 자극할 수 있음을 예상해야 하며 공감해주고 인내해야 한다고 했다.

로렌은 상담사의 말을 믿지 않았다. 그녀는 '이혼녀', '학대받은 여성', '피해자'의 꼬리표를 달고 살지 않겠다고 오래전에 결심했다. 이전의 자신과 트라우마가 미래를 규정하게 두지 않기로 했다. 그렇게 그녀는 적극적으로 변화해나갔다. 만약 오늘 누군가 그녀를 만났다면 그녀가 수년간 감정적, 육체적 학대 속에서 두려움에 숨죽인 채 살았다는 사실을 결코 믿지 못할 것이다.

그녀는 이런 문제들을 직시하고 정면으로 완벽히 처리했다. 그녀는 상담사, 친구들, 가족에게 털어놓고 일기를 통해 자신에게 솔직히 말했다. 그녀는 안전하고 희망적인 환경에서 자신의 트라우마에 대해 말했다. 이런 방법으로 그녀의 기억은 변해가고 영향을 받았다.

로렌은 가시를 빼냈다. 그녀의 트라우마는 놀라운 성장으로 바뀌었다. 더 이상 과거의 학대에 지배받지 않으며 미래의 자신이 그녀를 지휘한다. 과거와 고통은 그녀에게 단순히 일어난 게 아니라 그녀를 위해 일어났다. 이제 그녀는 인생에서 힘들었던 시기를 원망이 아니라 감사와 평화로운 마음으로 바라본다. 과거의 자신과 전남편을 용서했다.

사람들이 그녀에게 다가와 비슷한 상황에 놓인 가족과 친구를 어떻게 도울 수 있는지 물어볼 때 그녀의 대답은 항상 똑같다. 그들의 이야기를 경청하고 좋은 질문을 하라. 절대로 판단하지 말고 충고하지 마라. 이것은 공감의 증인이 되기 위한 핵심 원칙이다.

공감의 증인은 우리가 직면하는 모든 트라우마를 깨부수기 위해 반드시 필요한 존재다. 심리치료사 린 윌슨Lynn Wilson 이 말했듯이 "두 사람 사이의 정직한 관계가 결국 우리가 함께 견뎌낸 것을 이해할 수 있게 하고 의미 있게 만든다." 윌슨은 1991년 26세의 내담자인 조앤 프랜시스 케이시Joan Frances Casey 와 공동으로《무리: 한 다중인격장애자의 자서전》The Flock: The Autobiography of a Multiple Personality 을 집필했다.[16] 조앤은 트라우마가 너무 심해 24개의 인격을 발달시킨 다중인격장애 환자였다. 윌슨이 심층적이고 헌신적인 상담으로 공감의 증인이 되어주면서 조앤의 극심하게 분열된 자아는 하나의 자아로 통합되고 치유되었다.

로렌은 전남편을 떠난 날까지도 자신이 정말로 나아질 거라고는 전혀 생각하지 못했다. 학대가 너무 일상화되어 마음에서 그 상황의 현실을 차단했기 때문이다. 그녀는 투쟁하거나 도주를 하려는 생각도 하지 못했다. 그저 얼어붙어 있었다. 하지만 그날 그녀는 시누이의 집으로 짧은 휴가를 가서 공감의 증인 나탈리를 만났다.

나탈리는 로렌을 처음 만났지만 바로 그녀의 트라우마를 볼 수 있었고 그녀에게 귀를 기울여주기 시작했다. 그녀는 로렌이 스스로 물어 볼 생각을 전혀 해보지 못했던 질문들을 했다. 나탈리는 로렌에게 관심을 보였고 결코 그녀를 평가하려 하지 않았다. 로렌은 나탈리를 신뢰하게 되었고 함께 며칠을 보낸 후 나탈리는 하룻밤을 꼬박 새워 로렌의 언어로 이야기를 썼다. 거기에는 나탈리의 생각이나 의견, 판단은 전혀 없었다. 마치 로렌 자신의 말을 보여주는 거울 같았다.

로렌은 그 이야기를 읽고서 엄청난 충격에 빠졌다. 결코 이전으로 돌아갈 수 없다는 게 분명해졌다. 남편에게 돌아갈 수도, 과거의 자신으로도 돌아갈 수 없었다. 이제 끝내기로 했다. 그녀는 그 자리에서 아버지에게 전화를 걸어 나탈리가 써준 이야기를 읽었다. 아버지는 즉시 비행기로 날아와 그녀의 짐을 함께 챙겼다.

트라우마를 공감해주는 증인을 찾거나 증인이 되어주기에 너무 늦은 때는 없다. 지금이라도 삶을 바꾸겠다고 진지하게 생각한다면 새로운 친구들과 멘토들, 지지자들로 자신을 에워싸야 한다. 자신의 고군분투를 털어놓을 수 있는 사람들이 필요하다.

다음 단계의 자신으로 나아가게 도와줄 수 있는 사람들이 주변에 있어야 한다. 그러지 않으면 감정적인 경험과 부딪치고 그것들을 속에 담아두고 정체되거나 위축될 것이다. 경험을 처리하고 재구성하게 도와줄 공감의 증인이 없다면 작은 문제가 손쓸 수 없이 커질 수 있다. 진정한 공감의 증인은 앞으로 나아가기 위해 무엇을 할 수 있을지 스스로 결정하도록 격려해준다.

트라우마에서 벗어나 진실을 마주하고 앞을 보며 살아가기 위해서는 용기가 필요하다. 격려는 용기를 북돋운다. 살아가는 동안 다른 사람의 격려는 스스로 용기 있게 행동하는 데 도움이 된다. 이것이 주변 사람들을 격려해주어야 하는 이유다.

아주 작은 행동이 일으킨 변화

우리 삶에 가장 큰 영향을 줄 수 있는 것은 아주 작고 단순한 행동일 때가 많다. 예를 들어 리치 베버리지는 내 인생에서 가장 중요한 공감의 증인으로 내가 의기소침해 있을 때 격려해준 사람이었다.

열아홉 살 때 나는 교회 선교 활동이라는 목표를 포기했다. 교회 지도자였던 베버리지는 그런 내게 손을 내밀어주고 점심도 몇 번 사주었다. 그것은 작은 제스처였지만 놀랍도록 영향력이 있다. 그는 내가 실수와 상황 때문에 미래를 위한 행동을 멈춰서는 안 된다는 것을 깨닫게 해주었다. 그의 격려로 나는 희망을 놓을 뻔했던 결정을 용기 있게 내릴 수 있었다.

2019년의 한 인터뷰에서 TV 스타인 리사 링 Lisa Ling 은 자신의 방송 생활에 팀원들이 얼마나 중요한지 설명했다.[17] 그녀는 노골적이고 솔직하게 주제를 다루는 CNN의 〈디스 이즈 라이프〉This Is Life 를 진행한다. 그래서 극심한 감정적 고통과 어려움을 가진 사람들을 인터뷰할 때가 많은데 한번은 열한 살에 성매매 업소에 팔려 간 열일곱 살 소녀를 인터뷰한 적도 있었다. 인터뷰 도중 소녀는 그 어린 나이에 안전한 잠자리를 얻고자 종종 경찰서에 전화해서 자신을 체포해달라고 간청하곤 했다고 말했다.

이것은 링이 사람들과 나눈, 고통스러울 만큼 생생한 수많은 대화의 한 예에 불과하다. 이 열일곱 살 소녀의 경우처럼 인터뷰와 사연들의 압도적 현실 때문에 방송이 끝나면 링과 팀원들은 함께 흐느껴 울곤 한다. 링은 이렇게 회상한다.

제가 매우 비통해하자 결국 그녀가 절 위로해야 했죠. 인터뷰가 끝나고 팀원들과 모여 같이 울었습니다. 남자 다섯에 저까지 모두 울음이 터졌죠. 너무 끔찍한 이야기였거든요. 그동안 함께해준 팀원들은 정말 제겐 큰 구원자들입니다. 저 혼자 이 프로그램을 했다면 감정적으로 너무 힘들어서 견뎌낼 수 있었을지 모르겠습니다. 하지만 이 사람들, 정말 매우 세심하고 훌륭한 남녀로 구성된 우리 팀이 제 옆에 있어서 모든 것을 이겨낼 수 있었습니다.

링은 영향력 있으며 중요하고 감정 소모적인 일을 하고 있다. 그런 일을 혼자서는 감당할 수 없음을 알고 있는 그녀는 똑똑한 사람이다. 그녀는 그 일을 해내도록 도와줄 공감의 증인 집단을 옆에 두고 있다. 이 증인들이 앞으로도 링이 좋은 결과를 내는 데 큰 힘을 줄 것이다.

꿈이 클수록 팀이 중요하다

성장하는 삶을 진지하게 생각한다면 주변에 공감의 증인들을 둘 필요가 있다. 링과 같은 수준의 감정 소모적인 일이 아니어도 마찬가지다. 큰 목표와 중요한 일을 지향하는 성장은 모두 감정적으로 힘들다. 그러니 혼자 하지 마라. 당신이 볶이고, 찢기고, 지치고, 겁먹고, 부서질 때 당신을 위해 모이는 팀을 두도록 하라.

힘찬 미래를 만들어가려 한다면 그 과정에서 수많은 실패와 가슴앓이, 궂은날들, 고통을 경험할 것이다. 따라서 공감해줄 증인들이 필요하다. 계속 나아가라고 격려해줄 사람들, 큰 꿈을 꾸라고 격려해주고 다른 사람들은 이해하지 못해도 당신의 일을 이해하고 격려해줄 사람들이 필요하다.

데이비드 오스본은 매우 성공한 기업가이자 부동산 투자자다. 그의 자산은 1억 달러가 넘는다. 그는 '책임 파트너들'account-ability partners 덕분에 성공할 수 있었다고 말한다. 이 네 명의 친구들은 서로를 시시하고 책임져주기 위해 10년 넘게 정기 모임을 가져왔다. 그들이 정기 모임에서 하는 일 중 하나는 '한 장짜리 보고서'를 서로 읽어주는 것이다. 그 한 장에는 그들의 중요하고 사적인 삶의 지표 모두가 공개되어 있다. 재정적으로는 순자산, 수입, 최근 자선단체에 기부한 금액, 지속적/단발적 소득 등을 공유한다. 또한 체지방률, 근육량, 혈액 검사 등 정확한 수치로 건강 및 체력 수준을 공개한다. 심지어 스스로 평가한 행복 수준과 배우자와의 관계 같은 사생활 측정치까지 제공한다.

그 한 장의 보고서는 삶의 모든 주요 영역에서의 상태를 수치로 공유하는 것 외에도 그 수치들이 지난 한 해 동안 얼마나 변했는지, 다음 해에는 어떻기를 원하는지도 보여준다.

이처럼 타인에게 자신을 솔직하고 적나라하게 보여주려면 용기가 필요하다. 오스본과 그의 친구들은 책임감을 세상에서 가장 강력한 힘이라고 본다. 그들은 서로에게 공감해주는 증인이자 코치이며 책임 파트너다. 그들은 네 명 모두가 보기 드문 큰 성공을 거둔 공을 책임 파트너들에게 돌린다.

- 지금 내 삶에서 중요한 공감의 증인 세 명은 누구인가?
- 공감의 증인으로 추가할 수 있거나 필요한 사람이 있는가?
- 내가 원하는 목표에 도달할 수 있도록 지금 팀에 누구를 합류시킬 수 있는가?
- 현재 나의 책임과 취약점은 얼마나 되는가?

당신의 팀에는 다양한 구성원들이 포함되어야 한다. 내가 재정 자문가와 함께 일하기 시작했던 때가 기억난다. 내 재정 상태를 아주 솔직하게 보여주려니 처음에는 기분이 이상했다. 현재 내 상태가 어떤지 불안했다. 하지만 재정 자문가는 내가 돈에 대해 달리 생각할 수 있게 해주었다. 목표를 명확히 하고 달성하게 해줄 놀라운 시스템을 구축하도록 도와주었다. 그는 우리 팀원 중 한 명일 뿐이지만 내 공감의 증인이었다.

미래의 자신을 크게 상정할수록 거기에 도달하게 도와줄 공감의 증인을 더 많이 주변에 둘 필요가 있다. 리더십 전문가 로빈 샤르마Robin Sharma의 말처럼 "꿈이 클수록 팀은 더욱 중요하다."

[**Change Point**]

- 내 인생에서 가장 큰 격려를 해준 두세 명을 나열해보라.
- 그들은 나를 어떻게 격려해주었는가?
- 왜 나에게 그들의 격려가 영향력이 있었는가?
- 그들에게 내 삶에 도움을 주어 감사하다는 말을 전하라.

편견 없는
질문의 힘

살면서 공감의 증인을 찾는 것과 더불어 당신도 주변 사람들이 간절히 필요로 하는 공감의 증인이 되어야 한다. 아마 당신이 아는 사람들거의 모두가 감정적 고통을 억누르고 있다고 예상해도 좋다. 대학 총장이자 종교 지도자인 헨리 아이링Henry Eyring은 "누군가를 만날 때 심각한 곤경에 처한 사람처럼 대하라. 아마도 절반 이상이 그럴 것이다."라고 조언했다.[18]

어떤 경험이나 관점도 연민 어린 대화를 통해 바뀔 수 있다. 연구에 따르면 충분히 공감하며 경청할 때 상호 신뢰와 이해가 형성된다.[19] 공감적 경청은 양 당사자가 서로 귀를 기울이고 새로운 과거와 미래를 만들어낼 만한 안전하고 협력적인 환경에서 이뤄져야 한다. 공감력과 애정을 지닌 청자가 있을 때 화자는 자기 이야기를 하고 들으면서 문제를 명확하게 보고 해결책을 찾으려고 한다. 감정적 부담이 덜어지면서 스트레스와 혼란을 덜 느끼고 자존감과 자기 인식이 향상되기 때문이다.

공감으로 경청하라

공감의 증인이 된다는 건 흥미가 아닌 관심을 보이는 것이다. 서두른다면 공감적 경청이 이뤄질 수 없다. 애정으로 경청해야 한다. 상대의 관점을 진정으로 이해하지는 못할지라도 이해하고 싶어 해야 한다. 제대로 된 공감적 경청에서 청자의 핵심 동기는 이해하고 격려해주는 것이다.

공감적 경청에서는 양 당사자가 각각 마음을 열고 관점을 정리할 시간이 허용된다. 적어도 초반에는 해결책이나 조언이 제시되지 않으며 대신에 진심 어린 개방형 질문을 한다. 답이 돌아온 후에도 청자는 더 많은 정보와 통찰을 얻기 위해 다음과 같은 질문을 이어간다.

"좀 더 설명해줄 수 있어요?"
"그게 무슨 뜻이죠?"
"그 부분이 왜 그렇게 중요했을까요?"
"더 나은 미래를 생각하기를 포기했나요?"

"이후 어떤 긍정적인 결과가 나왔나요?"

"이로써 당신의 미래는 어떻게 달라질까요?"

"이제 앞으로 나아가기 위해 무엇을 할 수 있을까요?"

"무엇을 도와줄까요?"

상대방이 말한 후에는 그의 말을 반복해 말하면서 올바로 들었는지 확인하라. 그리고 더 이야기해보라고 하라. 심층적이고 일관된 경청을 기반으로 현실적이고 진심 어린 질문을 하라.

관계에서 가장 중요한 것은 신뢰다. 성급하게 신뢰를 쌓으려고 하지 마라. 일단 신뢰가 쌓이면 모든 것이 가능해지지만 한번 신뢰가 깨지면 가장 간단한 문제조차 극복할 수 없다. 신뢰를 잃으면 자신감과 희망도 사라진다. 앞서 살펴본 로잘리의 경우 그녀는 하고 싶은 일을 할 만큼 자기 자신을 믿어야 했다. 그러나 자신감과 희망을 잃어 미래는 사라졌고 과거만이 중요해졌다.

따라서 트라우마를 바꾸는 일은 궁극적으로는 신뢰를 회복하는 일이다. 신뢰와 자신감은 상상력의 토대이자 변화의 가능성이다. 트라우마는 그런 상상력을 산산이 부순다.

트라우마는 어떤 관계에서도 생길 수 있다. 사람은 실수하기 때문이다. 트라우마를 떨치고 앞으로 나아가려면 사과를 받고 용서해야 한다. 그리고 사과와 용서가 비슷한 시기에 이뤄져야 한다.

과거사에 대한 양측의 관점은 객관적이지 않으며 오히려 주관적인 의미를 지닐 때가 많다. 그러므로 과거에 대한 기억은 공감과 애정 어린 이해를 통해 함께 만들어져야 한다. 어떤 트라우마라도 바뀔 수 있다. 과거는 바뀔 수 있다. 심하게 교착되고 와해된 관계에서도 그렇다.

피하지 않는 것이 첫걸음

우리의 내면 깊은 곳에는 트라우마가 있다. 만일 트라우마를 변화시킨다면 달성하려는 목표는 거침없이 진행될 것이다. 그러나 트라우마를 바꾸지 않는다면 삶은 트라우마의 부산물이 되고 만다.

우리 대부분은 트라우마를 일상에서 분리해 내면화한 다음 회피하는 경향이 있다. 부정적이고 고통스럽고 무력한 초기의 감정 반응이 기억을 저장하는 필터가 된다. 그러나 건강한 기억은 시간이 지나면서 변한다. 성장하는 사람이 기억하는 과거는 계속해서 변화하고 의미와 유용성이 확장된다.

고통스러운 경험에서 벗어나고자 한다면 피해서는 안 된다. 정면으로 마주할 필요가 있다. 이때 떠오르는 생각과 감정들을 일기에 적고 정리하는 것이 필수적이며 효과가 있다. 마음에 있는 생각과 감정을 꺼내 종이에 쓰면 된다. 자신의 감정과 부정적인 경험을 마주하다 보면 점차 바뀌는 것을 느낄 수 있다.

그렇지만 경험을 재구성하는 데 도움을 줄 외부인의 관점도 필요하다. 속담에도 있듯이 '병 안에서 상표를 읽을 수는 없다.' 공감의 증인, 즉 섣불리 충고하지 않고 나의 이야기에 귀를 기울여줄 사람이 있다면 감정을 솔직히 표현할 수 있을 것이다. 전문 상담가를 찾아도 좋다. 그는 훌륭한 공감의 증인이 되어줄 것이다.

　아직 변화시키지 못한 부정적이거나 고통스러운 경험이 있다면 이제 공감의 증인을 찾아야 할 때다(여러 명이 좋다). 이제 트라우마와 과거를 바꿀 때다. 초기 반응을 넘어 심리적으로 유연해질 때다. 자신이 신뢰하는 사람에게 연락하라. 자신의 이야기와 경험을 가능한 한 솔직히 털어놓아라. 또한 미래의 자신과 진짜 욕구도 허심탄회하게 이야기하라. 트라우마의 부작용으로 추구해왔을지 모를 작은 목표들에 대해서도 털어놓자.

　마지막으로 인생에서 중요한 사람들 가운데 용서가 필요하거나 더 깊은 유대를 나눌 필요가 있는 사람이 있다면 가서 대화를 나눠라. 과거의 감정이 얼마나 빨리 사라지고 변하는지 놀랄 것이다. 나의 삶이 얼마나 숨 막혔는지 깨닫지 못했는데 이제는 숨을 쉬러 올라온 느낌이 들 것이다.

[**Change Point**]
---

* 과거에 갇혀 있는 관계가 있는가?
* 이전의 경험들이 지금의 관계에서 고정 마인드셋을 만들어냈는가?

PERSONALITY I

최고의 변화를 만드는 **두 번째 레버**

'정체성'을
다시 쓴다

'T PERMANENT

최고들이 자신의 과거를
바라보는 방법

삶은 고정된 이야기가 아니라 끊임없이 수정된다. 어떻게 지금의 모습이 되었는지
설명할 때 인과관계의 가느다란 가닥들이 다시 엮이고 재해석된다. 그런 까닭에
심리 치료의 초기 단계에서는 환자의 이야기를 비판하지 않고 들어주는 게 중요하다.
그 기억 속에는 사건뿐만 아니라 그가 사건에 부여한 의미도 담겨 있다.[1]

_고든 리빙스턴

버즈 올드린은 달 착륙선 아폴로 11호의 조종사였다. 닐 암스트롱이
"인류의 도약을 위한 작은 발걸음"이라는 말을 남기며 인류 최초로
달에 발을 디딘 지 불과 몇 초 후 그도 먼지투성이인 달 표면으로 내
려섰다. 하지만 올드린에게 놀라운 경험이었어야 할 이 일이 하마터
면 그의 인생을 망칠 뻔했다.

당시 우주비행사들이 우주에서 귀환하는 즉시 요구되는 3주간의 격
리 기간부터 올드린은 폭음하기 시작했고 그런 음주 습관이 9년 넘게
지속됐다. 21년간의 결혼 생활은 빠르게 피폐해지며 끝났고 명성 높
았던 군인 경력도 나쁜 결말을 맞았다. 이후 베벌리힐스의 캐딜락 대
리점에서 일하면서 6개월 동안 단 한 대도 판매하지 못하는 인생 최악

의 시기를 보내기도 했다.

급기야 그는 어느 날 밤 술에 취해 여자 친구의 집을 찾았고 여자 친구는 그를 내쫓고 문을 잠갔다. 분노한 그는 문을 쾅쾅 두드리다가 집에 무단으로 침입했다. 겁에 질리고 충격에 휩싸인 여자 친구는 경찰을 불렀고 올드린은 체포되었다. 어떻게 이런 일이 일어났을까? 어떻게 올드린처럼 똑똑하고 성공한 사람이 그렇게 변했을까?

과거를 대하는 태도의 차이

그 답변은 2009년 발간된 올드린의 자서전 《거대한 황야》Magnificent Desolation에서 찾을 수 있다. "내게는 '다음 위업의 달성을 준비하는 우주비행사'에서 '지난 위업을 이야기하는 우주비행사'로의 선환이 쉽지 않았다. … 다음에 나는 무엇을 해야 할까?"[2] 달에서 지구로 돌아오는 우주선 안에서 올드린은 부정적인 생각과 감정에 빠져들었다.

지구를 내려다보며 상상력을 잃었다. 그 무엇도 그가 방금 달성한 업적을 능가할 수는 없었다. 그의 미래는 끝났다. 그는 '앞으로 무엇을 해도 절대 이것을 넘어설 수 없을 거야'라고 생각했고 겨우 서른아홉 살에 스스로 인생의 정점을 찍어버렸다. 그런 생각이 무서워 술로 고통을 잊으려 했다.

이번에는 농구 선수 지아니스 아데토쿤보의 이야기를 살펴보자. 아데토쿤보는 그리스에서 태어나 가난하게 자랐다. 농구화를 여러 켤레

살 형편이 안 되어 그와 그의 형은 한 켤레를 같이 신어야 했다. 형은 경기 전반에, 아데토쿤보는 경기 후반에 농구화를 신었다. 그랬던 그가 최근 나이키와 계약을 체결했다. 전 세계 수만 명의 아이들이 그의 이름이 붙은 농구화를 신는다. 2018~2019 시즌에 그는 NBA의 MVP (최우수선수상)를 수상했다. ESPN의 해설자 레이철 니콜스Rachel Nichols 가 인터뷰에서 그에게 MVP 수상을 실감하느냐고 묻자 그는 이렇게 답했다.

"정말 행복합니다. 거짓말을 하지는 않겠습니다. 하지만 남은 생애 동안 그 이야기를 또 듣고 싶지는 않습니다. 대단한 일이고 큰 영광이긴 하지만 이제 지나간 일이니까요."

"잠깐만요. 다시는 MVP라는 단어를 듣고 싶지 않다고요?"

"네, 그 이야기를 너무 많이 듣는 것 같습니다. 보통 그런 이야기를 나누면 긴장이 풀리는 경향이 있죠. '나는 이 리그의 MVP다'라고 계속 생각한다면 어떻게 될까요? 긴장이 풀리고 더 열심히 하지 않겠죠. 저는 그러고 싶지 않습니다. 자랑스럽기는 하지만 다음 목표를 향해 나아가야죠."[3]

아데토쿤보는 이전의 업적이나 실패가 아니라 목표, 즉 다음에 할 일로 자신을 정의한다. 그는 미래를 추구하며 계속해서 성공하고 있다.

스트래티직 코치Strategic Coach 의 설립자인 댄 설리번Dan Sullivan 은 지위가 성장보다 중요해질 때 대체로 성장을 멈춘다고 한다. 그러나 지위는 성장이 동기일 때 주어진다. 그런 경우에는 지위에 집착하지 않는다. 그리고 또다시 새로운 지위를 창출하기 위해 이전의 지위를 기꺼이 버린다. 설리번의 말처럼 "항상 과거보다 더 큰 미래를 만들어나가야 한다."[4]

전직에 머무르지 않는다

자신에게 솔직하다면 주로 어떤 지위에 따라 동기부여가 된다는 걸 알 수 있다. 그래서 원하던 직함이나 소득 수준, 관계를 얻고 나면 접근 지향적approach-oriented 동기에서 회피 지향적avoid-oriented 동기로 전환된다. 새롭고 확장된 미래에 접근하기보다 실패를 피함으로써 현재의 지위를 유지하거나 보호한다. 용기를 내지 않고 그 자리에 머무르며 과거 성장을 추구하던 에너지와 열정은 흩어진다.

현재의 자신을 능가하는 미래를 추구하지 않으면 삶은 의미를 잃기 시작한다. 미국 66대 국무장관이었던 콘돌리자 라이스Condoleezza Rice는 최초의 아프리카계 미국인 여성 국무장관이자 두 번째 여성 국무장관이었다. 그녀는 평생 불가능에 도전하며 경력을 쌓아왔다. 그녀가 그토록 성공적이고 획기적 행보를 이어왔던 이유 중 하나는 그녀의 철학에 있다. 그녀의 말로 옮기면 "나는 결코 전직前職에 머물러서는 안 된다고 믿는다."는 것이다.

결코 전직에 머물러서는 안 된다는 이 한 구절에 담긴 생각이 이 책 전체를 대변한다. 당신이 우주비행사였든 마약중독자였든 전직에 머물러서는 안 된다. 트라우마와 성공 둘 다 성격에 강력한 영향을 미친

196

다. 그러나 무엇을 경험했든 과거에 갇혀 있어도, 과거가 자신을 규정하도록 두어서는 안 된다. 진정한 자신은 미래의 자신이며 당신이 되고자 열망하는 사람이다.

아주 오랫동안 버즈 올드린의 사명은 우주비행사가 되어 달에 가는 것이었다. 그 목표를 중심으로 정체성과 선택, 주변 환경이 구축됐다. 하지만 목표를 달성한 후 그는 그 지위에 갇혔다. 그가 보기에 도저히 이전의 자신을 능가할 길이 없었으므로 미래를 포기했다. 의미 있는 목적이 없었던 삶은 무너져 내렸다. 목표와 상상력이 추진력이 되어 달에 갔던 올드린은 미래의 자신에 대해서는 아무런 생각이 없었다.

지아니스 아데토쿤보는 정반대의 길을 택했다. MVP로 선정된 지 몇 주 만에 그는 감정적으로 그 지위에서 벗어나 다음 목표에 집중했다. 그렇다고 해서 그가 행복하지도, 감사하지도 않았다는 의미는 아니다. 다만 결과나 정체성에 감정적으로 집착하지 않았다. 자신에 대한 그의 비전은 과거가 아니라 미래에 있었다. 아마도 다른 선수들에게는 슬럼프가 와도 그는 그렇지 않을 것이다. 그는 존재하는 게 아니라 계속 살아가고 있기 때문이다.

이 장에서는 왜 경험에 서사와 이야기를 구성해야 하는지 알게 될 것이다. 지아니스 아데토쿤보나 일론 머스크 같은 사람들처럼 앞으로 어떤 사람이 되고자 하는지 미래 지향적인 서사를 구성하도록 배운다. 이는 보기 드문 기술로 그들이 큰 성공을 거둔 이유이기도 하다.

이 새로운 기술을 갖추면 자신의 서사를 재구성해서 과거에 갇히지 않고 앞으로 나아가라는 과제가 주어질 것이다. 과거는 결국 나를 위해 일어난 일이지, 무의미하게 일어난 일이 아니다. 이 책을 읽고 나면 다른 사람에게 자신을 설명하는 이야기는 과거가 아니라 미래의 자신으로 새롭게 달라져 있을 것이다.

어떻게 경험은
내 삶의 의미가 되는가

최근 아내와 열한 살인 아들 케일럽이 생후 11개월인 쌍둥이 딸들을 데리고 산책하러 나갔다. 케일럽이 유아차를 밀었고, 그들은 양쪽에 관목이 우거지고 도랑도 있는 시골길을 걸었다. 나는 출근하기 전에 로렌과 나눌 이야기가 있어서 차를 몰고 가족들을 찾으러 갔다. 로렌을 발견한 나는 차를 세우고 이야기를 나누기 시작했다. 케일럽도 옆에 서서 이야기를 듣고 있었다. 우리가 서 있던 지점은 돌도 많고 약간 경사진 도로 가장자리였다. 그런데 대화를 시작한 지 20초도 안 되어 갑자기 유아차가 도랑 쪽으로 굴러가기 시작했다. 나는 케일럽에게 유아차를 잡으라고 소리쳤다.

아들은 최선을 다했지만 유아차에 가속이 붙었다. 아들도 쌍둥이 딸들과 함께 도랑으로 끌려갔다. 곧 조라가 유아차에서 떨어지며 울음을 터뜨렸다. 안전띠가 채워져 있지 않은 탓이었다. 피비는 안전띠를 채운 덕에 유아차에 그대로 앉아 있었다.

다행히 심하게 굴러떨어진 건 아니었다. 조라가 겁에 질리기는 했지만 괜찮았다. 하지만 케일럽은 매우 놀란 듯했다. 아들은 땅만 쳐다보며 울었고 몇 번이나 달래준 후에도 눈을 마주치지 못했다. 아마도 부정적인 감정들 속에서 이 경험의 의미를 정의하고 있었으리라. 당연히 아들이 형성하고 있는 의미도 부정적일 터였다.

나는 케일럽이 그러지 않기를 바랐다. 아들이 감정을 조절하고 심리적으로 유연해지도록 돕고 싶었다. 이 경험이 아들을 삼켜버리는 게 아니라 아들이 주도적으로 건강하게 재구성하기를 원했다.

의미가 사물들을 연결한다

의미는 감정적인 경험을 하는 도중에 형성된다. 심리학자 로이 바우마이스터Roy Baumeister에 따르면 의미는 사건들이나 사물들 사이의 관계에 관한 정신적 표상이다. 그는 "의미가 사물들을 연결한다."라고 설명한다.[5] 의미 만들기meaning-making 분야의 전문가 크리스털 파크Crystal Park는 인간은 다음 세 가지를 연결함으로써 경험에서 의미를 만들어 낸다고 한다.[6]

1. 사건이나 경험의 원인을 정의한다. (방금 무슨 일이 일어났는가?)
2. 그 원인을 자신의 정체성과 연결한다. (이 경험은 나에 대해 무엇을 말해주는가?)
3. 형성된 정체성을 통해 세계관을 구축한다. (이 경험은 세상에 대해 무엇을 말해주는가?)

이렇게 해서 만들어진 의미는 우리가 어떤 사람이고 어떤 사람이 되는가를 결정짓는다. 성격은 대체로 이전의 경험에 부여한 의미, 다양한 목표나 가치에 두는 의미에 기반한다. 즉 우리의 주안점을 반영한다. 성격은 심지어 유머나 음악, 스타일, 관심사 같은 작은 일에 부여하는 의미에도 기반한다.

인간은 본능적으로 의미를 만들어낸다. 하지만 여기에는 어두운 면도 있다. 부정적 경험을 했을 때 의도적으로 의미를 만들지 않으면 다음과 같은 선입견을 품을 수도 있다.

나는 나쁜 사람이다.
나는 내향적인 사람이다.
나는 절대 꿈을 이루지 못할 것이다.
나는 사람들과 잘 어울리지 못한다.
나는 그런 사람을 좋아하지 않는다.

의도적으로 의미를 만들지 않으면 고정 마인드셋으로 이어질 수 있다. 사실 트라우마는 사건 자체가 아니라 우리가 사건에서 취하거나 만든 의미다. 끔찍한 일이 일어났더라도 그것을 트라우마로 만든 것은 우리의 해석이다.

골형성부전증osteogenesis imperfecta이라는 질환을 갖고 태어나 키가 겨우 90센티미터밖에 안 되고 평생 휠체어를 타야 했으나 거인처럼 살았던 숀 스티븐슨Sean Stephenson의 경우를 보자. "이것은 내게 단순히 일어난 일이 아니라 나를 위해 일어난 일이었다."라는 게 그가 죽기 전에 마지막으로 한 말이었다. 스티븐슨은 휠체어에서 떨어지면서 머리를 부딪혀 엄청난 고통을 겪고 있었다. 그런데도 죽어가던 순간에 그렇게 말했다. 그를 죽음에 이르게 한 낙상 사고뿐만 아니라 어쩌면 트라우마였을 수도 있는 전 생애에 대한 그의 해석이었다.

트라우마는 스스로 사건이나 경험에 부여한 의미이며 그 의미가 자신과 미래, 세상 전반에 대한 견해를 형성한다. 이전 트라우마에서 형성한 의미는 지금 당신의 성격과 선택과 목표를 이끈다. 스스로 의미를 바꿀 때까지 말이다.

잠시 생각해보자. 왜 나는 지금과 같은 방식으로 자신을 정의하는가? 왜 나는 지금의 모습을 하고 있는가? 왜 나는 특정한 것들을 좋아하거나 싫어하는가? 왜 나는 지금 이것을 추구하고 있는가? 그 모두가 스스로 이전 경험들에 부여했던 의미와 결과로 형성된 정체성이다.

우리가 경험에서 끌어낸 의미와 수집한 정보는 우리의 세계관을 형성한다. 여기서 주목할 점은 인간은 보통 자신에 관한 의미부터 형성한 다음 세상을 보는 렌즈로 자아상self-image을 사용한다는 것이다. 스티븐 코비가 말했듯이 "우리는 세상을 있는 그대로가 아니라 자신의 모습으로 본다."[7]

만일 자신을 부정적인 시각으로 본다면 세상을 부정적인 시각으로 볼 것이다. 반대로 자신을 긍정적인 시각으로 본다면 세상을 긍정적인 시각으로 본다. 나에게 보이는 세상은 나의 정체성이라는 렌즈를 통한 것이다.

나는 내 모습과 관련이 있는 것들만 본다. 즉 선택적 주의selective attention를 기울인다. 이것이 안드레 노먼이 하버드대학교를 목적과 정체성으로 삼은 후 교도소 내의 모든 범죄 행위를 보지 못한 이유다. 또한 버즈 올드린이 예전의 지위에 갇히고 나서 성장의 기회를 보지 못한 이유다.

내가 세상을 바라보는 시각은 사실 세상보다 나에 대해 더 많은 것을 말해준다. 나의 과거를 바라보는 시각은 과거보다 나에 대해 더 많은 것을 말해준다. 따라서 원하는 미래의 자신을 바탕으로 의미를 만들어야 한다. 그러려면 아래와 같은 질문을 통해 내 경험을(힘든 경험까지) 의도적으로 해석해야 한다.

'미래의 나는 이 경험에 어떻게 반응할까?'

'이것을 어떻게 생각할까?'

'이것을 어떻게 다룰까?'

'어떻게 이것을 나에게 이롭게 바꿀 수 있을까?'

'이것은 내게 일어난 일이 아니라 나를 위해 일어난 일이다.'

유아차가 굴러떨어진 날 케일럽은 감정이 격앙된 가운데 유아차를 놓친 경험을 이해하기 위해 의미를 만들어내고 있었다. 여동생들에게는 아무 일도 일어나지 않았지만 그 일이 케일럽에게 트라우마가 되어 지속적으로 해를 끼칠 수 있었다. 의미를 만드는 과정에서 케일럽의 생각과 감정은 원인을 정의하고, 자신의 정체성을 형성하고, 그 정체성을 통해 세계관을 형성하는 세 단계를 거쳤을 것이다. 아마 케일럽은 다음과 같이 인과관계를 따지는 사고를 했을 수 있다.

'내가 유아차를 꽉 잡고 있지 않아서 굴러갔으니 내 잘못이겠지?'
'왜 나는 유아차를 꽉 잡고 있지 않았을까?'
'아버지가 산책하던 어머니와 나를 멈춰 세웠으니 그건 아버지의 잘못일까?'
'왜 아버지는 우리의 산책을 막았을까?'
'우리가 시골길을 걷고 있었기 때문일까?'
'왜 어머니는 많이 걷자고 했을까? 그냥 집에 있고 싶었는데.'

그리고 아들은 인과적 사고에 기초해 정체성을 형성하는 사고를 다음과 같이 했을 수 있다.

'나는 부모님과 함께 있는 게 싫다.'
'나는 좋은 오빠가 아니다.'
'나는 어머니와 산책하는 것을 좋아하지 않는다.'

'나는 더 이상 이런 일을 하지 않을 것이다.'

'아기들은 너무 연약하고 재미가 없다.'

케일럽은 이렇게 그 사건과 자신에 대해 생각한 후 삶이라는 더 큰 그림에 대한 전반적인 의미global meaning를 아마도 다음과 같이 형성했을 것이다.

'산책하는 것은 위험하다.'

'세상은 위험하다.'

'인생은 끔찍하다.'

'항상 아버지가 일을 망친다.'

'나는 쓸모가 없다.'

이와 같은 의미 형성 과정은 뇌에서 순간적으로 진행된다. 원인-결과 시나리오는 사건에 대한 케일럽의 초기 감정적 반응을 반영한다. 시간과 연습이 필요한 감정 조절 기술이 없다면 그리고 초기 반응에도 불구하고 케일럽의 경험을 주도적이고 건강하게 구성하도록 도와줄 공감의 증인이 없다면 아들은 이 경험에서 부정적인 의미를 형성할 수 있다.

감정 조절의 3단계

인간은 의미를 만드는 기계다. 삶을 이해하기 위해 의미를 창조한다. 이 사실을 인지하면 어디에서나 그런 모습이 보인다. 우리는 아주 작고 평범한 경험에서도 의미를 만들어내며 그 의미는 정체성과 세계관에 영향을 미친다. 그러므로 작은 경험 하나하나가 중요하다.

최근 나는 장거리 운전 중에 갑자기 소변이 몹시 마려웠다. 고속도로 출구를 찾기까지 5분 정도 걸렸는데 그 5분 동안 몇 가지 생각이 머리를 스쳐 지나갔다.

'이건 말도 안 돼!'
'정말 짜증 나!'
'왜 나한테 이런 일이 생기는 거야?'

그러다 내 생각을 알아차리기 시작하면서 이후에는 의도적으로 생각하게 되었다. 이는 심리학자들이 말하는 감정 조절emotional regulation의 핵심 기술이다. 자신의 삶을 더 의도적으로 생각할 때 이런 사소한 순간들이 자신이 되고 싶은 존재가 되기 위한 연습으로 보이기 시작한다. 위험 부담이 낮은 작은 순간들도 감당할 수 없다면 중요한 순간에는 더 어려울 것이다. 인생은 연습이다.

힘든 감정을 조절할 때는 의도적으로 경험의 의미를 정의해야 한다. 이는 사람들이 흔히 감정을 다루고 의미를 만드는 과정과는 정반대다. 생각이 감정에 지배된다. 감정적으로 격앙된 상황에서는 특히 그렇다. 감정에 지배되는 생각들은 반응적, 비의도적이지만 그 사람이 오랫동안 간직할 의미와 서사가 된다.

하지만 그 반대여야 한다. 경험으로 촉발된 초기 감정이 힘들 때도 생각, 더 구체적으로는 목표가 감정을 지배해야 한다. 크고 작은 경험 모두에서 의도적으로 생각할수록, 즉 감정 조절을 잘할수록 심리적으로 더 유연해진다. 그럴수록 감정과 경험에 대한 반응으로 자신을 정의하지 않게 된다. 초기 감정과 생각을 느슨히 붙들고 자신의 감정과 생각의 방향을 잘 잡아서 목표 지향적이고 가치 중심적인 방식으로 나아가야 한다.

감정 조절의 첫 번째 단계는 감정을 경험하는 동안 감정을 확인하고 분류하기다(설명을 잘할수록 좋다). 자신이 의식하지 못하는 것을 관리할 수는 없다.[8]

감정 조절의 두 번째 단계는 일차적 감정primary emotion 과 이차적 감정secondary emotion 의 차이를 이해하는 것이다. 일차적 감정은 외적 사건에 대한 첫 반응이다. 주변 사물에 대한 자연스러운 반응이므로 판단하려 해서는 안 된다. 예를 들어 사랑하는 사람이 죽었을 때의 슬픔, 교통체증에 걸렸을 때의 좌절감은 자연스러운 초기 반응이다.

이차적 감정은 자신의 감정 자체에 대해 느끼는 것이다. 예를 들면 상처받은 데에 분노를 느끼거나, 불안을 느끼는 데에 수치심을 느낄 수 있다. 이차적 감정은 반응의 강도를 높여 파괴적 행동으로 몰고 간다. 따라서 심리적으로 유연해지려면 초기 반응을 느슨히 유지할 필요가 있다. 즉 너무 심각하게 받아들이거나 지나치게 동일시할 게 아니라 인정하고 분류한 다음 그 경험을 어떻게 해석하고 느끼고 싶은지 결정해야 한다.

감정 조절의 세 번째 단계는 부정적인 감정 놓아주기다. 부정적인 감정을 느끼지 못하는 척하지 않고 느끼고 있음을 인정하고 받아들여야 한다. 이것이 부정적인 감정을 놓기 위한 열쇠다. 그런 다음에는 감정에서 한 발짝 물러서서 그 감정대로 행동했을 때의 결과를 고려해야 한다. 대체로 그 결과는 미래의 자신이 추구하는 가치나 목표와 일치하지 않는다.

사람들이 종종 어리석은 결정을 내리는 이유는 그 후에 따라올 결과보다 순간의 감정에 따라 행동하기 때문이다. 예를 들어 스트레스를 받을 때 쿠키를 마구 먹는다면 처음에는 기분이 좋을지 몰라도 궁극적으로는 부정적인 결과를 초래한다. 우리가 생각해야 할 것은 결과다. 장기적으로 감정은 결과가 결정하기 때문이다. 그런 결과들이 미래의 자신을 만든다.

케일럽은 겨우 열한 살이었으므로 아직 감정 조절에 능숙하지 않았다. 아내와 나는 아들에게 감정을 억누르지 않고 안전하고 솔직하게 자신을 표현하는 능력을 길러주려고 노력했다. 공개적이고 솔직한 감정 표현은 감정 조절과 심리적 유연성의 열쇠다. 감정 표현을 더 잘할수록 감정을 더 잘 처리하고 긍정적으로 반응할 수 있다.

케일럽에겐 공감해줄 증인이 필요했다. 감정적인 순간에 가장 소용없는 것은 훈계다. 우리는 아들이 여동생들을 돕기 위해 최선을 다했고 모든 것이 괜찮다고 말해주었다. 아들이 조라를 안고 달래주게 했고 잘 달래주었다고 칭찬했다. 그리고 "사고는 늘 일어나는 거란다."라고 말해주었다. 우리는 아들이 감정을 표현하도록 도와주었고 가족으로서 그 경험을 어떻게 할지 결정했다. 그렇게 해서 경험의 의미를 긍정적이고 건설적인 것으로 바꿨다.

이렇게 의미를 만들어가는 과정의 기본은 이야기를 발전시키는 것이다. 우리는 이야기를 통해 경험의 의미를 이해하고 우리의 정체성을 이해한다. 그렇게 우리의 삶, 특정한 사건, 심지어 어느 하루에도 각각의 이야기가 있다. 직접 그 이야기의 저자가 되어 과거의 의미를 새롭게 형성하고 원하는 과거 이야기를 갖기 위해 현재와 미래 경험의 의미를 만들어내야 한다.

우리는 케일럽의 실수를 이야기하는 대신 아들이 여동생들을 영웅적으로 구출한 이야기를 하기로 했다. "십자군 기사인가, 무자비한 침략자인가? 그 모두가 어떤 이름을 붙일 수 있는가에 달려 있다."라는 뮤지컬 〈위키드〉Wicked에 나오는 마법사의 가르침처럼 말이다. 우리는 두려움과 실패라는 일차적 감정을 지나쳐 우리의 손안으로 이야기를 가져왔다.

다음 질문들은 이 장 전체에 걸쳐 다룰 것들이다. 곧 알게 되겠지만 우리는 이 이야기를 만들어갈 수 있고 만들어야 한다.

- 최근 일차적 감정만으로 상황을 판단한 적이 있는가?

- 이미 지난 일 중에 계속 의미를 곱씹어보는 사건이 있는가?

- 위의 사건으로 봤을 때 나는 어떤 사람인가?

- 위의 사건을 지금의 관점에서 다시 재구성해보자.

의지력을 이기는
정체성 확언의 힘

1970년대에 성장한 켄 알렌은 고등학교 2학년이 되면서 대마초를 자주 피우기 시작했다. 대마초 냄새를 감추기 위해 담배도 피웠다. 부모님은 그의 흡연을 반기지 않았지만 크게 개의치 않았다. 당시에는 담배를 부정적으로 보지 않았다.

알렌의 흡연은 고등학교 3학년이 되고 졸업 후 4년간 대학을 다니는 동안에도 계속됐다. 대학 시절에는 하루에 담배 한 갑을 피우는 지경에 이르렀다. 알렌은 맥주를 마시면서 담배를 피우지 않는 것이 물리적으로 불가능하다고 말했다. 커피를 마실 때도 꼭 담배를 피우곤 했다. 그와 친구들 모두 대학 재학 중에 여러 차례 금연을 시도했지만 실패했다.

"계속 시도했습니다. 아마 20번은 금연했을 텐데 한 번도 성공하지 못했죠."

흡연은 그의 정체성의 기본 요소였고 그가 하는 모든 일과 결부돼 있었다. 그는 공부할 때도, 아침에 일어났을 때도, 친구들과 있을 때도 담배를 피웠다. 그러나 흡연이 건강에 해롭다는 사실을 알고 있었기에 정말로 담배를 끊고 싶었다. 흡연이 나쁜 습관이며 자신이 니코틴 중독이라는 것도 알고 있었다. 또한 트럼펫을 연주하고 싶다는 목표도 있었다.

대학을 졸업했을 때 그는 약간 과도기에 있었다. 위스콘신주 매디슨으로 이사했고 하반신 마비 환자 병동에 직원으로 취직했다. 병원에는 직원들이 사용하는 휴게실이 있었는데 그곳은 흡연이 허용됐다. 알렌이 첫 출근하던 날 휴게실에 들어가자 직원 한 명이 담배를 꺼내디니 그에게도 권했다.

"감사합니다만 저는 담배를 피우지 않습니다. 피워본 적도 없고 앞으로도 안 피울 겁니다."

그때가 벌써 40여 년 전이다. 이후 알렌은 담배를 피우지 않았다.

10년 골초가 완벽하게 담배를 끊은 비결

그는 자신의 이야기를 바꿨다. 과거를 바꿨고, 새로운 환경에서 새로운 정체성을 갖게 됐다. 일단 그가 흡연자라는 이전 정체성을 아는 사람이 아무도 없는 환경이었다는 점이 주효했다. 또한 흡연자가 아니라고 말했던 건 충동적으로 나온 것이었지만 전략적 결정이었다. 그는 동료들에게 자신이 비흡연자라고 공개함으로써 그들 주변에서 담배를 피우는 걸 부적절한 일로 만들었다.

"제 잠재의식 속의 지혜가 그런 생각을 하게 했던 것 같아요. 저는 많은 습관과 중독이 또래의 압력과 환경에 대한 반응이라는 사실을 알고 있었거든요. 그 환경에서는 비흡연자가 되고 싶었어요."

니코틴에 대한 갈망이 사라지기까지 약 일주일이 걸렸다. 알렌이 대부분의 시간을 보내는 직장에서 비흡연자라는 정체성을 밝혔던 터라 대처하기가 그리 힘들지 않았다. 그렇게 한 주가 흘러가자 담배 생각이 나지 않았다. 그는 자신의 이야기를 새롭게 썼다.

기억의 편집자가 돼라
: 나를 바꾸는 다섯 가지 전략

심리학자 댄 맥애덤스Dan McAdams가 개발한 내러티브 정체성narrative identity 이론에 따르면 우리 모두는 삶의 경험을 통합해 이야기를 발전 시키고 정체성으로 내면화한다. 그 이야기는 삶에 통일감과 목적을 부여한다.[9]

이 생애 내러티브는 재구성된 과거, 인식된 현재, 상상된 미래를 통 합하기 때문에 세 가지가 동시에 공존한다. 따라서 과거, 현재, 미래 의 경험이 순차적으로 분리되지 않고 전체가 동시에 발생한다. 과거, 현재, 미래가 모두 지금 일어나고 있다. 적어도 우리의 마음속에서는 말이다.

내러티브 정체성 이론

우리의 이야기는 경험을 토대로 끊임없이 진화하고 변화한다. 과거가 바뀌는 것은 아니지만 그 사실들에 대해 스스로 하는 이야기는 바뀔 수 있다. 그리고 이야기를 수정할 때는 이전 이야기에서 지배적인 역할을 했던 사실들을 빠뜨리거나 심지어 잊어버릴 수도 있다. 아마 어떤 사실들은 실제가 아니라 그저 이전의 자기 관점이었을 수도 있다.

그러나 많은 사람이 자신에게 유용한 이야기를 만드는 대신 종종 어떤 경험에 대한 초기 반응에 근거한 이야기에 갇혀 있다. 과거 이야기를 재구성하는 데 있어 핵심은 부정적인 경험으로 정의했던 것을 긍정적인 경험으로 전환하는 것이다. 아마도 당신은 머리를 긁적이며 이렇게 물을지도 모른다.

'왜 그래야 하지? 부정적인 경험인데 왜 긍정적인 척하지?'

여기서 '긍정적', '부정적'은 사실이 아니라 의미다. 과거 사건들에 부여한 의미가 자신의 모습과 미래를 결정하기 때문에 과거를 바라보는 방식을 바꿔야 한다는 말이다. 정체성과 미래를 업그레이드하려면 자신의 이야기를 바꿔야 한다. 새로운 미래가 새로운 과거를 만든다.

나는 10년 이상 이에 관해 연구하면서 댄 설리번이 제시한 '목표와의 괴리와 진전'the gap and the gain 개념보다 유용한 이야기 재구성 기법을 보지 못했다.[10] 설리번에 따르면 목표와의 괴리gap에 주목하는 삶은 부족한 점에만 집중한다고 한다.

목표와의 괴리만 보면 인생의 혜택을 즐기거나 이해할 수 없다. 당연히 그러리라 생각했던 대로 되지 않은 것에만 집중하기 때문이다. 예를 들어 당신이 멋진 집에 살고 있다고 하자. 하지만 목표와의 괴리에만 집중하면 집의 문제점만 보인다. 훌륭한 파트너가 곁에 있어도 그들이 잘못하거나 부족한 점만 보인다. 훌륭한 자녀를 두고도 그들의 부족한 면만 볼 수도 있다. 혹은 지난 90일 동안 목표를 향해 큰 진전을 이루고도 계획대로 진행되지 않은 부분만 볼 수도 있다.

지난 스토리부터 편집하라

그렇다면 목표와의 괴리에 주목하는 삶이 아닌 진전gain에 주목하는 삶을 살펴보자. 진전에 주목하면 끊임없이 자신의 이상과 견주는 대신 이전과 지금의 자신을 비교해 자신을 평가한다. 이는 언뜻 직관에 반하는 것처럼 보일 수 있는데, 차근차근 생각해보자.

　당신이 새로이 만들어낸 이야기는 미래의 자신, 당신의 이상에 관한 것이다. 하지만 단기적인 진전 상황을 측정할 때는 자신의 이전 모습과 상황을 되돌아봐야 한다. 진전을 정기적으로 측정해서 현재 얼마나 진행되었는지 확인하기 위함이다. 진전이 있었다고 확인되면 활기와 추진력이 생긴다. 이는 자신감과 사기를 높여주고 지금의 자신을 능가하는 미래를 계속 추구하게 만든다.

　이렇게 진전을 측정하는 것은 세상과 자신을 바라보는 시선의 초점을 바꾸기 때문에 중요하다. 사람들은 세상을 객관적으로 보지 않으며 주관적인 렌즈를 통해 본다. 그 렌즈는 자신이 선택한 초점에 따라 세상을 비춘다. 진전에 초점을 맞추기 시작하면 자신에게서 진보와 추진력을 확인하고, 나도 할 수 있다는 자신감과 흥분, 열정이 솟아난다.

그래서 우리는 진전을 측정해야 한다. 전적으로 심리적인 것이다. 일을 진행하는 자신에게 만족을 느끼고, 이런 긍정적인 감정과 자신감을 통해 더 크고 도전적인 목표를 계속 추구하게 된다.

또한 관점을 바꾸면 과거의 이야기를 긍정적으로 재구성할 수 있다. 예를 들어 당신은 과거에 일어났던 어떤 일에 대해 부정적인 감정을 품고 있을 수 있다. 당신에게 전적으로 손해이거나 상처인 경험이다. 그래서 현재 처한 상황이 이전의 경험 탓이라고 생각한다. 하지만 그 경험에 대한 대본을 뒤집는다면 어떻게 될까? 능동적으로 주의를 돌려 그 경험으로 진전된 점을 찾기 시작한다면 어떻게 될까? 다른 관점에서 그 이야기를 재구성해서 다시 이야기하기로 선택한다면 어떻게 될까?

역사는 새로운 관점, 경험, 이해를 통해 늘 수정된다. 만일 나의 과거에 변화가 없다면 여전히 그 안에 갇혀 있는 것이다. 진화하지 않고 성장하지 않은 것이다. 목표와의 괴리에서 진전으로의 전환은 경험을 전략적으로 기억하는 방법이다. 처음의 감정적 반응이 아니라 내가 선택한 정체성과 목표에 기초해 의도적으로 과거를 기억한다. 나의 경험에 의미를 부여하는 사람은 나라는 사실을 기억하라. 이야기를 만드는 사람은 자신이다.

그렇다면 어떻게 나의 대본을 뒤집을 수 있을까? 과거를 다시 새롭게 기억하는 것이다. 내가 선택한 정체성, 미래의 자신이라는 렌즈를 통해 과거를 걸러낸다. 더 성장한 나는 이 사건들을 어떻게 볼 것인가? 어떻게 이 사건들이 지금의 내가 될 수 있게 해주었을까? 과거의 모든 일은 나에게 일어난 일이 아니라 나를 위해 일어난 일이다(더 정확하게는 '일어나고 있는' 일이다).

러셀 베이커Russell Baker는 존경받는 언론인이자 내레이터, 작가로서 그의 자서전은 퓰리처상을 수상했다. 그의 자서전은 처음엔 출판사들로부터 재미없다고 퇴짜를 맞았다. 이야기가 거절당하자 그는 아내에게 "이제 2층으로 올라가서 내 인생 이야기를 다시 지어내야겠어."라고 이야기했다. 그 결과물이 퓰리처상을 수상한 베스트셀러 《성장: 러셀 베이커 자서전》이었다.[11]

재창조된 이야기에 담긴 사실들은 원래 원고와 다르지 않았다. 단지 그는 그 이야기를 들려줄 더 설득력 있고 유용한 방법을 찾아냈을 뿐이었다.

그의 과거와 마찬가지로 당신의 과거도 무한한 방식으로 바라볼 수 있다. 끔찍한 경험은 인생에서 중요한 것을 학습한 경험으로 이야기할 수 있다. 학교에서의 지루한 하루는 특별하고 긍정적인 경험으로 이야기할 수 있다.

이야기에서 강조하거나 무시하기로 선택한 것에 따라 이야기의 초점과 영향력이 결정된다. 정신과 의사인 고든 리빙스턴은 다음과 같이 말했다. "우리 각자는 자신의 역사를 해석하는 데 있어 허용 범위가 비슷하다. 우리는 우리의 인생 이야기에 나오는 인물들을 이상화하거나 펌하할 수 있는 권한이 있다. 다만 특정 방식으로 자신을 보려는 현재의 욕구는 대체 가능하다는 걸 경험하고, 우리 모두가 과거를 행복하게 또는 슬프게 채색할 수 있다는 사실을 깨달을 필요가 있다."[12]

나는 어떻게 달라졌는가

나는 결손가정에서 자랐다. 열한 살 때 부모님이 이혼했다. 이혼으로 아버지는 심한 우울증에 빠졌고 결국 마약중독자가 되었다. 10대 시절 내내 불안정한 생활을 했던 나는 겨우 고등학교를 졸업했다. 당시 수많은 실수를 했고 많은 정서적 고통과 혼란에 직면했다. 나는 이 시기에 내 경험을 이해하고 탐색하기 위해 온갖 의미를 만들어냈다. 그중 하나는 아버지가 나와 동생들을 실망시켰다는 것이었다. 내 세계에서 잘못된 모든 일은 아버지 탓이었고 아버지가 원인이었다.

나는 내게 일어난 모든 일에서 철저하게 피해자인 것만 같았다. 고등학교를 졸업하고 자신을 방치하며 거의 1년을 보냈다. 그러다 어느 순간 인생을 바꾸겠다고 결심하고 하루에 열다섯 시간씩 하던 비디오게임부터 그만뒀다. 나는 선교 활동을 하고 싶었다. 하지만 내 인생의 주요 사건들과 그 사건들에 대한 나의 해석 때문에 포기해버렸다.

그런 내 삶을 변화시킨 건 아버지와의 관계 회복이었다. 고등학교에 다닐 때 아버지가 수없이 연락했지만 나는 아버지의 번호를 차단했다. 그러나 삶을 바꾸기 위해 앞으로 나아가려면 아버지와의 대화를 시작해야 한다는 걸 알고 있었다. 아버지와 나는 일주일에 한 번 만나서 같이 점심을 먹기 시작했다. 아버지는 내게 선교 활동을 해보라고 격려해주었다.

아버지와 다시 대화하고 선교 활동을 준비하기 시작한 때가 10년 전이었다. 10년이라는 시간 동안 나는 완전히 새로운 사람이 되었다. 과거를 다르게 보는 법, 즉 목표와의 괴리보다는 진전된 상황을 보는 법을 배웠다. 터커 맥스처럼 과거를 평가하려 하지 않고 점차 연민의 시선으로 보게 되었다. 또한 부모님을 평가하는 대신 연민과 이해심으로 바라보게 되었다.

목표와의 괴리에서 진전으로 초점을 바꾸기 위해서는 더 많은 정보를 확보해야 한다. 나는 선교 활동을 경험하고 돌아온 후 아버지와 여러 차례 우리의 힘들었던 시기에 관해 이야기를 나누었다. 그 후 아버지는 약물을 끊었고 이후 몇 년 동안 중독 회복 상담자로 활동하기도 했다. 그리고 아버지의 관점에서 본 나의 10대 시절 이야기를 들으면서 나는 겸허해졌다. 아버지 본인도 엄청난 트라우마를 겪고 있었다. 이혼으로 큰 충격을 받았을 뿐만 아니라 가장 힘들었을 때 자식들로부터 버림받았다. 아버지의 행동을 정당화하려는 게 아니다. 내 경험을 어떻게 기억할지 선택하려는 것이다. 현재 나의 상황과 관점에 근거해 지난 과거를 발전적으로 구성하고자 하는 것이다.

과거 내 이야기는 아버지가 어떻게 나와 동생들을 버렸는가에 관한 것이었다. 그러나 선교 활동을 하는 동안 내 이야기가 바뀌기 시작했다. 선교사로서 내 과거를 이야기하면서 아버지가 우리에게 한 짓을 용서했고 과거를 '뒤로했다고' 설명하곤 했다. 그러나 뒤로하는 것만으로는 충분하지 않았다. 아버지는 아기 때 입양되었다. 나는 지금 세 아이를 입양한 아버지다. 아이들이 트라우마를 극복하도록 도와준 것이 아버지의 이야기를 새로 쓰는 데 도움이 되었다. 이제 나는 더 큰 연민과 이해심으로 아버지를 바라본다.

내가 보는 아버지의 행동이 갖는 의미와 행동 당시의 전체적인 맥락은 계속 변화하고 있다. 고통은 줄었지만 그 의미들은 내가 경험해왔고 계속 경험하고 있는 성장에 점점 더 중추적 역할을 한다. 사실 지금은 생각하거나 논의하기가 더 이상 고통스럽지 않다. 그 기간에 발생한 모든 일은 나를 위해 일어난 것이지 내게 단순히 일어난 것이 아니다.

지난 10년 동안 나는 아버지가 정말 놀라우리만큼 삶을 변화시키고 자제력을 발휘하면서 나의 친한 친구가 되어가는 모습을 지켜봤다. 아버지는 나의 완벽한 영웅이 되었다. 그가 극복해낸 것을 생각하면 놀라울 따름이다. 이제 그 모든 경험에 대한 내 이야기는 아버지가 겪은 일들과 변화한 모습에 대한 경외심을 담고 있다. 오래전에 일어났던 일들을 세세히 파고들며 집착하는 것보다는 변화와 개선된 점에 주목하는 게 훨씬 의미가 있다. 내가 감정적으로 발달할수록 과거에 부정적인 영향을 덜 받고 더 많은 의미를 형성하게 된다.

나를 바꾸는 다섯 가지 전략

당신도 마찬가지다. 이제 당신의 과제는 과거 이야기를 고치는 것이다. 첫 단계는 목표와의 괴리에서 벗어나 진전 상황으로 초점을 바꾸는 것이다. 그 방법은 다음과 같다.

1단계. 목표와의 괴리에서 진전 상황으로 과거의 의미 전환하기

목표와의 괴리에서 진전 상황으로 마인드셋을 바꾸는 훈련을 해보자. 일기를 꺼내 다음 질문들에 답해보라.

- 지난 10년을 돌아보자. 그동안 나는 어떤 의미 있는 성공 또는 성장을 경험했는가?
- 한 인간으로서 나는 어떻게 변했는가?
- 나는 어떤 부정적인 것들을 버렸는가?
- 지난 몇 년 사이에 삶에 대한 나의 관점은 어떻게 변했는가?
- 지난 90일 동안 스스로 이룬 성과 1~3가지 또는 발전의 징후는 무엇인가?

발전에 초점을 맞추면 변화와 성장에 집중할 수 있다. 이는 미래의 정체성을 형성할 때 상상력과 자신감을 높여줄 것이다. 꾸준히 한다면 뇌와 주의력이 성장에 집중하게 되어 과거 부정적이었던 정체성을 긍정적으로 바꿔나갈 것이다.

2단계. 과거의 부정적인 경험 1~3가지 생각해보기

개선된 점을 중심으로 과거를 생각해봤으니 이제 내 삶에 부정적인 영향을 미쳤다고 생각되는 주요 경험 1~3가지를 생각해보라. 그것들을 일기에 적어라.

3단계. 과거 부정적 경험의 이점과 이득 나열하기

이제 과거의 1~3가지 경험에서 얻은 이점이나 기회, 교훈을 전부 생각하고 나열하는 시간을 갖는다. 어떻게 해서 그 경험들은 내게 일어난 것이 아니라 나를 위해 일어난 것인가?

4단계. 미래의 자신과 과거의 자신 간 대화 나누기

과거의 자신은 사라지지 않았고 건재하다. 내가 어디를 가든 미래의 자신이 따라다니듯 과거의 자신도 따라다닌다. 하지만 아마도 멍들고 망가진 과거의 자신일 것이다. 그것이 현재와 미래의 자신을 크게 제한하고 있다. 이제 과거의 자신을 치유하고 변화시킬 때다. 나는 과거의 의미를 바꿀 것이다. 그동안 안고 있던 고통을 놓아줄 것이다. 과거의 자신은 온전히 치유되고 나는 다른 정체성을 갖게 될 것이다.

과거보다 나아진 점을 측정해 내가 얼마나 멀리 왔는지 확인해보자. 이것은 과거의 자신에게서 약점보다는 강점을 보기 위한 효과적인 방법이다. 또 다른 강력한 기법은 미래 자신과 과거 자신이 대화를 나누는 것이다. 이를 위해 일기 쓰기, 상상하기, 심리 치료를 동원해도 좋고 당신이 원하는 어떤 방법을 사용해도 좋다.

우선 이상적인 미래의 자신을 상상하라. 이상적인 미래의 자신은 믿을 수 없을 만큼 동정심과 이해심이 많고 현명하다. 많은 일을 겪었고 삶의 자유와 능력을 원하는 만큼 만들어냈다. 일기에 다음 몇 가지 질문의 답을 적으며 시작해보자.

- 미래의 나는 과거의 나를 어떻게 보는가?
- 미래의 나는 과거의 나에게 뭐라고 말할까?
- 미래의 나와 과거의 내가 함께 오후를 보낸다면 어떤 시간을 보낼 것 같은가?
- 과거의 나는 미래의 나를 어떻게 생각할까?
- 과거의 내가 미래의 나에게 애정 어린 조언을 들을 때 어떤 느낌을 받을까?
- 그 대화에서 '과거를 뒤로하고 앞으로 나아가도 된다'는 언민 어린 허락을 받는다면 과거의 나는 어떤 사람이 될까?

5단계. 과거의 나를 규정하는 정체성 서사 바꾸기

나의 이야기를 바꿀 때 새로운 가능성을 보게 된다. 나는 더 이상 과거 사건의 희생자가 아니다. 능동적으로 경험에서 의미를 만들어내는 사람이다. 내 과거는 지금 여기서 재구축하고 설계하는 의미이며 이야기다. 돌아볼 때마다 바뀌는 이야기다.

치유되고 건강해진 과거는 내가 이용할 수 있는 정보의 원천일 뿐이다(긍정적이고 선택된 감정 외의 감정들이 아니다). 과거는 내가 작업할 원재

료일 뿐으로 아주 쉽게 변형되고 유연하다. 과거의 조각들을 가져다 어떤 것들을 버릴지, 어떻게 구성할지 선택할 수 있다.

나는 기억을 끄집어낼 때마다 기억을 바꾼다. 기억을 자주 끄집어낼수록 더 많이 바꾼다. 기억은 마치 귓속말 게임(일렬로 또는 둥글게 앉아 옆 사람에게 차례차례 귓속말로 전달해 마지막에 정확히 전달됐는지 보는 게임 — 옮긴이)과도 같다. 자주 이야기하거나 상상할수록 기억은 더 많이 변한다. 신경과학자 도나 브릿지Donna Bridge가 말했듯이 "기억이란 단순히 원래의 사건으로 시간 여행을 가서 꺼내는 이미지가 아니라 이전에 회상했던 경우들 때문에 다소 왜곡된 이미지일 수 있다. … 한 사건에 대한 기억은 인출될 때마다 완전히 틀렸을 정도로 정확도가 떨어질 수 있다."[13]

미래의 자신과 과거의 자신이 대화를 했는가? 이제 과거의 자신은 어떤 사람이 되었는가?

- 지금 나와 함께하고 있는 과거의 나는 누구인가?
- 치유되고 변화된 지금, 과거의 자신은 무엇이 달라졌는가?
- 나는 과거의 자신에 대해 어떻게 생각하는가?
- 과거에 대해 질문을 받을 때 나에게 말해줄 새로운 이야기는 무엇인가?

앞으로 나아가고 기억을 바꿀 때는 의도적으로 하라. 우울하거나 위험하다고 느낄 때 힘든 기억을 떠올리지 마라. 안전하고 행복하면서 마음이 가볍고 당신을 사랑해주는 사람들과 함께 있을 때 의도적으로 어려운 기억에 방문하라.

도나 브릿지가 수행한 한 연구에서는 참여자들에게 격자 배경 화면 위로 사물들을 보여주고 정보를 회상하는 능력을 검사했다. 연구는 사흘 동안 진행됐는데 첫째 날에는 격자 배경 화면의 다양한 위치에 배치된 180개의 독특한 사물들을 참여자들에게 보여주었다. 둘째 날에는 180개의 사물 중 일부만 보여주었으며 위치는 모두 격자 배경 화면의 중앙이었다. 셋째 날 참여자들은 무작위로 제시된 사물들 가운데 이틀 동안 봤던 것들을 회상할 수 있는지, 그 사물들이 처음에 위치했던 자리를 기억하는지 테스트를 받았다.

그 결과 둘째 날 제시된 사물들이 그날 제시되지 않았던 사물들에 비해 마지막 테스트에서 회상 정확도가 높은 것으로 나타났다. 그러나 사람들은 사물의 정확한 위치는 기억하지 못했다. 대신 첫째 날의 정확한 위치보다는 둘째 날의 위치에 가깝게 기억하는 경향이 있었다.

둘째 날의 경험이 첫째 날의 경험에 대한 기억을 바꾼 것이다. 즉 과거를 회상할 때마다 기억은 변형된다. 브릿지는 회상에 대한 실험 결과를 이렇게 설명했다. "둘째 날 사물의 위치에 대한 부정확한 기억이 셋째 날 사물의 위치를 어떻게 기억하느냐에 영향을 미치는 결과가 나왔다. … 기억의 인출은 단순히 원래의 연관성을 강화하는 게 아니다. 오히려 저장됐던 기억을 바꿔 둘째 날 사물이 놓인 위치의 기억을 강화했다."

우리가 뭔가를 바라보거나 살펴볼 때마다 뇌는 그것을 바꾼다. 물리학 개념인 관찰자 효과observer effect는 현상을 관찰하는 것만으로도 필연적으로 그 현상이 변한다는 사실을 보여준다. 예를 들어 자동차 타이어의 공기압을 점검만 해도 소량의 공기가 빠져나올 수밖에 없으므로 공기압이 바뀐다. 어떤 물체를 바라보면 빛이 그 물체를 향하므로 물체가 빛을 반사하게 한다. 아주 작더라도 반드시 변화가 일어난다.

우리는 과거를 바라봄으로써 과거를 바꿀 수 있다. 당신이 과거를 볼 때마다 과거는 바뀔 것이다. 당신이 거울을 들여다볼 때마다 당신은 바뀔 것이다.

작가 카말 라비칸트Kamal Ravikant는 관찰자 효과를 전략적으로 적용한 좋은 예다. 그는 거울을 볼 때마다 자신에게 "사랑해."라고 말했다. 그는 우울증을 앓고 있었기에 처음에는 믿음을 갖기 힘들었다. 하지만 이렇게 할 때마다 희미하게나마 변화가 생겨났다.[14]

사랑한다는 말을 수없이 하는 동안 우울하고 자살 충동을 느꼈던 그는 서서히 순수하게 자신을 사랑하는 사람으로 바뀌었다. 시간이 흐르는 동안 거울 속 그의 모습은 변했다. 이제 그는 새로운 정서적 토대를 갖추고 완전히 다른 성격이 되었다. 과거와 현재, 미래까지 그의 이야기 전부가 변했다.

과거에 무슨 일이 있었든, 그 일이 얼마나 독특하고 끔찍했든(또는 경이로웠든) 과거와 미래의 자기 모습을 만들어갈 능력은 누구에게나 똑같이 있다.

당신이 겪은 일을 깎아내리려는 게 아니다. 이전에 했던 경험의 감정적 영향을 무시하려는 것도 아니다. 당신이 말 그대로 과거의 설계자라는 사실을 보여주고자 한다. 스스로 과거를 어떻게 기억하기로 선택하느냐가 실제로 일어난 일보다 훨씬 더 많이 당신의 과거를 결정한다.

⌜ **Change Point** ⌝

- 나는 어떤 이야기를 가지고 있는가?
- 나의 과거에서 중심이 되는 경험은 무엇인가?
- 그 경험들에서 얻은 이득은 무엇인가?
- 과거의 자신은 어떤 사람인가?
- 과거의 자신에 대해 어떻게 생각하는가?
- 지금의 자신은 어떤 사람인가?
- 미래의 자신은 어떤 사람인가?

미래는 픽션이다,
픽션은 현실이 된다

우리가 시작이라 부르는 것이 종종 끝이며, 끝이라 부르는 것이 시작이다.
끝에서 우리는 다시 시작하기 때문이다.
_토머스 스턴스 엘리엇

네이트 램버트는 항상 체중과 씨름해왔다. 사실 그의 가족 모두가 그
랬다. 다이어트와 체중 감량을 수없이 시도했다가 실패한 후 그는 과
체중과 건강하지 못한 몸을 숙명으로 받아들였다. 대신 다른 영역에
서 성공함으로써 보상받겠다고 결심했다. 하지만 부모님이 심각한 건
강 문제를 겪는 모습을 지켜봤기 때문에 불안감은 사라지지 않았다.
그러던 어느 날 네이트는 자신의 미래를 상상하기 시작했다.

'계속 체중 문제와 씨름한다면 내 미래는 어떨까?'

'70세가 되면 나는 어떻게 될까?'

그는 건강이 아주 나빠져서 장시간 하이킹이나 세계 여행처럼 좋아
하는 일을 할 수 없는 미래를 상상했다. 다섯 자녀와 미래의 손주들도

생각났다. 70세에는 그들과 제대로 교류하지도 못할 것이다. 부모와 똑같은 경로를 밟는다면 심한 과체중으로 잘 움직이지도 못하고 온갖 질병으로 쇠약해질 것이기 때문이다.

힘든 미래에 대한 상상과 여기서 비롯된 고통스러운 감정이 네이트에게 전환점이 되었다. 그는 건강한 습관을 만들기 위해서는 정제된 설탕을 식단에서 완전히 빼야 한다고 생각했다. 건강에 해로운 당분을 평생 섭취하지 않는다면 체중을 조절할 수 있을 것이다. 70대에도 탄탄하고 건강한 몸으로 하이킹을 하고 손주들과 놀아줄 수 있다. 그것이 그가 진정으로 원했던 미래의 모습이었다.

평생 설탕 없이 살겠다고 결정한 순간

미래에 대한 비전은 네이트에게 정체성과 행동을 바꿀 이유를 제공했다. 그 한 가지 결정을 내림으로써 더 이상 체중에 집착하거나 스트레스를 받을 필요가 없어졌다. 심리학에서 결정 피로decision fatigue 라고 불리는 개념은 우리가 직면하는 모든 결정의 장단점을 따지느라 에너지가 소진되는 현상을 일컫는다. 그러나 확고한 선택을 내리면 결정 피로를 피할 수 있다. 네이트는 평생 설탕 없이 살겠다고 결정했기 때문에 더 이상 설탕을 먹을지 말지 결정할 필요가 없어졌다. 결정은 이미 내려졌고 선택지들과 가능한 결과들을 저울질하는 데서 오는 결정 피로는 더 이상 문제가 되지 않았다.

확고한 결정을 미리 해놓지 않으면 계속 갈팡질팡하다 나중에 어쩔 수 없이 결정하는 그 순간까지 미루게 된다. 예를 들어 새벽 다섯 시에 알람이 울릴 때 일어나겠다는 결정을 미리 해놓지 않으면 기상에 실패하고 만다. 몽롱하고 지친 상태로 침대에 누워 있는 그 순간에 일어날지 말지 결정을 해야 하기 때문이다. 따라서 방 반대편에 시계를 두어 더는 선택의 여지가 없게 해야 한다. 그러면 일어나서 알람을 끌 수밖에 없다.

미지의 변수들은 의지력을 해치며 사람들은 결국 그 부정적인 영향을 받는다. 스스로 주어진 상황에서 무엇을 할지 알아야 한다. 그 상황에 놓이기 전에 결정을 내려야 한다. 그렇지 않으면 일관성 없이 계속 오락가락할 것이다.

결정 피로의 반대는 확고한 결정을 내리는 것이다. 농구계의 전설 마이클 조던은 이렇게 말했다. "저는 일단 결정을 내리면 그에 대해 다시 생각하지 않았습니다."

담배를 확실히 끊었던 켄 알렌을 떠올려보자. 그는 다시 담배를 피우지 않겠다는 결정을 내린 뒤로 담배를 피울 생각을 단 한 번도 한 적이 없었다. 결정 피로는 중독에서 벗어나지 못하는 가장 큰 원인이다. 중독이 지속되는 이유는 아직 멈추겠다는 결정을 내리지 않아서 그 생각에 사로잡혀 있기 때문이다.

클레이턴 크리스텐슨은 "원칙을 100퍼센트 고수하기가 98퍼센트 고수하기보다 쉽다."라고 말했다.[15] 뭔가를 98퍼센트만 지킬 때는 진정으로 결정한 것이 아니다. 모든 상황에서 2퍼센트의 예외에 해당하느지 매번 저울질하며 불필요한 고민을 하게 된다. 자신의 행동과 의사결정이 어떤 결과를 낳을지 확신하지 못한다.

이런 결정의 부재는 정체성 혼란과 실패 경험으로 이어진다. 자신이 원하는 것에 100퍼센트 전념해야 성공한다. 안 좋은 상황에서 미루지 않고 힘들고 어려운 결정을 내리는 것은 자신감의 향상과 발전을 가져온다.

네이트가 정제 설탕을 끊겠다고 결심한 순간 그의 정체성은 완전히 바뀌었다. 이제 그는 새로운 미래의 자아, 즉 인생의 후반에도 매우 건강해서 손주들과 놀아주고 여행과 하이킹을 할 수 있는 사람이 되었다. 현재의 정체성과 선택을 만들어내고 있는 것이다. 이때 설탕 자체가 문제인 것은 아니다. 핵심은 네이트가 상상한, 설탕을 먹을 때의 미래와 설탕을 먹지 않을 때 미래다. 그는 설탕을 먹지 않을 때의 미래에서 설탕을 먹을 때는 할 수 없는 수많은 가능성을 봤다.

당신도 이렇게 할 수 있고 해야 한다. 지금의 삶에서 나와 완전히 일치하지 않는 한 가지를 생각해보자. 그것이 삶에서 없어지면 나의 미래는 어떨 것 같은가? 설탕이든 비디오게임이든, 나쁜 습관이나 오락이든 그 자체가 나쁜 게 아니다. 그러나 그것을 없애면 미래의 내가 달라진다. 지금 나의 결정이 나의 미래를 형성한다. 나의 미래가 나의 정체성을 형성한다. 그리고 정체성은 나의 선택, 궁극적으로는 나의 성격을 형성한다.

평생 100퍼센트 정제 설탕 없는 삶을 살겠다는 결정으로 가능해진 새로운 미래를 염두에 두자 네이트는 건강에 비상한 관심이 생겼다.

건강 관련 서적을 읽기 시작했고 설탕의 부작용을 전부 조사했으며 치매와 같이 설탕과 관련된 모든 질병의 목록을 작성했다. 그리고 확고한 결정에 따라 정체성을 적극적으로 바꿨다.

　매일 아침 그는 자신이 건강하고 활기차며 설탕을 안 먹는 사람이라고 선언했다. 단 음식이나 건강에 해로운 음식을 먹으라고 권유받으면 "감사하지만 저는 됐습니다. 저는 설탕을 먹지 않습니다."라고 대답하며 자신의 정체성을 확인했다.

결심을 이루는 4단계

6개월 뒤 네이트는 22킬로그램 이상을 감량했고 자신감과 비전이 폭발적으로 커졌다. 과거를 바라보는 네이트의 이야기도 바뀌었다. 그의 이야기는 과거에 어땠는가보다 어디로 가고 있는지에 훨씬 더 초점을 두게 되었다. 그는 더 이상 뚱뚱한 사람이 아니다. 건강하고 활기찬 사람이다. 이제 당신 차례.

1단계. 나의 미래를 솔직하게 생각해보기

바람직한 미래의 자신을 상상하기 전에 현실적인 미래를 솔직히 생각해보는 시간을 가져보자. 네이트는 부모처럼 미래의 자신도 아프고 힘들 것이라고 체념했다. 그러나 한 가지 중대한 결정을 내린 후 비로소 원하는 미래가 가능하다는 믿음을 갖게 됐다.

- 지금 생각할 수 있는 현실적인 미래는 무엇인가?
- 그 미래에 대해 어떻게 생각하는가?
- 그것이 정말 내가 원하는 미래인가?
- 항상 꿈꿔왔던 목표를 달성하는 내가 보이는가?

지금 눈앞에 그려지는 미래를 솔직히 바라보고 몹시 흥분되지 않는다면 문제가 있다. 그렇게 가라앉은 미래의 자신은 지금의 자신 또한 가라앉히고 있다. 정체성의 뼈대는 미래와 목표다. 그러므로 소극적인 미래의 자신으로는 현재의 정체성과 행동도 원하는 바에 미치지 못할 것이다. 댄 설리번이 말했듯이 "미래를 크게 설정할수록 현재도 더 좋아진다."는 사실을 기억하라.

정체성과 행동을 업그레이드하려면 새로운 미래가 필요하다. 새롭고 깊이 공감되고 흥분되는 미래가 필요하다. 목적의식이 아주 뚜렷해서 이를 중심으로 현재의 정체성을 형성할 수 있는 그런 미래의 내가 필요하다.

2단계. 나의 전기 써보기

베스트셀러 작가이자 세계적인 크리에이티브 디렉터 폴 아덴은 이렇게 말했다. "현재 할 수 있는 것 이상을 목표로 하라. 자기 능력의 끝이 어디인지는 완전히 무시하라. 만일 자신의 분야에서 최고인 회사에서 일할 수 없다고 생각한다면 그 회사를 목표로 삼아라. 당신이 《타임》 표지를 장식할 수 없다고 생각한다면 거기에 실리는 것을 과제로 삼아라. 현실로 만들고 싶은 것을 비전으로 세워라. 불가능한 것은 없다."[16]

자, 이제 자신의 이야기를 써보자. 일기장을 꺼내서 마치 이제는 이 세상 사람이 아닌 누군가의 삶을 이야기하듯 자신의 전기를 써보라.

- 내 이야기는 어떤가?
- 어떤 중요한 사건들이 일어났는가?
- 나는 어떻게 기억될까?
- 나는 어떻게 살았는가?
- 나는 무엇을 달성했는가?

먼저 전기 초안부터 잡아보자. 태어났을 때부터 현재까지 쓴 다음 현재부터 남은 생애에 관해 쓴다. 1년에 한 번 정도씩 이렇게 전기를 써보자. 스스로 변화하고 진화하면서 과거와 미래에 관한 서술도 변화하고 발전함을 발견할 것이다. 그리고 전기를 쓴 횟수가 늘어날수록 더 의도적이고 창의적으로 이야기를 쓰게 된다.

아마도 상상 속 이야기를 만들고 그대로 살아가는 데 점점 더 능숙해질 것이다. 또한 더 훌륭한 의도를 갖고 살게 되어 더 자주 절정 경험을 할 것이다. 절정 경험은 관점을 바꾸고 자신감을 높여 더 유연한 정체성을 부여한다. 그리고 유연해질수록 과거와 자신에 대해 덜 경직된 자세를 보인다. 미래의 자신을 상상하고 그 모습을 빠르게 내 것으로 만들어라.

3단계. 3년 후의 자신을 상상해보기

다음과 같은 질문을 해보자.

- 나는 지금으로부터 3년 후 어떤 사람이 되고 싶은가?
- 나의 수입은 얼마나 되는가?
- 나의 친구들은 누구인가?
- 나의 일상은 어떤가?
- 나는 어떤 옷을 입고 있는가?
- 나는 어떤 머리 모양을 하고 있는가?
- 나는 어떤 일을 하고 있는가?
- 나의 환경은 어떤가?

미래 예측을 많이 해보지 않았다면 지금부터 90일 후의 예측부터 시작해볼 수 있다.

- 나는 90일 후 어떤 사람이 되고 싶은가?
- 나는 그때까지 무엇을 이루고 싶은가?
- 나는 어떻게 달라지고 싶은가?
- 나는 환경에 어떤 변화를 주고 싶은가?

머릿속으로 이 질문들에 대답하는 대신 '비전'이나 '미래의 자신'을 써보면 훨씬 더 효과적이다. 타이핑해서 인쇄해도 좋고, 미래의 자신과 상황을 보여주는 고무적인 사진들을 붙여도 좋다. 그렇게 붙여도 좋은 사진들의 예는 다음과 같다.

- 가족과 함께 찍은 사진
- 내가 원하는 건강한 몸을 가진 사람의 사진
- 아름다운 집처럼 갖고 싶은 환경의 사진
- 그리스도나 부처처럼 본받고 싶은 종교적 인물의 사진
- 마라톤이나 외국 여행 등을 계획하고 있는 사진

이 문서는 원하는 길이로 작성할 수 있지만 짧고 분명하게 작성하는 게 유용하다.

4단계. 모든 사람에게 미래의 자신에 대해 이야기하기

로버트 브롤트는 "자신이 누구인지 찾으려 하지 말고 자신이 되고 싶은 사람을 찾아라."라고 말했다.

사람들 대부분의 정체성 서술은 과거에 뿌리를 두고 있다. 이제부터 정체성 서술, 즉 나의 이야기는 미래를 바탕으로 한다. 그것이 지금부터 내가 어떤 사람이냐는 질문을 받았을 때 해줄 이야기다.

뮤지컬 〈해밀턴〉에 나오는 노래 '만족'Satisfied 은 알렉산더 해밀턴이 스카일러 자매들을 파티에서 만나 나중에 그중 한 명과 결혼하는 이야기를 그린다. 해밀턴은 처음에 안젤리카를 만난다. 지위와 계급에 초점을 맞춘 일반적인 질문이 둘 사이에 오간다.

"내 이름은 안젤리카 스카일러예요."

"나는 알렉산더 해밀턴입니다."

"가족은 어디 출신인가요?"

"그건 중요하지 않습니다. 내가 아직 못 한 일이 수두룩하지만 두고
    보십시오."[17]

알렉산더의 과거는 대단하지 않았다. 환경이 아주 좋지도 않았으며
부자도 아니었다. 하지만 그에게는 꿈이 있었다. 그의 이야기는 현재
의 위치나 이전에 했던 일을 기반으로 하지 않았다. 그의 정체성 서술
은 그가 앞으로 할 일에 기반을 두고 있었다.

캐머런 헤럴드Cameron Herold는 COO얼라이언스의 설립자로 그가 주
장하는 '생생한 비전'Vivid Vision을 개발하도록 수백 개의 조직에 도움을
주었다. 헤럴드는 비전을 3~5쪽짜리 문서로 작성하고 이를 어디에서
나 말하고 알리라고 권한다. 사실 직원들은 사장이나 임원의 성격 유
형이 아니라 그들이 품은 비전을 알고 싶어 한다. 이는 직원뿐만 아니
라 모든 고객, 모든 잠재고객도 마찬가지다.

3~5쪽 분량의 비전을 적은 문서를 인쇄해두면 더 자주 보고 온전
한 믿음을 갖는 데 도움이 된다. 또한 이 비전을 내가 아는 모든 사람
과 공유해야 한다. 비전과 목표를 내 삶에 있는 사람들과 공유할 때
그들은 내게 더 많은 책임을 묻기 시작할 것이다.

비전은 지금의 현실을 훨씬 뛰어넘어야 한다. 스스로에게 영감과 흥
분을 주어야 하고 동기를 부여하고 희망을 제시해야 한다. 또한 나를

확장하고 변화시키는 것이어야 한다. 나중에 뒤돌아보면 현재 위치와 모습에 깜짝 놀랄 정도로 큰 비전이어야 한다.

한편 미래의 내 모습과 비전은 끊임없이 수정되는 문서여야 한다. 전략적으로 유용하게 쓰려면 향후 3년 이내의 비전으로 좁히는 게 좋다. 비전은 한 가지 주요 목표, 즉 이것이 달성되면 미래에 원하는 모든 일이 가능해지는 것이어야 한다.

'자기 신호화' 활용하기

과거를 재구성하고 이상적인 미래를 상상했으므로 이제는 바빠질 차례다. 행동에 나설 때다. 새로운 정체성을 확고히 하려면 지금까지의 행동과 습관을 버리고 새로운 정체성에 맞춰 행동해야 한다. 심리학자들은 이것을 '자기 신호화'self-signaling 라고 부른다. 행동이 우리가 어떤 사람인지 다시 알려준다는 의미다. 우리는 행동으로 자신을 판단하고 평가한다. 만일 행동을 바꾼다면 정체성도 그에 맞춰 따라가기 시작할 것이다.

미래의 자신으로 행동하기 시작하면 결국 미래의 자신이 된다. 성격은 목표에 맞춰지고 원하는 특성, 속성, 환경을 갖게 된다. 그러기 위해서는 미래를 일상 행동의 새로운 기준으로 삼아야만 한다. 미래를 위해 현재 자신의 기회와 선택지를 거절하고 포기해야 한다. 미래의 자신이 현재 자신의 새로운 기준이다.

예를 들어 만약 대중 연설가이고 강연료를 5,000달러 받고 있다면 강연료를 1만 5,000달러로 올리고 그 금액만큼 지급하지 않는 요청은 거절하라. 이전 기준으로 인정받기보다는 새로운 기준에서 거절당하는 쪽을 선호하라. 시간이 흐르면서 그 기준이 새로운 표준이 될 것이다. 결국 금전적인 면뿐만 아니라 다른 면에서도 더 높은 기준으로 바뀔 것이다. 때때로 새로운 기준은 수직적 업그레이드보다는 수평적 업그레이드다. 미래의 자신을 현재 마인드셋과 행동의 새로운 기준으로 삼도록 하라.

최고의
변화는
어떻게
만들어지는가

PERSONALITY I

제 5 장

최고의 변화를 만드는 세 번째 레버

'잠재의식'을
강화한다

I'T PERMANENT

통증에 숨겨진
마음의 비밀

무의식은 사회적 또는 개인적 수용 여부와 상관없이
모든 감정의 저장소다. 무의식을 아는 것은 지극히 중요하다.
무의식에서 일어나는 작용은 성격의 원인일 수 있기 때문이다.[1]
_존 사노

1996년 여름 제인 크리스티안센은 난생처음으로 수상스키를 타러 갔다. 36세인 그녀는 건강하고 체격도 좋았지만 수상스키는 도저히 적응이 되지 않았다. 그래서 다른 보트가 너무 가까이 다가왔을 때 스키 아래로 파도가 이는 것을 보고도 손을 놓을 생각을 하지 못했다. 미처 사태를 파악하기도 전에 그녀는 오른쪽 다리가 뒤통수까지 꺾인 이상한 자세로 공중으로 내던져졌다. 빠르게 물로 떨어지는 순간 참을 수 없는 고통이 그녀를 덮쳤다. 도저히 움직일 수가 없어 다른 사람들이 그녀를 물에서 꺼내주어야 했다. 몸이 마비되는 듯한 고통이 그녀를 휘감았다.

병원에 갔을 때 그녀는 뒤넙다리근이 둔근에서 90퍼센트 분리되어

거의 다 찢어진 상태였다. 의사는 그녀에게 다시는 달리기를 할 수 없을 거라고 말했다. 불과 몇 개월 전 마라톤을 뛰었을 정도로 활동적인 그녀에겐 엄청나게 충격적인 소식이었다. 받아들이기 힘든 결과였지만, 그녀는 의사의 말을 인정하고 체념했다. 이제 자신은 달릴 수 없다는 선입견이 마음에 뿌리를 내렸다.

사고 후 제인은 빠르게 회복되었다. 비록 달리기는 못 하지만 전과 같이 정상적이고 건강하고 활동적인 생활을 재개했다. 그러나 그녀는 사고에서 생긴 트라우마를 회피했고 자신의 운동 능력에 대한 선입견을 유지했다.

2011년, 제인의 남편이 안전할 줄 알았던 직장을 잃었다. 그는 새로운 일자리를 찾는 대신 조기 퇴직을 결정했다. 제인은 충격을 받았고 화가 났다. 그녀는 열심히 일하는데 남편이 골프장에서 하루 종일 있는 모습이 보기 싫었다. 하지만 남편의 감정을 상하게 하기도, 불평꾼으로 보이고 싶지도 않아서 이런 감정을 혼자만 간직했다. 커져만 가는 분노를 가슴에 담아두있다.

그러다 곧 이상한 일이 발생했다. 오른쪽 뒤넙다리근의 통증이 재발해 15년 전 수상스키 사고 당시만큼 아팠다. 그뿐 아니라 왼발도 욱신거리기 시작했다. 이유를 알 수 없는 극심한 통증이 불쑥불쑥 찾아왔다. 왜 이런 일이 일어났을까?

제인은 병원에 갔다. 의사는 그녀가 이제 50세가 넘었기에 자연스러운 노화 과정으로 다리 통증이 생긴 거라고 설명했다. 그는 건염과 관절염 진단을 내렸다. 제인은 이해가 되지 않았지만 15년 전에 그랬듯이 의사의 진단을 받아들였다. '이제 나도 나이를 먹어가나 보다.' 제인이 받아들인 선입견에서 이런 서사가 마음속에 형성되었고 그것이 그녀의 생물학적 현실이 되었다.

그 후로도 통증은 심해지기만 했다. 그녀의 체력은 점점 떨어졌다. 가장 좋아하는 취미였지만 2011년 하이킹 시즌 동안 단 한 번도 하이킹을 가지 않았다. 통증은 그녀의 일에도 영향을 미쳤다.

한편으로 남편을 향한 분노와 좌절은 조용히 곪아가고 있었다. 가끔은 제대로 걸을 수도 없다는 사실에 너무나 화가 났다. 그러는 동안에도 그녀는 자신이 겪는 고통을 아무에게도 말하지 않았다. 건강 관련 사업체의 소유주이며 남들의 눈에는 건강과 긍정의 지표인 그녀였기에 그런 외양을 유지하고 싶었다. 그녀는 완벽주의자였다. 어려서부터 그랬다. 누구도 그녀가 고전하고 있다는 걸 몰랐으면 했다.

고통의 진짜 원인

2014년, 제인은 한 비즈니스 및 마케팅 행사에 참석했다. 그 행사에서 그녀는 지니어스 네트워크 앤드 지니어스 리커버리Genius Network and Genius Recovery의 설립자 조 폴리시Joe Polish를 소개받았다. 폴리시는 제인이 절뚝거리며 걸어오는 모습을 보고 물었다.

"어떻게 된 거예요?"

"별것 아니에요. 다리에 통증이 좀 있어서요."

"다리 통증이요? 다치기라도 했어요?"

"네. 수상스키를 타다 사고도 당했고 이제 나이도 들었잖아요."

"최근에 사고를 당했어요?"

"아니요. 20년 전에 그랬어요."

"뭐예요? 20년 전 사고 때문에 통증이 있다고요?"

"그런가 봐요. 저도 잘 모르겠어요."

폴리시는 친구인 스티븐 오재니치 Steven Ozanich 를 그녀에게 소개해주었다. 오재니치는 억압된 감정과 신체적 고통 간의 연관성을 다루는 전문가였다.

며칠 후 제인은 오재니치와 통화했다. 그는 그녀에게 신체적 증상에 대해 묻지 않았고 병원에 다니고 있는지, 통증을 없애기 위해 어떤 물리치료를 받고 있는지도 묻지 않았다. 대신 그녀의 삶에 대해 여러 가지 질문을 했다.

"결혼하셨어요?"

"네."

"남편은 무슨 일을 하나요?"

"음, 놀고 있어요. 몇 년 전에 실직했어요."

"그래서 기분이 어떤가요?"

"사실 감당하기가 정말 힘들어요."

"아니요, 그래서 당신 '기분'이 어떠냐고요."

오재니치가 다시 대답을 요구했다. 제인은 자신의 감정을 말하지 못하고 계속 더듬거렸다.

"음, 그게, 힘들죠."

"아니, 진짜로요. 남편이 실직 상태여서 기분이 어떤가요?"

"속상하죠."

"속상하기만 한가요?"

"솔직히 말하면 몹시 화가 나요."

"정말 화가 난 것 같네요."

"그래요. 화가 훅 올라올 때도 있어요."

"다리 통증은 언제부터 시작됐나요?"

"남편이 실직했을 바로 그 무렵이요."

"아, 그래서군요."

오재니치가 말했다.

"당신의 통증은 수상스키 사고와는 아무런 상관이 없어요. 남편을 향한 감정에서 비롯된 거예요. 자신의 감정을 표현할 방법을 찾아야 합니다."

그들의 첫 번째 대화는 거기서 끝났다. 그는 자신의 책《통증의 속임수》The Great Pain Deception 를 읽은 다음에 다시 대화를 나누자고 했다. 통화 후 제인은 바로 그 책을 주문했지만 책이 배송됐을 때는 읽지 않았다. 오재니치와의 대화는 흥미로웠지만 공감은 가지 않았기 때문이다. 그녀는 억압된 감정이 문제의 진짜 원인이라는 생각을 받아들일 수 없었다. 몇 개월 후인 2015년 2월 제인은 오재니치로부터 이메일을 받았다.

'제인, 어떻게 지내요?'

'잘 지내기는 하는데 통증은 여전해요. 아직 선생님 책을 못 읽었는데 꼭 읽겠다고 약속드릴게요.'

이메일에 답장을 보내고 그녀는 곧바로 오재니치의 책을 꺼내 그 주에 다 읽었다. 책을 다 읽었을 즈음 양쪽 다리의 통증이 90퍼센트는 사라진 느낌이었다. 그녀는 흥분해서 오재니치에게 이메일을 보냈고 전화 상담을 예약했다. 그는 지식 요법knowledge therapy으로 그녀가 통증의 진정한 원인을 인식하게 되었기 때문에 아픈 곳이 사라진 거라고 설명했다.

두 번째 통화에서 오재니치는 지난 몇 년 동안 제인이 어떤 통증 치료를 받아왔으며 현재는 어떻게 하고 있느냐고 물었다. 그녀는 온갖 종류의 값비싼 치료와 처치를 받아왔고 전국을 다니며 실험적인 치료를 받기까지 했다고 말했다. 그러자 오재니치는 지금 받고 있는 모든 통증 치료를 중단하라고 말했다. 침술, 마사지, 지압 등도 전부 그만두라고 했다.

"전부 그만둬요. 그런 치료는 이것이 신체적 문제라는 믿음만 부추깁니다. 모든 치료를 그만두고 모든 게 정상인 듯이 생활해요. 운동하고 통증이 느껴지기 시작해도 그냥 계속해요. 통증이 생기지 않은 것처럼 강행해요. 물리치료를 전부 중단하고 또 하나, 감정을 표현하기 시작해야 해요."

그 순간부터 제인은 네 가지를 바꿨다.

1. 수만 달러가 들어가던 모든 물리치료를 즉각 중단했다.

2. 자신의 좌절과 분노를 전부 표출하는 분노 일기_{Rage Journal}를 쓰기 시작했다.

3. 남편에게 자신의 감정을 이야기하기 시작했다.

4. 달리기도 다시 시작했다.

이 네 가지 행동 변화로 제인의 삶 전체가 바뀌었다. 그녀는 통증 없이 생활하려면 감정이 생기는 대로 표현할 필요가 있음을 깨달았다. 더 이상 가슴에만 담아두고 억누를 순 없었다. 달리기를 다시 할 수 있는 것도 그녀의 자신감을 키워주었다.

2019년 58세가 된 제인은 사고 이후 어느 때보다 활동적이고 건강하게 지내고 있다. 4년 넘게 다리 통증도 없었다. 주변 사람들은 그녀가 해마다 젊어지는 것 같다며 놀라워한다. 이제 그녀는 자신이 가르치는 피트니스 수업에서 사람들을 한계점까지 밀어붙인다.

또한 제인은 자신의 과거도 전보다 더 깊이 이해하게 되었다. 그녀는 예전만큼 남편에게 비판적이지 않으며 그동안 자신이 얼마나 스트레스를 받았는지도 알고 있다. 그녀는 더 이상 과거의 고통과 스트레스에 얽매이지 않으며 나이 들어 죽을 때까지 건강하고 날씬하게, 고통 없이 살아갈 미래의 자기 모습을 본다. 또한 남편과 행복한 결혼 생활을 유지하며 여생을 보낼 모습도 본다. 좌절 속에 살았던 지난 몇 년 동안 확신하지 못했던 일이었다.

감정, 마음과 몸의 연결 고리

제인의 완벽주의와 경직된 감정은 심리적 유연성의 향상으로 대체되었다. 과거에 그녀는 집이 어질러져 있거나 지저분하면 짜증을 냈지만 이제는 한결 유연해졌다. "침대 정리가 안 되어 있다든지 하는 일은 중요하지 않아요." 직장에서도 높은 기준을 유지하면서 더 개방적으로 변해서, 직원들은 그녀의 방식대로 일할 필요 없이 각자의 아이디어를 실행할 수 있게 됐다.

이제 제인은 자신의 감정을 훨씬 더 잘 안다. 자신이 자극을 받고 있다는 것을 알아차릴 때, 업무상 부담이나 관계에서 일어나는 문제로 스트레스를 받거나 불안을 느낄 때 그녀는 즉시 일기를 꺼내 생각 정리를 한다. 그리고 어디를 가든 분노 일기를 들고 다닌다.

이제 그녀는 자신의 생각과 감정을 다른 사람들에게 표현하기 전에 먼저 일기에 정리하고 검토한다. 이는 초기 반응이나 상태보다는 그녀가 선택한 이차적 감정에 기초해 더 명확하게 의사소통을 하게 해준다. 일기 쓰기와 자신에 대한 이해는 감정적으로 힘든 상황에서 선입견을 갖지 않도록 도와준다. 그녀가 만들어가고 싶은 삶과 현재를 연결해준다.

그녀는 자신의 요구를 전달하는 법을 배웠다. 이제 그녀는 사람들과의 경계 설정을 더 잘한다. 비위를 맞추려는 행동도 덜 한다. 한 인간으로서 정서와 유연성이 발전하여 성격도 변했다. 그녀는 덜 경직되고 과거에 덜 얽매이며, 현실에 더 충실하고 더 많은 사람과 관계를 맺으며 미래가 이끄는 길로 나아간다.

제인의 이야기는 그녀 자신의 이야기이자 많은 사람의 이야기다. 사람들은 저마다 다른 이유로 통증을 경험한다. 나는 의학적 조언을 해줄 자격도 없고 그럴 의도도 없지만 얼마나 많은 사람이 심리적 트라우마에서 비롯된 이유로 만성적인 신체적 고통에 시달리는지 놀랍기만 하다.

이제부터 우리의 감정과 잠재의식, 신체 간의 연관성을 탐색한 여러 연구 결과를 분석할 것이다. 과학은 사람들의 일반적인 경향을 설명하지만 각 개인의 상황은 독특하므로 그중 어느 것도 의학적 조언으로 받아들여서는 안 된다는 사실을 유념하자.

결국 잠재의식이
전부다

우리는 기억을 추상적이고 정신적인 것으로 생각하는 경향이 있지만 사실 기억은 신체적이고 생리적인 것이다. 나의 신체는 과거의 증거다. 이전에 있었던 모든 일이 체화된 기억이다. 외상 후 스트레스 장애의 세계적인 권위자인 베셀 반 데어 콜크의 책 제목처럼 '몸은 기억한다.'[2]

우리 삶의 경험들은 우리의 생리生理가 된다. 그 경험들은 우리 몸의 특정 영역에 기억으로 저장된다. 제인의 경우 수상스키 사고의 트라우마가 다리에 기억으로 저장됐다. UCLA 사회유전체핵심연구소UCLA Social Genomics Core Laboratory 소장 스티븐 콜Steven Cole이 말했듯이 "세포는 경험을 생물학으로 바꾸는 기관이다."[3]

254

감정과 기억의 화학작용

제인의 이야기는 감정과 신체 사이의 근본적인 연관성을 부각시킨다. 어떤 의학 전문가도 좀처럼 연결 짓지 않지만 사실 이 둘은 같은 것이다. 감정은 몸과 기억, 정체성을 하나로 묶어주는 접착제다. 우리는 기억과 마찬가지로 감정이 마음속에만 있는 추상적인 것이라고 생각한다. 그러나 그렇지 않다. 감정은 신체적인 것이다.

다시 말하지만 감정과 기억은 당신 몸 안의 물리적인 표지다. 분자생물학자이자 신경과학자인 캔디스 퍼트Candace Pert에 따르면 우리 몸 전체의 모든 세포 표면에는 뉴로펩티드neuropeptide를 통해 메시지를 받는 수용체가 분포해 있다. 뉴로펩티드는 우리 몸과 뇌 전체에 정보를 전달하는 작은 단백질 분자다. 퍼트는 우리 뇌와 몸 전체에 전달되고 저장되는 정보는 바로 감정이라고 설명하면서 뉴로펩티드를 감정 분자molecules of emotion 라고 부른다.[4]

뇌와 몸 전체에 전달되는 정보는 본질적으로 감정적이다. 그리고 그 정보(감정적 내용)는 몸이 된다. 따라서 우리가 한 경험은 우리의 관점과 정체성을 형성할 뿐 아니라 바로 우리의 생리가 된다.

이 사실이 왜 중요한가? 우리 몸을 바라보는 시각을 재구성해 감정적인 체계로 볼 필요가 있기 때문이다. 감정은 화학작용이며 우리 몸은 이들 화학물질에 익숙해지거나 습관화된다. 도파민을 예로 들어보자. 당신의 몸은 일정 수준의 도파민 분비에 익숙해지고 이 화학물질이 줄어들면 말 그대로 몸이 더 요구한다. 그 결과 의식적인 생각 없

이 스마트폰으로 손이 향하고 과거에 반복해왔던 대로 잠재의식에 따라 행동한다.[5]

우리는 늘 이런 자신의 모습을 발견한다. 우리는 습관적으로나 중독적으로 하는 일이 아주 많다. 무의식적으로 행동을 반복하는 이유는 그런 행동이 만들어내는 감정에 우리 몸이 중독되었기 때문이다. 감정은 몸 전체에 전달되고 방출되는 화학물질로서 물리적 신체에 항상성homeostasis을 재현한다.

이것이 중독을 극복하기가 그토록 어려운 이유다. 중독은 단순히 정신장애가 아니라 신체적 문제다. 중독 상태를 바꾸려면 생리를 완전히 바꿔야 한다. 새로운 정체성, 새로운 이야기, 새로운 환경, 새로운 몸을 가진 미래의 자신이 필요하다.

나는 어떤 화학물질에 중독되어 있는가? 어떤 감정이 몸에 기운을 불어넣는가? 많은 사람이 스트레스 호르몬인 코르티솔에 중독되어 있다. 그들은 스트레스를 받지 않으면 불안해져서 스트레스를 주는 일을 계속한다.

게이 헨드릭스Gay Hendricks는 그의 책 《도약》The Big Leap에서 사람들이 변화를 시작할 때 익숙한 수준으로 돌아가기 위해 잠재의식에서 스스로를 방해한다고 설명한다. "우리 각자는 얼마나 많은 사랑과 성공, 창의성을 즐길지 결정해주는 자동온도조절기를 내부에 지니고 있다. 그래서 이 자동온도조절기 설정값에서 벗어나면 안전하다고 느끼는 이전의 익숙한 영역으로 다시 돌아가려고 한다."[6]

헨드릭스는 이것을 상한 문제upper limit problem라고 부른다. 우리는 삶을 개선하려고 할 때 무의식적으로 편안했던 상태로 돌아가려고 한다. 이는 감정적인 것이다. 만일 기분이 좋은 상태에 익숙하지 않다면 기분이 좋아지기 시작할 때 잠재의식이 불안해진다. 말 그대로 부정적 화학물질이 몸을 구성하고 있어서 잠재의식이 부정적 감정을 원하기 때문이다.

근본적인 변화의 시작

내 삶에서도 이런 일이 발생했다. 사실 이 책을 쓰는 동안 호되게 경험했다. 지난 몇 년 동안 나는 교육, 재정, 인맥, 가정, 전반적인 행복면에서 엄청난 도약을 했다. 하지만 작년에 그 모두를 날려버릴 뻔했다. 내 잠재의식이 그 모든 행복을 방해하려 한다는 것을 깨달았다. 카페인, 여행, 혼란에 중독되었고 글이 안 써졌다. 유튜브 영상을 보느라 엄청난 시간을 낭비했다. 동기부여를 하기가 힘들었다.

고전하는 나를 보면서 무슨 일이 벌어지고 있는지 알 수 있었다. 스스로를 괴롭히고 있음을 알아차리자 도움을 청해야겠다는 생각이 들었다. 우선 아내와 주변 사람들에게 내가 하향세를 타고 있다고 말했다. 우리는 치료를 시작했고 새로운 목표를 세우고 가족들의 일과를 크게 조정했다.

나는 미래의 자신을 다시 정했고 비전을 다시 가동했다. 앞으로 나를 이끌어줄 비전 없는 삶에는 많은 의지력을 동원하기가 힘들었다.

내게 필요한 것은 나의 정체성과 행동의 방향을 알려줄 목표였다. 내게는 표적이 필요했다.

나는 미래의 자신을 삶에 더 확고한 경계를 정하기 위한 필터로 이용했다. 이를 위해 주변 사람들에게 그들과의 관계를 재조정하고 다시 나의 믿음과 가족과 건강을 최우선순위로 둘 것이라고 어렵게 말했다. 그들은 내가 사업 계획을 변경했을 때나 예정된 강연을 취소했을 때 약간 실망하면서도 나를 존중해주고 지지해준 이들이었기에 최대한 겸손히 말했다.

이런 대화, 목적의 조정, 행동은 모두 잠재의식을 강화한다. 단지 개념적인 측면만이 아니라 근본적인 수준에서 미래의 자신에 더 가까워지도록 해준다. 이는 딥 워크deep work(칼 뉴포트가 제시한 개념으로 능력을 최대로 끌어올리는 몰입 상태에서 수행하는 직업적 활동을 일컫는다 — 옮긴이)로서 감정적인 직업이다.

잠재의식을 바꾸지 않으면 성격을 바꾸기가 힘들다. 잠재의식을 바꾸면 성격은 자동으로 바뀐다. 삶에 강력한 변화를 일으키려면 잠재의식 수준에서 변화해야 한다. 그렇지 않으면 변화는 영구적이지 않다. 예를 들어 억지로 긍정적으로 되려고 노력할 순 있지만 잠재의식이나 신체가 부정적 감정에 익숙하다면 부정적 감정을 재생하는 행동이 기본으로 나온다. 의지력은 중독을 극복하는 데 효과가 없다. 적어도 효과적이거나 예측 가능한 방법은 아니다.

몸은 익숙한 감정적 분위기를 재현하는 행동과 경험으로 우리를 인도함으로써 항상성을 추구한다. 그것이 우리에게 가장 적합한 행동이 아니라도 말이다. 사람은 감정적 존재다. 몸은 잠재의식이며 이 잠재의식을 바꿀 유일한 방법은 감정적 틀을 바꾸는 것이다.[7]

한동안 제인은 분노와 격분에 익숙해져 있었다. 그것은 그녀가 중독되었던 감정이었다. 의식적으로 긍정적인 사람이 되기 위해 최선을 다했음에도 그녀의 삶은 그 감정들을 재현했다. 그 결과 그 감정들이 그녀의 생리가 되면서 다리 통증으로 나타났다. 뉴욕대학교 재활의학과 교수이자 의사였던 존 사노는 요통 같은 신체적 통증은 "감정으로부터 주의를 분산시키기 위해서만 존재한다. 감정적 문제를 잊는 데는 약간의 육체적 고통만 한 것이 없다."라고 주장한다. 사노는 이것이 신체의 생존 메커니즘이라고 설명한다. 왜냐하면 감정적 고통보다 육체적 고통을 안고 사는 것이 더 쉽기 때문이다.[8]

많은 경우 신체적 고통의 원인은 신체가 아니라 감정에 있다. 그동안 감정을 억눌러왔다는 사실을 받아들이고 감정을 표현하고 재구성하는 법을 배울 때 통증은 더 이상 신체적 문제가 아닐 것이다.

스티븐 오재니치는 저서 《통증의 속임수》에서 다음과 같이 말한다. "통증이나 다른 만성적 증상은 해결되지 않은 내적 갈등의 신체적 징후들이다. 자기 생존을 위한 본능적 메커니즘에 의해 증상들이 나타난다. 그것들은 사실 내면의 자신이 들려주고 싶은 메시지이지만 자아가 중앙 무대를 차지하고 있어서 무의식의 그림자 속, 즉 몸에 진실을 숨긴다."[9]

잠재의식을 바꾸면 성격도 바뀐다. 성격은 현재 감정 상태의 부산물 또는 반영일 뿐이다. 계속 감정을 억압한다면 단지 거기에 대처하거나 회피하는 성격을 갖게 된다.[10] 변하지 않는 트라우마와 여기서 형성되는 고정 마인드셋은 상상력을 저해한다. 미래의 자신과 목적은 사라지거나 극도로 제한된다. 그 결과 자신이 될 수 있었던 것보다 훨씬 못한 모습이 된다. 자신이 억압하고 있는 고통을 마비시키는 감정을 만들어내기 위해 행동을 하고 상황을 만든다. 이것은 당신이 하고 싶은 일이 아니다. 당신이 되고 싶은 사람이 아니다.

[**Change Point**]

- 왜 나는 지금의 내가 되었는가?
- 그런 사람이 된 것은 내가 선택한 것인가, 인생 경험들에 대해 단지 반응한 것인가?
- 내가 정말로 원하는 사람이 된다면 어떻게 될까?
- 만일 고통을 회피하기를 그만둔다면 어떻게 될까?

일주일에 한 번은
단식하라

가장 좋은 약은 휴식과 단식이다.[11]
_벤저민 프랭클린

18시간 이상의 단식은 잠재의식을 강화하는 가장 강력한 방법이다. 몸이 곧 잠재의식임을 고려하면 의도적인 단식은 몸이 소화에 들이는 에너지를 아끼고 쉴 수 있도록 재설정해준다.

단식은 니코틴, 알코올, 카페인 및 기타 약물에 대한 갈망을 빠르게 없애주는 것으로 밝혀졌다.[12] 또한 도파민과 같은 카테콜아민catechol-amine(교감신경 자극 전달물질로 도파민, 노르에피네프린, 에피네프린이 있다—옮긴이) 수치를 높여 행복감과 자신감을 높이고 불안을 줄여준다.[13] 단식은 실제로 뇌세포의 수도 증가시킨다.[14]

단식은 수명을 늘리기도 한다.[15] 연구에 따르면 연령 증가로 인한 인지 및 운동 능력(신체 균형 등)의 저하도 단식으로 높일 수 있다.[16] 단식은 노화, 인지력 저하, 만성 질환을 초래하는 인지 스트레스인자cognitive stressor도 줄여준다.[17] 단식이 전반적인 수면의 질을 향상시켜 집중, 학습, 기억, 정보 이해력을 높인다는 연구 결과도 있다.[18·19] 예일대학교의 한 연구에서는 공복 상태가 사고와 집중을 더 잘할 수 있게 해준다는 사실을 발견했다.[20] 그래서 베스트셀러 작가 말콤 글래드웰Malcome Gladwell을 비롯해 많은 사람이 일부러 아침을 거르고 창조적인 일에 더 집중한다.[21]

단식하면 얻을 수 있는 것들

단식의 이점에 관해 쓴 책들은 많다. 하지만 잠재의식의 강화와 관련해서 우리가 알아야 할 점은 단식이 사신감, 성서석 유연성, 자제력을 향상시킨다는 것이다. 단식은 우리가 더 깊은 내면에 닿게 해주는 신체적, 정서적 훈련 방법이다.

나는 약 15년 동안 꾸준히 단식을 실천했다. 대개 한 달에 한두 번 24시간 동안 아무것도 먹지도 마시지도 않는다. 때로는 내킬 때마다 단식을 한다. 이렇게 종종 단식을 실천한 덕분에 의사결정 능력뿐 아니라 정신적 명료함과 집중력이 크게 향상됐다.

규칙적으로 단식하는 습관은 미래의 자신을 명확히 하고 그 방향으로 변화하는 데 큰 도움이 된다. 단식 상태에서는 더 직관적으로 미래의 자신과 연결될 수 있다. 즉 자신이 어떤 사람이 되고 싶은지 시각화하고 결정할 수 있다. 뭔가 심각하거나 중요한 결정을 내리려 한다면 단식을 고려해보라. 종교적인 관점에서 보면 단식과 기도는 밀접한 관련이 있다. 이 두 가지는 자신을 가두는 것에서 벗어나게 해줄 뿐 아니라 자신이 무엇을 하려고 하는지 명확히 하는 데 도움을 준다.

단식하는 방법에는 여러 가지가 있다. 16~24시간 동안 음식과 열량 함유 음료를 끊는 것은 정신적, 육체적 치유와 연결에 효과적이다. 기술, 특히 인터넷을 24시간 이상 금하는 것은 자기 자신과의 관계를 돌아보는 좋은 방법이다.

일주일에 한 번 음식과 인터넷으로부터 벗어나 휴식을 취해보자. 그러면 얼마나 명료해지고 자신감이 생기는지 깜짝 놀랄 것이다. 특정한 목적으로 시도하는 금식은 더 강력한 경험을 선물한다. 의도적으로 어떤 일을 할 때는 활동이 크게 개선되고 이로써 절정 경험을 하게 된다.

나는 단식하는 동안 여러 번 내 인생에서 중요한 결정을 내리거나 삶의 변화를 꾀하는 데 필요한 통찰을 얻었다. 나 자신에게 음식과 인터넷으로부터의 휴식을 주지 않았다면 그런 명확함을 얻지 못했으며 지금의 자리까지 오지 못했을 것이다.

나눌수록 부자가 되는
잠재의식의 법칙

스스로 좋은 것을 누릴 자격이 있다고 느껴야 한다. …
수입의 일부를 자선단체에 정기적으로 기부하는 건 앞으로 주어질 것들을
받을 자격이 있다고 잠재의식을 설득하는 방법이다.
이렇게 하면 잠재의식이 방해를 끝낼 뿐 아니라 당신의 탐색을 적극적으로 지원하기 시작한다.[22]
_다니엘 라핀

기능직 자기공명영상MRI 으로 실험한 한 연구에 따르면 자선 기부가 행복감과 연관이 있다고 한다.[23] 다른 연구 결과들에서도 선물하거나 자선 기부 같은 이타적 재무 행동이 행복과 관련이 있는 것으로 나타났다.[24] 행복은 성공적 결과와도 연관이 있음을 보여준 연구도 있다.[25] 따라서 기부 활동이나 재테크 등 나를 행복하게 해주는 행동을 하는 것은 분명히 가치 있는 일이다.

행복을 안겨준다는 것도 좋지만 기부는 잠재의식에 가시적이고 강력한 영향을 미친다. 기부는 내가 남들에게 베푸는 사람이라는 강력한 신호를 자신에게 보내며 잠재의식을 고무한다. 그래서 우리는 정체성을 확장시키는 도구로 기부를 활용해야 한다.

생각한 크기만큼 돈을 번다

종교적인 예이기는 하지만 조지 캐넌George Cannon의 이야기는 자선 기부가 정체성을 어떻게 변화시킬 수 있는지 잘 보여준다.

캐넌은 기독교인이었다. 그는 성경에서 강조하는 대로 수입의 10퍼센트를 십일조로 바쳐 자신의 신앙심을 증명했다. 가난한 젊은이였음에도 불구하고 십일조를 대하는 그의 자세는 매우 혁신적이었다. 벌어들인 돈의 10퍼센트를 내는 대신 앞으로 벌어들이겠다고 계획한 돈에서 10퍼센트를 내겠다고 결정한 것이다.

정신건강학자이자 심리치료사인 웬디 왓슨 넬슨Wendy Watson Nelson은 강연 중에 캐넌의 이야기를 꺼내며 이렇게 말했다. "가난한 청년 조지가 십일조를 많이 낸다고 주교님이 말하자 조지는 이렇게 말했습니다. '주교님, 저는 번 돈에서 십일조를 내는 게 아닙니다. 제가 벌고 싶은 돈에서 십일조를 내고 있습니다.' 그리고 다음 해에 조지는 정확히 전년도에 낸 십일조의 10배를 벌었습니다."[26]

조지는 거래하듯 십일조에 접근하지 않았다. 그는 십일조를 비용으로 보지 않고 미래의 자신 그리고 하느님과 자신의 관계에 대한 투자로 봤다. 이런 행동은 조지의 잠재의식을 향상시켰다. 그는 현재나 과거가 아니라 미래의 자신처럼 행동했다.

미래에 낼 수 있는 십일조를 냄으로써 그는 자신이 충분히 그럴 수 있는 사람이라고 믿고자 했다. 그래서 재정적으로나 심리적으로, 심지어 영적으로도 영감을 구하고 믿음으로 행동했다. 그는 벌고 싶은 돈의 10퍼센트를 십일조로 '투자'하고 투자한 금액의 10배를 버는 사람의 시선에서 행동했다. 그 결과 조지는 빠르게 자신이 생각했던 사람이 되었다.

나는 2017년 1월에 처음으로 이 이야기를 들었다. 그 후부터 자선 기부를 우선순위에 두었고 정말로 수입이 극적으로 증가했다. 하지만 단순히 수입의 증가에 그치지 않았으며 나의 정체성과 자신감이 변했다. 나는 내게 더 큰 학습 능력과 성장 능력이 있다고 믿게 됐다. 훨씬 더 유연해졌으며 일이 내가 가고자 하는 대로, 내가 원하는 방식대로 될 거라는 확신과 믿음도 더 커졌다. 용감한 도약을 할 용의도 더 커졌다.

나는 타당한 일이라면 도움이 필요한 사람을 도울 기회도 놓치지 않는다. 최근에 우버 택시를 탔는데 택시 기사가 아이가 넷인 50대 초반의 싱글맘이었다. 그녀는 사녀들을 대학까지 보내기 위해 일수일에 60시간 이상 일하고 있었다. 자신도 학위를 마치고 싶었지만 각종 청구서 대금 때문에 어찌할 도리가 없다고 했다. 나는 몇백 달러 금액의 청구서 중 하나를 내주기로 했다. 그렇게 하면 그녀는 예상보다 1년 일찍 학교로 돌아갈 수 있었다.

그녀는 눈물이 차오른 눈으로 나를 보며 믿기지 않는다고 했다. 내 선물이 그녀에게 미친 영향에 오히려 내가 놀랐다. 나는 더 많은 사람을 도울 수 있도록 재무 상황을 개선하고 싶어졌고, 이로써 내 잠재의식과 미래의 자신이 확장되는 경험을 했다.

자선 기부는 잠재의식을 강화하는 강력한 기법이다. 더 많이 기부할

수록 기부할 수 있는 역량이 커진다. 마크 빅터 한센Mark Victor Hansen과 로버트 앨런Robert Allen의 설명을 들어보자. "기부는 우리와 우리의 생각 그리고 결과를 두 배로 만든다. … 마치 풍요로운 바다와 같아서 티스푼, 양동이, 트레일러로 퍼 올려도 상관없다."[27]

미래의 자신이 되려면 깊은 잠재의식의 수준에서 자신을 변화시켜야 한다. 희망 사항이라며 가끔 속으로 떠올리는 것으로는 충분하지 않다. 행동에 나서야 하며 정체성을 바꾸고 절정 경험을 해야 한다. 단식과 자선 기부는 잠재의식을 강화하는 많은 행동 가운데 겨우 두 가지일 뿐이다.

나는 과거의 행동들로 규정되는 게 아니라 미래의 행동으로 정의되어야 한다. 과거의 경험들로 규정되는 게 아니라 미래에 할 절정 경험들, 내가 계획한 사람으로 바꿔줄 경험들로 정의되어야 한다.

PERSONALITY I

최고의 변화를 만드는 **네 번째 레버**

'환경'을 바꾼다

인생을 바꾸는
가장 빠른 방법

환경을 바꾸면 세포의 운명이 바뀐다. 동일한 근육 전구물질로 시작했지만 환경이 바뀌자
실제로 골세포를 형성하기 시작했다. 조건을 더 바꾸면 그 세포들은 지방세포가 됐다.
모든 세포는 유전자상으로 동일했으나 그 운명은 내가 배치한 환경의 지배를 받았다.[1]
_브루스 립턴

1979년 하버드대학교의 심리학자 엘렌 랭어와 대학원생들은 한 건물
의 내부를 20년 전인 1959년처럼 꾸몄다. 흑백텔레비전과 낡은 가구
를 놓고 1950년대의 잡지와 책을 여기저기 비치했다. 앞으로 닷새 동
안 이곳에서 70~80대 남성 여덟 명이 지낼 예정이었다.[2]

연구에 참여하기 위해 그 건물에 도착한 노인들은 지난날을 서로 이
야기하는 데 그치지 말고 실제로 20년 전처럼 행동해야 한다는 말을
들었다.

"그렇게 하면 정말로 1959년의 여러분으로 돌아간 것처럼 느낄 겁
니다."

그 순간부터 노인들은 70대가 아니라 50대처럼 취급받았다. 몇 명

은 구부정한 몸에 지팡이를 짚고 걸어야 했지만 소지품을 들고 계단을 올라갈 때 아무도 도와주지 않았다. 연구 조교가 말했다.

"한 번에 셔츠 한 벌씩 옮기세요."

노인들은 그곳에서 라디오를 듣고 영화를 보고 1959년 당시의 스포츠 경기나 시사 문제를 토론하며 하루하루를 보냈다. 1959년 이후에 일어난 어떤 사건도 화제로 올릴 수 없었고 가족과 경력도 1959년에 맞춰 이야기했다.

이 연구의 목적은 그들을 과거 속에 살게 하는 게 아니었다. 훨씬 젊은 사람의 에너지와 생물학적 반응을 보여주도록 그들의 마음과 몸을 자극하는 것이 목표였다. 결과는 어땠을까? 간단히 말하면 그들은 더 젊어졌다. 실제로 키가 커졌다. 청력, 시력, 기억력, 몸놀림, 식욕이 눈에 띄게 좋아졌다. 살도 쪘는데 그 나이대의 노인들에게는 좋은 일이었다. 처음 이곳에 왔을 때 지팡이를 짚거나 사녀들의 도움에 의지했던 이들은 돌아갈 때는 자기 힘으로 가방을 들고 갔다.

엘렌 랭어와 학생들은 이들이 독립적으로 활동하기를 기대하며 노인이 아닌 개인으로 대함으로써 그들에게 자신을 다르게 볼 기회를 주었다. 이는 그들에게 실제로 생물학적인 영향을 미쳤다.

나이 든 사람이 변화를 두려워하는 까닭

우리가 타인을 어떻게 대하는가는 타인이 자신을 어떻게 보는가에 영향을 미친다. 그리고 자신을 어떻게 보는가는 마인드셋과 감정에 영향을 미친다. 하지만 이는 생물학적으로도 영향을 미친다. 이 사실이 암시하는 바는 매우 크다. 괴테의 말을 인용하자면 "우리가 (아이를) 바라보는 방식이 그들을 대하는 방식이며, 우리가 그들을 대하는 방식이 그들이 어떤 사람이 될지를 결정한다."

일반적으로 우리는 사회적 환경 속 역할들에 충실하다. 기대되는 사회적, 문화적 역할에 따르지 않으려면 극도의 의지와 결단력이 필요하다. 엘렌 랭어의 실험에서 70~80대 노인들은 평상시에 아마 스스로 가방을 들어야 한다고 생각하지 않았을 것이다. 그들의 의견은 수년 동안 중요하지 않았다. 그들은 더 강하고 젊고 자신감 있었을 때의 기분을 잊은 지 오래였다. 하지만 새로운 상황에 놓이고 그 환경에서의 역할을 수행하면서 그들은 변화했다.

새로운 환경에 들어가고 새로운 사람들에 둘러싸이고 새로운 역할을 맡는 것은 좋든 나쁘든 성격을 바꾸는 가장 빠른 방법이다. 맡은 역할에 완전히 몰입하면 밖에서부터 안으로 변한다. 성격은 자신이 하는 역할과 자신이 놓인 상황에 기초해 끊임없이 변한다는 것을 이제는 확신했기를 바란다.

성격personality이라는 단어는 라틴어 페르소나persona에서 왔다. 고대에 페르소나는 배우가 연극에서 쓰는 가면이었다. 배우가 연기하는 인물을 의미하기도 했다. 다른 가면을 쓰거나 다른 인물을 맡으면 다른 페르소나를 그려낸다. 셰익스피어가 썼듯이 "모든 세계가 무대이며 모든 남녀는 배우일 뿐, 그들은 등장했다 퇴장하며 한 사람이 여러

배역을 연기한다."[3]

다음 질문을 잠시 생각해보자. '나는 항상 같은 사람인가?' 이상한 질문처럼 느껴질 수도 있다. 내적으로는 항상 자신이 같을 테니 말이다. 하지만 실제로 그럴까? 정말 모든 상황과 환경에서 같은 사람처럼 느껴지는가? 그렇지 않다. 어떤 상황에서는 지루해하거나 어색해하거나 수줍어할 수 있다. 어떤 상황에서는 의기양양해할 수도 있다. 당신이 보여주는 모습은 상황에 따라 각기 다르다.

집이 강도에게 털렸을 때의 나는 비행기나 직장, 록 콘서트장에 앉아 있을 때의 나와 다르다. 고등학교 친구들과 함께 있을 때는 어리고 덜 성숙한 모습이 나올 수도 있다. 나는 더 내향적일 때도 있고 더 외향적일 때도 있다.

그런데 여기에 흥미로운 사실이 한 가지 있다. 사람은 나이를 먹으면서 새로운 상황, 경험, 환경에 관여하기를 멈추는 경향이 있다. 달리 말하면 새로운 상황에 들어가기를 멈추고 성격이 점점 일관성을 띠게 된다. 철학자이자 심리학자인 윌리엄 제임스William James는 사람의 성격은 기본적으로 30세까지 완전히 형성되고 굳어진다고 믿었다. 그 후의 삶은 매우 일상적이고 뻔히 예상되기 때문이다.

시대가 빠르게 변화하고 있지만 그런 패턴은 여전히 비슷하다. 예를 들어 30대가 되면 첫 경험이 그리 많지 않다. 아동기, 10대 시절 그리고 20대까지도 첫 키스, 첫 운전, 첫 직장, 첫 실패, 첫 이사 등 처음 하는 경험들이 많다. 하지만 어느 순간 우리는 정착한다. 우리의 새롭고 다른 면을 끌어내는 새로운 역할과 상황에 관여하기를 멈춘다. 사회적 역할에서나 환경에서나 생활은 일상이 되어 뻔히 예측할 수 있는 행동과 태도를 보이기 시작한다. 이는 시간이 지나면서 성격이 안정적이고 예측 가능한 것처럼 보이는 핵심 이유다. 성격 자체가 안정되는 것이 아니라 일상적인 환경과 일관된 사회적 역할로 같은 패턴이 반복되는 것이다.

스탠퍼드대학교의 심리학자 리 로스Lee Ross에 따르면 "우리는 상황의 영향력 때문에 일상생활에서 일관성을 목격한다."[4] 로스는 한 사람이 얼마나 일관성을 보이는지 결정하는 것은 사람이 아니라 상황이라고 부연 설명한다. "사람들이 예측 가능한 건 사실이다. … 하지만 그들이 예측 가능한 이유는 우리가 그들이 처한 상황과 역할, 우리와의 관계 때문에 행동이 제한되는 상황에서 그들을 보기 때문이다."

관계론적으로 세상 보기

성격의 5요인(개방성, 성실성, 외향성, 우호성, 신경증)에 대한 연구는 사람이 나이가 들면서 점점 더 새로운 경험을 하지 않으려 한다는 사실을 보여준다. 사람들은 새로운 유형의 사람들을 주변에 두기를 멈춘다. 새로운 역할과 새로운 환경에 관여하기를 멈춘다. 새로운 도전을 멈추고 새로운 감정을 경험하기를 멈춘다. 그리고 빨리 늙어간다.

심리적으로 경직된 사람일수록 자신은 어떤 상황에 놓이든 똑같은 사람이라고 보는 편이며 심지어 그러려고 한다. 이런 편협한 접근 방식으로는 다른 상황에서는 다른 사람이 되어야 할 뿐 아니라 다른 사람이 될 수밖에 없다는 생각을 잘 하지 못한다.[5]

서구적 관점에서는 이 점이 잘 이해되지 않을 수 있다. 서구인들은 맥락과 상관없이 사물 또는 사람을 이해할 수 있다고 가정하는 원자론적atomistic 관점으로 세상을 보는 경향이 있다. 이 관점은 기본적으로 사물을 맥락으로부터 분리하고 추상화해서 본질적 특성을 설명하고자 한다. 이런 원자론적 세계관은 우리 문화가 습관과 비법 같은 개인적 특성에 집착하는 이유다. 성격을 변하지 않는 고정된 것으로 보는 이유이기도 하며 성격 검사를 좋아하는 이유이기도 하다.

좀 더 정확하고 과학적인 관점은 세상을 관계론적으로 보는 것이다. 관계론적 세계관relational worldview은 어떤 것도 맥락을 벗어나서는 이해할 수 없다고 본다.[6] 사실 사물의 의미를 결정하는 것은 맥락이나 사물 간의 관계다. 사랑하는 사람을 잃는다면 그 사람만 잃는 게 아니라 그들과 함께했던 당시의 자신도 잃는 것이다. 모든 죽음은 자신의 상실을 포함한다. 반대로 새로운 사람을 만나거나 새로운 관계를 맺으면 새로운 자신의 창조로 이어진다.

로렌과 나의 관계는 우리 각자를 지금의 모습으로 만든다. 내 관점에서 본 로렌이라는 사람은 다른 사람의 관점에서 본 로렌이란 사람과 크게 다르다. 로렌의 맥락을 바꾸면 로렌도 바뀐다. 마찬가지로 나라는 사람도 맥락 안에서만 이해될 수 있다. 만일 다른 시기와 다른 장소에서 성장했다면 지금과는 다른 사람이 되어 다른 기억과 관계, 믿음을 갖고 있을 것이다. 만일 2,000년 전 다른 문화 속에서 살았다면 스마트폰에 중독되지 않았을 것이며 의복, 사람, 오락, 목표에 관한 관심도 달랐을 것이다.

성격은 우리를 둘러싸고 있는 것들로 형성된다. 문화는 보이지 않기에 종종 무시되곤 하지만 사실은 우리의 정체성과 행동, 관계, 성격을 형성한다. 그러므로 일관된 환경에서 일관된 사회적 역할을 수행한다면 시간이 지나면서 성격이 안정적이고 일관되게 보일 것이다. 예를 들어 또래 집단이 행동과 선택에 강한 영향을 미친다는 것을 보여주는 연구들이 많은데[7] 그런 연구에 따르면 또래 집단과 사회 집단은 구체적으로 다음과 같은 것들에 영향을 미친다.

- 학업 성취
- 대학 및 전공 선택
- 직장에서의 생산성
- 학교 및 다른 생활 영역에서의 부정행위 여부
- 특별활동 여부와 의무 사항 밖의 활동을 할 가능성
- 흡연, 유해 약물 복용, 음주 같은 일탈 행동을 할 가능성
- 범죄 행위에 연루될 가능성
- 재정적 결정과 궁극적인 재무 성과
- 기업가가 될 가능성

우리가 속한 사회 집단과 또래 집단은 우리의 정체성, 자신을 보는 시각, 미래의 모습을 형성한다. 개인은 집단의 문화에 맞는 행동을 하

며 또래 집단 내에서 자신의 역할과 정체성을 개발한다. 또래 집단은 개인의 선택, 목표, 인생을 결정한다.

로렌과 사귈 때 내 고등학교 친구 몇 명을 함께 만난 적이 있었다. 그 자리에서 로렌은 몰랐던 내 모습을 봤고 솔직히 그 모습을 좋아하지 않았다. 정말이지 로렌과 나는 고등학교 시절이었다면 연인은 고사하고 친구도 되지 못했을 것이다. 예전 친구들과 있으면 나는 곧바로 고등학생이었을 때의 역할, 정체성, 행동으로 돌아갔으며 심지어 말투도 바뀌었다. 로렌은 한순간에 자신의 남편 벤저민이 고등학생 벤저민으로 바뀌는 것을 봤다. 모두 맥락과 역할의 신속한 변화 때문이었다.

그날 밤 집으로 오는 동안 로렌은 방금 본 내가 마음에 들지 않는다고 말했다. 그녀는 매우 놀란 듯했다. 현재와 과거의 나는 매우 다른 사람이지만 역할과 맥락이 달라지면 과거의 모습이 바로 나올 수 있다는 게 분명해졌기 때문이다. 나는 과거가 아니라 미래를 위해 노력하고 있다고 말하며 그녀를 안심시켰다.

이런 점을 고려하면 성격 검사에서 받는 점수가 상황 요인에 크게 영향을 받는다는 연구 결과들은 놀랍지 않다. 성격의 5요인 모델은 다른 문화에서는 서구나 미국에서처럼 성격을 잘 측정해주지도 못한다. 다른 문화권의 사람들은 성격을 다르게 보고 성격 검사에 다르게 반응하기 때문이다.[8]

또한 연구에 따르면 성격 검사를 받는 특정 조건이 검사 결과를 좌우하기도 한다. 한 연구에서는 참여자들에게 두 번에 걸쳐 동일한 성격 검사를 받게 했다. 참여자의 절반은 두 번 모두 같은 사람에게 검사를 받았고 나머지 절반은 다른 두 명에게 검사를 받았다. 이 연구를 진행한 심리학자 크리스토퍼 소토는 이렇게 보고했다. "가장 놀라웠던 점은 같은 사람에게 두 번 검사를 받았을 때는 두 번 모두 응답이 상당히 일관성이 있었다는 점이다. … 그러나 다른 사람에게 검사를 받았을 때는 두 번의 응답 사이에 관련이 없는 경우가 많았다."[9]

무엇에 에워싸여 있는가에 따라 우리는 다르게 행동한다. 따라서 이 장에서는 우리가 환경에 좀 더 전략적인 자세를 갖도록 돕고자 한다. 지금 우리를 둘러싼 상황에 대해 좀 더 진지하게 생각하고 의도적으로 행동하기 전까지 우리는 결코 되고 싶은 사람이 될 수 없다.

사람들은 환경의 산물에 지나지 않는 경우가 많지만 이제는 환경이 당신이 원하는 결과와 일치하도록 만들어보자. 그렇게 하면 성격은 유기적으로 따라온다.

앞으로 이어지는 내용에서는 아래와 같은 환경 설계의 기본 전략 세 가지를 제시할 것이다.

1. 전략적 기억
2. 전략적 무시
3. 강제 기능

- 마지막으로 뭔가를 처음 해본 때가 언제인가?

- 마지막으로 예측할 수 없는 일을 해본 때가 언제인가?

- 마지막으로 새로운 환경에 들어가거나 새로운 역할을 해본 때가 언제인가?

- 5년 넘게 입지 않은 옷이 옷장 안에 있는가?

환경 설계의 법칙 1

전략적으로 기억한다

미국의 화가 제임스 휘슬러James Whistler 의 작은 장미 가지가 들어간 그
림을 본 적이 있는가? 이 그림은 당시 많은 화가와 수집가들의 감탄
을 자아냈다. 화가들은 그 그림에서 영감이 느껴진다며 부러워했다.
마치 그림을 그리는 동안 신의 손길이 휘슬러에게 닿은 듯했다. 수집
가들은 당연히 그림을 사고 싶어 했다. 그러나 휘슬러는 이 작품을 팔
지 않고 곁에 두면서 자신이 어떤 그림을 그릴 수 있는지 끊임없이 상
기했다고 한다. 그는 이렇게 말했다.

　내 손이 정교함을 잃었다고 느낄 때마다, 내 능력이 의심스러울 때마
다 작은 장미 가지 그림을 보며 혼잣말을 한다. "휘슬러, 네가 그린

그림이야. 네 손으로 그렸어. 네 상상력으로 저런 색채를 떠올렸어. 네 솜씨로 장미를 캔버스에 옮겼지." 그러면서 저런 훌륭한 그림을 그렸으니 언제든 다시 그릴 수 있다고 생각한다.[10]

휘슬러는 자신의 환경에 대해 전략적인 인물이었다. 그가 느끼고 싶은 것과 기억하고 싶은 것을 가까이 두고 활용하고자 했다. 작업대 근처에 놓아둔 그 작품은 그가 그리고 싶은 그림의 수준을 계속해서 상기시키는 역할을 했다. 또한 다른 시각으로 자신을 보도록 영감을 주었고 우울하거나 좌절감이 들 때 사기를 높여주었다.

휘슬러처럼 당신도 무엇을 기억할지에 대해 전략적일 필요가 있다. 미래의 자신을 계속해서 상기시킬 환경이 필요하다. 환경을 통해 미래의 자신을 계속해서 마주하지 못한다면 다른 자신이 활성화된다.

마음을 일으키는 상징적 물건들

우리가 몇 년 혹은 몇십 년 동안 몹시 충격적인 경험을 기억한다는 사실에도 대체로 인간은 믿을 수 없을 정도로 잘 망각한다. 차를 어디에 주차했는지 잊기도 하고 아이에게 아침에 도넛을 사주겠다고 약속해 놓고 잊기도 한다. 심지어 삶에서 진정으로 원하는 것을 잊을 때도 있다. 바쁜 생활과 청구서를 지불하기에 급급한 일상에 묻힐 수도 있다. 메러디스 윌슨Meredith Willson이 쓴 브로드웨이의 인기 뮤지컬 〈뮤직 맨〉

The Music Man의 가사처럼 '내일만 찾다 보면 무의미하게 보낸 어제만 남을 것이다.'[11]

제임스 휘슬러만 전략적 기억을 위해 환경을 설계한 것은 아니다. 작가이자 팟캐스터인 팀 페리스Tim Ferriss는 데이비드 슈워츠의《크게 생각할수록 크게 이룬다》를 표지가 보이게 책꽂이에 꽂아둔다. 페리스는 성장기에 그 책을 읽으면서 인생이 바뀌었다. 이제 그 책은 더 크게 생각하고 행동하도록 촉발하는 역할을 한다. 그는 그 책의 표지만 보면 즉시 마인드셋과 감정, 정체성의 변화를 경험한다.

중요한 것을 경고하거나 상기시키는 데도 기념물을 사용할 수 있다. 작가인 라이언 홀리데이Ryan Holiday는 '죽음을 기억하라'는 뜻의 '메멘토 모리'Memento Mori라는 문구가 새겨진 동전을 주머니에 넣고 다닌다. 홀리데이는 이 동전을 계속 가지고 다니면서 자신의 유한성을 상기하며 우선순위를 둔 일에 집중하려 한다.

나는 내가 가장 원하는 정체성을 전략적으로 기억하고 그에 따라 살기 위해 최근 문화디자인 회사인 게이핑보이드Gapingvoid에서 제작한 컬처 월culture wall을 설치했다. 컬처 월은 자신이 가장 중요시하는 신념이나 포부를 12가지 이상 정리하고 각각을 일러스트 작품으로 만들어 벽에 격자 형태로 설치한 것이다. 이것은 언제든 몰입을 가능하게 해주는 상징들로 구성된 아이디어의 신전이라고도 할 수 있다. 우리 집에 설치한 컬처 월은 나뿐만 아니라 아이들도 계속 떠올리기를 바라는 나의 이상들이 담겨 있다. 집에서 날마다 몇 번씩 보는 컬처 월의 글귀들을 아이들이 따라 말하는 모습을 보면 즐거워진다.

'옳은 일을 하고 결과가 따라오도록 하라.'

'완벽한 것보다는 다작이 낫다.'

'오전 8시 이전 시간을 어떻게 보내는가가 삶을 좌우한다.'

'100퍼센트가 98퍼센트보다 쉽다.'

'모든 것을 기대하되 어떤 것에도 집착하지 마라.'

'지능의 척도는 변화하는 능력이다.'

'소원을 성취한 기분을 상상해보라.'

'불확실성 없이 자유로울 수 없다.'

'지금까지의 성공 방식이 미래의 성공을 보장하지 않는다.'

'어떤 일에서든 전직으로 불리지 마라.'

'과거를 바꾸려면 미래를 수용하라.'

'감사가 상황을 변화시킨다.'

'좋은 목재는 쉽게 사라지 않는다.'

'배수진을 치기 전까지 되는 일은 아무것도 없다.'

이 글귀들은 내가 나 자신과 아이들에게 심어주고 싶은 믿음이다. 위층으로 올라가는 길에 컬처 월을 지나칠 때마다 분주한 생활 속에서 때때로 잊곤 하는 꿈들을 떠올린다.

환경은 우리가 되고자 하는 모습을 전략적으로 상기시키는 것들로 가득해서 미래의 자신이 되는 데 도움을 주어야 한다. 휘슬러에게 장미 그림은 단순한 장미 그림 이상이었다. 깊은 의미를 상징하는 작품이었고 그림을 보는 즉시 그의 정체성과 감정은 자신감 부족 상태에서 활력 있고 유능한 상태로 바뀌었다. 눈 깜박할 사이에 그는 미래의 자신과 목표의 영향력을 느끼고 감정이 바뀌면서 더 강력해진 정체성으로 작품을 그릴 수 있었다. 그것이 전략적 기억의 힘이다.

의도적으로 텔레비전 없애기

의미 있고 성장하는 삶을 살아가려면 변혁적인 자극들로 환경을 사전 설계해야 한다. 이는 대부분의 환경이 설계되는 방식과 반대다. 대부분의 환경은 바람직하지 않고 해결되지 않은 감정들을 불러일으키는 부정적인 자극들로 가득하다.

과거의 자신이 아니라 미래의 자신을 생각하게 할 자극을 만들어라. 미래를 상기시킬 환경을 전략적으로 설계했다고 생각해보라. 오로지 과거만 기억할 필요는 없다. 눈을 뜨고 주변 환경을 둘러보라. 아직도 대학 시절의 콘서트 포스터를 붙여놓았는가? 벽에 걸어둔 미술 작품, 사진들은 미래의 자신을 상징하는가? 지금 이 환경은 나를 앞으로 나아가게 하는가, 아니면 뒤로 물러나게 하는가?

정말로 미래의 자신이 되려면 과거가 아닌 미래의 자신을 상기시키는 환경이 필요하다. 끊임없이 상기하지 않고는 목표가 현실이 되지 않는다. 그래서 사람들은 날마다 목표를 적는다. 비행기가 항로를 이탈할 때 계속 궤도를 업데이트해야 하듯이 사람들도 자신이 어디로 가고 있는지 기억할 필요가 있다.

- 어떤 자극을 주변 환경에 설치할 것인가?
- 그 전략적 장치들을 어디에 둘 것인가?

　너무 복잡하게 만들지 마라. 예를 들어 '아내에게 사랑한다고 말할 것'과 같이 잊고 싶지 않은 내용을 적은 포스트잇을 자동차 핸들이나 욕실 거울에 붙일 수도 있다. 컴퓨터의 패스워드는 미래의 자신이 사용할 문구로 바꿔라. 텔레비전이 더 이상 집의 중앙을 차지하지 않도록 옮겨라. 텔레비전을 없애고 그보다 나은 것으로 대체하면 더 좋다. 스마트폰의 모든 소셜 미디어 앱을 삭제하라. 옷장 안을 살펴보고 미래의 자신이 입지 않을 옷을 전부 없애라. 가장 높은 포부와 목표들을 상기시키는 것들로 당신의 환경을 채워라.

선택적으로 무시한다

입력하는 정보에 따라 전망이 결정된다. 전망에 따라
산출이 결정되며 산출에 따라 미래가 결정된다.[12]
_지그 지글러

세상에는 쓰레기가 많다. 인터넷에서 쏟아지는 정보 대부분은 수준 낮은 오락이나 쓰레기다. 영화 대부분은 무익하며 뉴스 대부분은 당신의 상황과 무관하다. 사람들 대부분은 미래의 당신과 일치하지 않는다.

오늘날 세상에는 무한한 선택지가 있다. 선택지가 증가하면서 선택할 것들도 많아졌다. 이는 언뜻 좋아 보일 수 있지만 대부분 사람들에게는 그렇지 않다. 선택의 증가는 결정의 증가를 의미하며 앞서 말했듯이 결정 피로는 부정적인 순환으로 빠진다. 매일 마주치는 많은 선택은 아무 데도 갈 수 없는, 끝이 없는 토끼굴이다. 더 많은 선택의 문을 열어두는 대신 그것들을 전혀 의식하지 않도록 문을 닫을 분별력과 자신감이 필요하다. 이것이 미래의 자신에게 보탬이 될지 아니면 해가 될지 판단하고 단호히 행동해야 한다.

잘 피하는 것도 기술이다

성공과 변화에 진지해질 때 엉뚱한 일에 정신을 집중하면 그 대가가 너무 크다. 《점심 메뉴 고르기도 어려운 사람들》에서 심리학자 배리 슈워츠Barry Schwartz는 이렇게 설명한다.[13]

- 우리는 더 많은 선택이 더 나은 선택지와 더 큰 만족을 의미한다고 생각한다.
- 선택 과부하는 결정을 내리기도 전에 결정에 의문을 품게 된다.
- 선택 과부하는 FOMOFear Of Missing Out(고립에 대한 공포)에 빠져 자신이 내린 결정을 돌아보며 의심하게 한다.
- 끊임없이 스트레스를 받고 항상 부족함을 느끼며 그 결정이 아니었으면 무엇이 될 수 있었을지 궁금해한다.

선택지가 있다는 것은 좋은 일이다. 선택지가 없으면 선택도 할 수 없다. 그러나 세계 최고의 의사결정자들은 일부러 선택지 대부분을 피한다. 소프트웨어 회사 베이스캠프의 설립자 제이슨 프라이드Jason Fried는 이렇게 말했다. "나는 의도적으로 많은 것을 알려고 하지 않는다. 그렇게 많은 것에 영향을 받고 싶지는 않다."[14] 자신감과 대담함이 있기에 그처럼 말할 수 있는지도 모른다. "나는 이 결정에 따르겠다. 여기에 전념하겠다. 나는 이것을 진지하게 생각하기에 지금 다른 것들은 고려하지 않겠다. 나는 집중해야 한다. 다른 사람들의 잡음이나 의제에 정신을 팔 수 없다."고 말이다.

목표의 달성과 삶의 발전에 대해 진지하게 생각한다면 세상으로부터 자신을 보호해줄 환경을 만들어야 한다. 전략적 무시strategic ignorance는 폐쇄적인 마음을 의미하는 게 아니다. 자신이 원하는 것을 알고 쉽게 흔들리거나 탈선할 수 있음을 아는 것이다. 어리석은 상황에 자신을 몰아넣고 계획 없이 의지력에 의존하기보다 그저 어리석은 상황을 피하는 것이다. 궁극적으로 미래의 자신이 되는 데 방해가 된다면 아무리 흥미로운 상황이라도 피해야 한다.

경계를 정하고 우선순위와 가치, 꿈에 따라 살아가라. 기업가 정신과 미래 혁신 분야의 세계적인 전문가 피터 디아만디스는 이렇게 말했다. "나는 TV 뉴스 시청을 중단했다. 그건 돈이 되지 않는 일이다."[15] 그의 관점에서 볼 때 TV 뉴스는 부정적인 것, 새로워 보이는 것으로 사람들을 유혹한다.

디아만디스가 옳다. 뉴스는 객관적이지 않으며 선택적 주의에 기반한 관점을 보여줄 뿐이다. 뉴스를 볼 때 우리는 세상을 바라보는 주관적 이야기를 보는 것이다. 그 이야기를 믿겠다는 선택을 할 순 있지만 만일 그렇게 한다면 나의 정체성과 목표는 그 관점에 제한되고 만다. 디아만디스는 전략적 무시를 선택했다. 그는 세심하고 신중한 조사를 통해 관심 있는 주제에 대한 정보를 계속 얻으면서 미디어의 산만함과 부정성으로부터 자신을 보호해줄 환경을 만들었다.

최고들의 감정 관리 비결

창의적이고 성공한 사람이 되려면 선택적 무시가 필요하다. 세스 고딘Seth Godin 은 자신이 쓴 책에 대한 아마존의 독자 서평을 일부러 읽지 않는다. 예전에는 읽었지만 읽고 나면 자신이 형편없게 느껴지고 의심이 들 뿐이어서 읽지 않는다고 한다. 그는 인터넷 트롤(인터넷에서 사소한 문제로 논쟁하는 사람들—옮긴이)들의 말을 전략적으로 무시했고 그 결과 더 편안하게 일상을 보낸다. 그의 정체성과 목적을 혼란스럽게 하면서 마음에 비집고 들어오려는 허튼소리는 필요가 없다.

선택적인 무시는 배움을 회피하는 게 아니다. 피드백 받기를 피하는 게 아니다. 이떤 사물과 사람들에게서는 아무런 영양가도 나올 수 없음을 알 뿐이다. 무엇을 피해야 할지 아는 것이다. 물론 고딘은 자기 작품에 대한 피드백을 받는다. 하지만 더 나은 작품을 쓰는 데 도움이 되는 소중한 정보원들로부터 피드백을 받는다. 그를 파괴하려는 피드백이 아니라 궁극적으로 그를 앞으로 나아가게 해줄 피드백을 받는 것이다.

디아만디스는 시사 문제와 국제 뉴스를 명확히 알고 있다. 이는 미래학자이자 범세계적 변화를 모색하는 그가 하는 일에 필수적인 정보다. 하지만 그 역시 가치 있는 정보원으로부터 정보를 얻는다. 최고의 정보만 전달받는 환경을 설계한 그는 전략적으로 다른 것들은 알려고 하지 않는다.

미래의 자신이 되려는 마음이 진지하다면 환경을 조성하기 위해 선택적 무시를 해야 한다. 내가 입력한 정보들은 정체성, 생리 작용, 성격을 형성한다. 그러나 입력 정보를 바꾸면 그 모두가 바뀐다. 심리적 측면에서 스스로 뭔가에 대해 모른다면 유혹도 느끼지 않을 것이다. 만일 식탁에 놓인 쿠키 접시를 본다면 더 이상 쿠키에 대해 모르는 상태가 아니다. 그러나 쿠키를 아예 집 안에 두지 않는다면 결정 피로와 의지력 고갈에 대처할 필요가 없다. 더 이상 원하지 않는다는 걸 생각하느라 시간을 낭비할 필요가 없다.

기회와 관련해서도 모든 결정을 따져볼 필요가 없도록 시스템을 갖추는 것이 현명하다. 내 비서와 나는 의뢰를 받는 규칙을 정해두었다. 내 기준에 맞지 않는 기회는 비서가 내게 알리지 않고 곧바로 내가 지금은 그것에 집중할 수 없다고 이메일로 친절히 답장해준다.

물론 찰리 트로터의 식당에 초대받은 아이들처럼 당신은 새롭고 더 나은 생활 방식을 접하고 싶을 것이다. 성장과 변혁은 현재 의식하지 못하는 것을 의식해야 가능하기 때문이다. 그러나 전략적 무시는 미래의 자신에게 방해물이나 적이 될 것들을 일부러 무시하거나 피함으로써 자신을 보호하는 것이다. 나에게 적합한 새로운 것만 전달되도록 거르는 필터다. 이 필터가 결코 완벽하지는 않겠지만 이로써 더 빠르고 효율적으로 방해물을 무시할 수 있을 것이다.

나를 보호할 시스템 만들기

세상의 산만함으로부터 스스로를 보호할 환경을 만들려면 자신이 무엇을 원하는지, 무엇을 추구하는지 알아야 한다. 오물의 수렁이나 끝없는 기회의 현혹 속에 빠지지 않도록 해줄 규칙과 시스템이 필요하다. 다른 수많은 결정을 더 쉽게 내리도록 자동화해줄 한 가지 결정을 내려야 한다. 이것이 결정 피로를 없애는 방법이다. 시간과 주의를 요구하는 입력 정보와 의제의 맹공격으로부터 스스로를 보호하는 방법이다.

미래의 자신으로 살고자 한다면 전략적 무시를 위한 환경을 만들어보자. 현재 나에게 입력되는 온갖 정보 중에서 미래의 자신을 방해하는 것들을 생각해보라.

[**Change Point**]

- 삶의 어떤 영역에 전략적 무시를 적용해야 하는가?
- 의지력에 의존하지 않고 어떻게 이 방해물들을 무시할 수 있을까?
- 결정 피로를 없애기 위해 지금 당장 내릴 수 있는 간단한 결심은 무엇인가?
- 알 필요가 없는데 현재 알고 있거나 과도하게 아는 것은 무엇인가? (오락성 정보를 생각해보자. 내 경우 스포츠 경기 분석이나 다양한 유명 인사들의 근황이 여기에 해당된다.)
- 내 인생에서 제거해야 할 방해물이나 유혹은 무엇인가?

벼랑 끝 전략을 활용한다

보통 사람의 능력도 필요하다면 두 배가 될 수 있다. 상황에 필요하다면.[16]
_윌 듀런트

크리스티나 토시는 오하이오주에서 태어나 버지니아주 스프링필드에서 성장했다. 그녀는 수학 전공으로 대학을 졸업했지만 이 분야가 진정 원하는 일인지 확신하지 못했다. 어머니로부터 무슨 일을 하든 마음과 영혼을 바치라고 배운 그녀는 자신이 좋아하는 빵과 페이스트리를 만드는 데 영혼을 바쳐보기로 했다.

토시는 뉴욕으로 이사한 뒤 프랑스요리학교French Culinary Institute 의 제과제빵 과정에 등록했다. 그리고 고급 레스토랑 불리Bouley에서 요리 경력을 시작했고 유명한 요리사 와일리 듀프렌이 운영하는 맨해튼의 WD-50 레스토랑으로 진출했다.

토시의 근면함에 깊은 인상을 받은 듀프렌은 뉴욕의 또 다른 유명

요리사인 데이비드 장에게 그녀를 추천했다. 그러나 장은 요리나 제빵이 아닌 식품안전관리계획서를 작성하고 뉴욕시 보건부의 행정 요구 사항을 처리하는 직원으로 그녀를 고용했다.

토시는 집에서 만든 페이스트리를 레스토랑에 가져가 직원들과 나눠 먹기 시작했다. 장을 포함한 모두가 그 맛에 깜짝 놀랐다. 장의 메뉴에는 디저트가 없었고 그는 토시의 스타일이 무척 마음에 들었다. 그래서 그녀의 디저트 중 하나를 레스토랑 메뉴로 제공하라고 권했다. 하지만 그녀는 소심하고 수줍음이 많았으며 자신을 믿지 못했다. 그래도 레스토랑 직원들을 위해 더 독특하고 맛있는 디저트를 계속 만들었다.

그녀 스스로는 도저히 하지 않겠다는 걸 인식한 장은 어느 날 그녀에게 지금 당장 세 시간 안에 뭐든 만들어보라고 했다. 무엇을 만들든 그날 저녁 손님에게 내놓을 생각이었나. 그는 신시했다. "그녀를 설벽 아래로 밀어야 했습니다. 그녀 스스로 하지는 않을 테니까요."

토시는 세 시간 인에 아주 근사한 딸기 쇼트케이크를 만들어냈다. 레스토랑 손님들은 디저트 메뉴가 없던 곳에서 디저트가 나왔을 뿐 아니라 정말 독특하고 맛있는 디저트를 먹게 되어 놀랐다. 그 순간부터 토시는 장의 모모푸쿠 쌈 바Momofuku Ssäm Bar에서 페이스트리를 만들게 되었다. 몇 년이 지나고 2008년, 모모푸쿠 쌈 바에 인접한 가게가 매물로 나왔다.

열정적이고 근면한 토시에게 독려가 필요하다는 걸 장은 알고 있었다. 그냥 내버려두면 절대로 꿈을 이루기 위해 도약하지 않을 것이다.

그는 다시 그녀를 절벽으로 밀며 자기 가게를 내라고 했다. 그렇게 낸 가게에 그녀는 밀크 바Milk Bar 라는 이름을 붙였다. 밀크 바는 즉각적인 성공을 거두었다. 2019년까지 북미 전역에서 밀크 바는 381명을 고용했으며 토시는 보스턴에 16번째 밀크 바를 열었다.[17]

돈 내고 뭔가를 배우는 이유

데이비드 장이 토시에게 꿈을 좇으라고 강요하지 않았다면 이런 일은 일어나지 않았을 것이다. 그가 그녀에게 뭐든 만들어내라고 세 시간을 준 것은 강제 기능forcing function으로서 그녀가 일어설 수밖에 없는 상황을 만들었다. 강제 기능은 행동해서 결과를 내도록 강요하는 모든 상황적 요소다. 이는 희망했던 선택지가 유일한 선택지인 상황을 만들어 자신이 원하는 방향으로 가도록 강제한다.[18] 그것이 토시에게 일어났던 일이다. 그녀는 사실 더 많은 사람을 위해 페이스트리를 만들고 싶었고 장은 그녀의 그런 마음을 끄집어낼 수밖에 없는 상황을 만들었다.

강제 기능은 과거의 자신이 등장하는 것을 막고 생활에 만연한 방해물을 제거하는 역할을 한다. 미래의 자신에 적합한 상황을 만들어 지금 여기서 그 사람으로 살 수밖에 없게 한다. 그렇게 되면 종종 자신의 저항에 맞서면서도 바람직한 방향으로 끊임없이 움직이게 된다. 강제 기능은 주어진 시간을 다 채우고서야 일이 완료된다고 하는 파킨슨의 법칙Parkinson's Law을 고려해 시간제한을 두어야 한다. 날짜를 정해두면 그 마감일까지 무엇이든 내놓을 수밖에 없다. 그러지 않으면 아무 일도 마치지 못한다.

강제 기능을 실행하기 위해 신속하면서도 부담스러운 피드백을 받는 방법도 있다. 미션 수행에 대한 부담이 커야 한다. 그렇지 않으면 강제 기능이 충분히 효과를 발휘하지 못한다. 토시의 경우 그녀의 평판과 레스토랑의 명성이 걸려 있었다. 그녀는 자신뿐만 아니라 레스토랑 직원과 고객들을 위해 요리해야 했다.

모터크로스나 스노보드 같은 익스트림 스포츠에서는 위험과 즉각적인 피드백이 강력한 강제 기능을 한다. 20미터 이상 백플립을 시도하려는 모터크로스 선수가 이 묘기를 성공시키지 못하면 곧 죽을 수도 있다. 그래서 강제 기능은 최고 수준의 집중과 몰두를 요구한다.[19]

일에 완전히 몰두할 수 있도록 환경을 설계해야 한다. 당신은 최고 수준으로 일을 해내도록 요구받아야 한다. 그러지 못하면 큰 대가를 치러야 한다. 당신은 진지하게 변화를 이루려고 하는가? 강제 기능을 사용할 의향이 있는가? 이 전략은 만만하지 않지만 재미있을 수도 있다. 사실 삶을 게임처럼 만들어 성공하고자 하는 동기를 획기적으로 높이는 방법이기도 하다.

가장 유용하고 강력한 강제 기능 중 하나는 경제적 투자다. 어딘가에 돈을 투자하면 더 전념하게 된다. 행동경제학자들을 이를 매몰 비용 편향sunk cost bias이라고 부른다. 흔히 손해를 본 곳에 돈을 더 넣거나 푯값을 냈다는 이유만으로 보기 싫은 공연을 끝까지 보며 시간을 낭비하는 오류 또는 추론의 실수로 묘사된다.

하지만 이런 경향을 자신에게 유리하게 이용할 수도 있다. 예를 들어 나는 친구 드레이에와 함께 800달러를 내고 철인 3종 경기 대회에 등록했다. 그런 일은 처음이었다. 우리는 뭔가 미친 짓을 하고 싶었고 실제로 그럴 방법은 돈을 내고 참가 신청을 하는 것뿐이라고 생각했다. 그래서 이를 악물고 결정했다.

하지만 놀라운 사실은 투자는 결정의 시작일 뿐 아니라 상상력이 확장되는 시점이기도 하다는 점이다. 나는 철인 3종 경기에 등록하기 전에는 소극적으로만 생각해봤을 뿐이었다. 이 경기를 해본 친구가 몇 명 있어서 관심은 있었지만 심각하게 생각해보지는 않았다. 하지만 일단 돈을 내고 등록을 하자 철인 3종 경기에 대해 많은 생각을 하기 시작했다. 철인 3종 경기를 연습하고 완주한 나 자신을 떠올렸고 점점 내가 이 어려운 경기를 완주할 수 있는 사람이라고 보기 시작했다.

그리고 더 많은 노력들을 하게 되었다. 나는 지구력 스포츠에 관한 오디오북을 구입하고 들으면서 공부하기 시작했다. 6년간 먼지 한번 털지 않았던 로드바이크도 꺼냈다. 철인 3종 경기에 관한 생각을 점점 더 많이 하면서 나의 상상과 행동은 내 정체성을 형성했다. 그리고 이런 행동들은 내게 새로운 정체성을 부추겼다. 체육관에서 주력하는 운동도 근력 운동에서 심장 강화 운동으로 바뀌었다. 이 모두가 강제 기능에서 시작됐다.

환경이 답이다

세계 최고의 경영 코치 마셜 골드스미스Marshall Goldsmith는 "우리가 환경을 만들고 통제하지 않으면 환경이 우리를 만들고 통제한다."라고 했다.[20] 우리는 문화와 상황의 산물이며 우리가 소비한 정보와 투입 요소의 산물이다. 음식, 정보, 사람, 경험 등 우리에게 투입된 모든 것이 우리를 형성한다. 환경은 가장 강력하고 중요한 성격 레버 중 하나다. 자신과 삶의 변화에 대해 진지하게 생각한다면 다음의 단계를 따라 환경을 바꿔보자.

첫 번째 단계는 상황을 의식하는 것이다. 그 상황이 나라는 사람에게 어떤 영향을 미치는지 의식해야 한다.

두 번째 단계는 환경과 상황을 전략적으로 생각하는 것이다. 환경과 상황이 현재의 정체성을 반영하는 게 아니라 미래의 정체성을 반영하도록 다시 설계하라. 환경이 나를 막는 게 아니라 앞으로 끌어당기는 물살이 되도록 하라.

심리학자 웨인 다이어Wayne Dyer는 이렇게 말했다. "당신은 어떤 종류의 성격을 가질지 선택할 수 있다. 성격은 당신이 어찌할 수 없는 게 아니다. 그 반대의 성격을 선택한 적도 없지만 반드시 그 성격이어야만 하는 것도 아니다."[21] 환경을 바꾸면 시간이 지나면서 모든 것이 변한다. 새로운 경험을 하게 되고 새로운 생각과 감정을 갖게 된다. 새로운 사람들과 함께하며 새로운 행동을 하게 된다. 이로써 정체성과 성격도 바뀔 것이다.

───────────── [**Change Point**] ─────────────

- 어떻게 하면 생활 속에 더 많은 강제 기능을 포함시킬 수 있을까?

- 강력한 결과를 얻도록 지금 내가 만들 수 있는 상황은 무엇인가?

나가며

한 번이라도 인생을
바꿔보고 싶은 당신에게

인생은 단순하다. 모든 것이 당신에게 일어나는 게 아니라 당신을 위해 일어난다.[1]
_바이런 케이티

2000년 5월 19일 밀리사 혈은 애리조나주 유마에 위치한 십에 있었다. 남편 조이는 며칠 동안 피닉스에 출장을 가 있었다. 밀리사는 지쳐 있었는데 세 살짜리 아들 데빈이 몹시 아파서 잠을 자지 못했기 때문이다. 그녀는 남편에게 도움을 청하려고 여러 번 전화를 걸었지만 남편은 전화를 받지 않았다.

　새벽 다섯 시경 밀리사의 네 살짜리 아들 드루가 눈을 떴다. 밀리사는 드루에게 아침을 챙겨주었고 드루는 〈꼬마 기관차 토마스와 친구들〉을 보면서 크레용을 가지고 놀았다. 그녀는 데빈이 어떤지 살피러 갔고 아이 옆에 누워 있다가 잠이 들었다. 다섯 시 반 정도부터 일곱 시 반까지 잤다.

잠에서 깼을 때 그녀는 뭔가 불길한 느낌이 들었다. 집 안이 조용했다. 평소 드루는 시끄러운 편이었다. 멀리사는 15분 동안 드루를 찾아 온 집을 뒤졌다. 그러다 미닫이 유리문이 몇 센티미터 열려 있는 것을 보고는 아들이 밖으로 나간 걸 알아차렸다.

그녀는 마당의 나무들 사이를 살피던 중 집 주변 흙길에서 드루의 발자국을 발견했다. 길에 난 발자국을 따라갔더니 집 근처의 농수로 까지 이어졌다. 무너진 두둑에도 드루의 발자국이 있었고, 아이가 넘 어졌던 듯 농수로 양쪽에 물이 튀어 있었다. 그녀는 도와달라고 외치 기 시작했다. 곧 국경 순찰대 경찰이 그녀를 발견하고는 수색을 시작 했다. 일곱 시간 후 그들의 집에서 13킬로미터가량 떨어진 곳에서 드 루의 시신이 발견됐다.

그 일곱 시간 동안 멀리사는 경찰과 남편, 가족들로부터 똑같은 질 문을 계속 받았다. "어떻게 된 거예요?" 그들 모두 어찌된 상황인지 알고 싶어 했다. 그리고 드루의 시신이 발견되자 약간 다른 질문을 받 았다. "어떻게 이런 일이 일어나게 할 수 있어?"

남편은 아들의 죽음을 그녀 탓으로 돌리며 한 달 후 그녀를 떠났다. 멀리사의 세상은 무너졌다. 그녀의 정체성은 충격을 받았다. 더 이상 자신이 좋은 엄마 같지 않았다. 멀리사는 자신을 증오했고 아이의 죽 음에 대해 자책했다. 아들과 남편, 자신까지 전부를 잃은 느낌이었다. 그녀는 밑바닥까지 내려갔다.

그녀는 고통이 너무 심해져서 거의 침대를 벗어나지 못했다. 먹지 도, 씻지도 않았다. 낮에는 할 수 있는 데까지 데빈을 돌봤지만 그 외에는 누워만 있었다. 남편은 퇴근 후 데빈을 데려가 몇 시간 돌봐주고 는 잘 때가 되면 다시 집으로 데려다주었다. 외로이 혼자 있는 그 몇 시간 동안 멀리사는 대개 술을 마시거나 진통제를 먹곤 했다. 그때가 가장 가슴이 아픈, 매우 어둡고 고통스러운 시간이었다.

사고 후 몇 주가 지나자 멀리사의 주변 사람들 대부분이 정상적인 생활로 돌아갔다. 하지만 그녀는 여전히 침묵의 싸움을 하고 있었다. 그녀를 아끼는 사람들은 그녀가 힘겨워한다는 걸 알 수 있었지만 어 떻게 도와야 할지 알지 못했다. 그들은 그녀를 피했다. 멀리사는 성직 자들과 심리치료사들을 찾아가 도움을 받아봤지만 효과가 없었다.

드루가 죽은 지 몇 개월 후 조이는 퇴근하고 데빈을 데려갔고 그날 처음으로 밤에도 데리고 있기로 했다. 그날 밤 혼자 집에 있게 된 멀 리사는 자살할 계획이었다. 그녀는 처방받은 진통제를 한 병 모아두 었다. 그것들을 입에 털어 넣고 술을 잔뜩 마시고 침대에 들어가 다시 는 깨어나지 않으려 했다. 그녀는 자살이 데빈에게도 최선이라고 생 각했다. 그러면 데빈은 껍데기뿐인 엄마가 쇠락해가는 것을 보지 않 아도 될 테니 말이다.

약과 술을 가지러 주방으로 들어갔을 때 그녀는 싱크대에 놓인 조문 편지 더미를 봤다. 지난 몇 개월 동안 전혀 모르는 사람들이 그녀의 사연을 뉴스로 듣고 보내온 편지가 쌓여 있었다. 그녀는 편지 더미에 서 한 통을 집어서 열었다. 테레사라는 사람이 보내온 편지였다.

편지에서 테레사는 자신의 여섯 살짜리 딸은 트럭에 치여 죽었다고 털어놓았다. 테레사가 잠시 집에 들어간 사이에 사고가 발생했다고 했다. 그녀는 처음에 딸의 죽음을 자신의 탓으로 돌렸고, 그러기를 멈추기까지 오랜 시간이 걸렸다고 편지에 썼다. 멀리사에게도 사고에 대해 자책하지 말라고 했다. 멀리사는 훌륭한 엄마이고 이것은 그냥 비극적 사고라고 말했다. 그리고 멀리사의 삶에 여전히 기쁨과 행복이 있을 수 있지만 그것은 그녀의 선택에 달렸고 날마다 그 선택을 반복해야 한다고 했다.

이 편지를 읽고 나서 멀리사는 울음을 터트렸다. 그녀는 드루의 사진을 가슴에 끌어안고 몇 시간이나 흐느껴 울었다. 가슴에 담아두기만 했던 고통과 감정이 터져 나왔다. 그 편지는 그녀에게 희망을 주었다. 절실히 필요했던 바로 그 순간에 찾아온 인생의 전환점이었다. 테레사는 그녀에게 공감의 증인이었다. 그녀는 자기 이야기를 들려주고 보여준 기분이었다. 그녀는 약을 배수구에 버렸다.

멀리사는 데빈에게 쓰려고 했던 작별 편지 대신에 사과와 약속의 편지를 썼다. 그녀는 드루가 죽던 날 아침잠이 든 것에 대해 사과했다. 데빈이 형 없이 자라게 된 점에 대해 사과했다. 드루의 죽음 이후 몇 개월 동안 그녀가 보인 행동과 슬픔에만 빠져 있던 점에 대해서도 사과했다.

그녀는 데빈에게 힘닿는 데까지 최고의 엄마가 되겠다고 약속했다. 괜찮은 삶을 살게 해주겠다고 약속했다. 그녀가 이 지구상에 머물면서 노력할 이유가 되어주어서 고맙다는 말도 썼다. 그는 그녀가 살아갈 이유이므로 앞으로 그에게 너무 기댈지도 모른다고 미리 사과하기도 했다. 그녀는 그렇게 속마음을 쏟아냈다.

10년 후 데빈이 열세 살이 되었을 때 그 편지를 읽을 준비가 된 듯해서 크리스마스 날에 편지를 주었다. 10년 동안 편지를 혼자 간직하고 있었지만 그녀는 편지에 썼던 약속을 충실히 지켰다. 테레사의 편지는 멀리사의 목숨을 구했고 그녀의 삶을 바꿨다. 우여곡절은 있었지만 멀리사의 삶에는 앞으로 나아갈 희망과 목적이 생겼다.

그리고 다른 일도 있었다. 그녀가 데빈에게 편지를 준 지 1년도 채 지나지 않아 멀리사와 조이는 지난 10년 동안 조이의 비서가 수백만 달러를 횡령했다는 사실을 알게 되었다. 멀리사는 참고인 조사를 받다가 남편이 그 비서와 바람을 피우고 있었다는 사실을 들었다. 그녀는 도저히 그 말을 믿을 수 없었다.

참고인 조사를 받고 멀리사는 조이에게 그의 불륜에 대해 질문을 받았다고 말했다. 그는 그녀와 눈을 마주치지 않고 계속 딴청 피우며 말했다.

"사실이야."

순긴 멀리사 자신도 모르게 이 말이 튀어나왔다.

"세상에, 드루가 죽던 날 당신은 그 여자와 있었구나!"

세상이 한꺼번에 무너지는 것 같았다. 견디기 힘든 고통이 몰려왔다. 가슴이 찢기고 산산조각이 나는 듯했다. 그날 아침 남편과 연락이 되지 않았던 기억이 났다. 데빈이 아픈데 조이는 전화를 받지 않았다. 알고 보니 그는 멀리사를 12년 넘게 속여왔다. 그는 자신의 죄책감과 수치심 때문에 그녀의 삶을 생지옥으로 만들었다. 드루의 죽음을 그녀의 탓으로 돌렸고 그녀를 먼지만도 못한 존재로 만들어버렸다.

그 후 18개월 동안 멀리사는 횡령과 불륜 소송으로 바빴다. 재판이 끝날 무렵 그녀의 변호사가 이렇게 말했다.

"법조계에 40년 동안 몸담고 있었지만 당신 같은 사연을 가진 사람은 처음이에요. 이건 책으로 내야 해요."

그녀는 평생 써왔던 일기를 전부 다시 읽어보기로 했다. 예전 일기를 들여다보는 동안 엄청난 고통과 혼란, 트라우마를 겪어온 여자가 보였다. 일기를 읽는 동안 그리고 일기를 쓰고 기도하는 동안 패러다임의 전환이 찾아왔다.

그녀는 과거를 다르게 바라보기 시작했다. 그녀는 생애 대부분을 피해자처럼 느껴왔다. 자신은 신에게 저주를 받은 사람 같았다. 하지만 예전 일기를 읽고 자신의 경험을 되새기면서 과거의 경험이 다르게 보였다. 저주보다는 칭찬이 보였다. 마음속으로 이런 생각을 했다. '내가 겪은 모든 일은 내가 감당할 수 있는 일이구나.'

과거가 나에게 일어난 일이 아니라 나를 위해 일어난 일이라는 전환은 당신을 포함해 극적인 변화를 진지하게 생각하는 모든 사람에게 필요한, 심오하고 근본적인 변화다. 인생의 모든 일은 나를 위해 일어난 것이다. 나는 수혜자다. 나는 많은 것을 얻었고 많은 것을 배웠다. 그리고 내가 겪은 모든 고통과 도전의 결과 나에게는 강력한 목적이 생겼다.

멀리사가 남편의 불륜에 대해 알게 된 것은 2011년이었다. 2014년 그녀는 책을 쓰기 시작했고 2016년에 책이 출판되었다. 지금 그녀는 조용한 집에서 잠에서 깼던 그날 아침과는 완전히 다른 사람이다. "이제 저는 자기 말을 들어주는 사람이 아무도 없다고 느끼는 사람들을 도우며 평생을 살고 싶습니다."

멀리사를 움직이는 것은 그녀의 목적이지 성격이 아니다. 그녀는 목적에 따라 안전지대를 벗어나 일하며 성격도 바뀌었다. 그녀는 공감의 증인인 테레사를 찾으려고 몇 년 동안 노력했다. 소셜 미디어에 연락해주기를 바란다는 글도 올렸지만 소식이 없었다. 여하튼 테레사의 편지는 그녀에게 희망을 주었고 그녀의 삶을 변화시켰다. 이제 멀리사의 목적은 희망을 잃은 이들에게 희망을 주는 것이다. 그녀는 자신의 이야기를 들려주고 사람들에게 자기 내면의 목소리를 들을 수 있는 공간을 제공하고 싶어 한다. 그녀의 생명을 구해준 편지 한 통처럼 그녀의 책과 사연은 세상을 향한 편지다.

지금 가장 달라진 점이 무엇이냐고 물었을 때 그녀는 다른 사람의 문제에 기꺼이 개입하려는 마음이 생긴 거라고 말했다. 이 모든 변화를 경험하기 전에는 고군분투하는 사람들을 그냥 지나치곤 했다. 엉망인 자기 상황에 대처하기 바빠 다른 사람에게 주의를 기울이지 못했다. 하지만 지금은 다른 사람을 돕고 싶다는 바람을 가질 정도가 됐다.

그렇다면 미래의 자신은 어떤 사람이냐고 묻자 그녀는 선을 위해 강력한 힘을 가진 사람이라고 대답했다. 미래의 그녀는 희망과 치유의 대담한 전령으로서 세계 전역의 많은 사람에게 영감과 도움을 주는 사람이다.

몇 년 사이에 그녀의 이야기와 과거가 어떻게 이토록 변했는지 묻자 이제는 오로지 감사한 마음밖에 없다고 말했다. 그녀는 모든 일이 이유가 있어서 일어난다고 생각한다. 지옥을 겪기는 했지만 지금 매일 놀라운 경험을 하고 있으니 그도 가치가 있었다고 생각한다.

최근에 멀리사는 보트 사고로 딸을 잃은 부부와 이야기를 나누었다. 그녀는 그런 대화를 정기적으로 나누며 매일 공감의 증인이 되어준다. 이 모두는 그녀가 겪은 경험이 없었다면 가능하지 않았을 것이다. 그녀는 자신의 과거를 사랑한다. 자신의 삶을 사랑한다.

멀리사와 조이는 서로를 용서하기로 했다. 그녀가 인생과 결혼 생활에 대해 자세히 기술한 책을 쓰고 싶다고 말했을 때 그는 전폭적인 지지를 보냈다. 가족으로서 그들은 화해했다. 그들의 미래는 과거보다 밝다. 그들의 미래는 계속 과거를 변화시키고 있다. 이제 당신 차례다.

- 이제 어떻게 할 것인가? 과거의 자신과 일치하는 삶을 살 것인가, 아니면 미래의 자신과 일치하는 삶을 살 것인가?
- 인생을 변화시키는 네 가지 레버를 활성화해서 근본적이고 바람직한 변화를 이뤄갈 것인가?
- 계속 자신을 확장할 것인가? 거듭 미래의 자신을 상상하고 그렇게 될 것인가?

당신은 뭐든지 될 수 있다

지금까지 많은 내용을 다뤘다. 트라우마, 이야기, 잠재의식, 환경 그리고 이 요인들이 어떻게 건강하지 못한 순환을 반복하게 하는지 논의했다. 또한 우리 문화에 만연한 성격에 관한 통념에 대해서도 다뤘다. 그런 통념을 받아들인다면 앞으로도 평범하고 평균적인 삶을 살수밖에 없다.

이제 당신은 상상력, 동기, 믿음, 용기를 높일 능력이 생겼다. 미래를 포용하고 과거를 바꿀 수 있는 능력이 생겼다. 이 책을 읽는 동안 당신은 수십 가지 질문을 받았다. 그 질문들을 다시 살펴보고 일기에 그 답을 적어보라. 매일 일기를 쓰면서 무모한 꿈을 꾸고 그 꿈대로 살 수 있도록 상상하고 설계하고 전략을 짜도록 하라.

성격은 영구적인 것이 아니라 선택이다. 성격은 극적으로 바뀔 수 있다. 당신이 꿈꾸는 삶이 결국에는 당연한 삶, 새로운 표준이 될 수 있다. 가장 무모하고 가장 창의적인 미래의 자신에 도달하는 순간 거기서 얻은 자신감과 믿음으로 _l보나 너 ㄱ노 더 나은 미래의 자신을 다시 추구하라.

인생은 교실이다. 당신은 성장하기 위해 왔다. 믿음과 설계에 따라 살기 위해 왔다. 당신은 인생이란 교실에 선택을 하기 위해 와 있다. 선택은 당신의 것이다. 어떤 사람이 될 것인가?

이 책을 쓰는 건 지금까지 했던 일 가운데 가장 힘든 일이었다. 출간일도 두 번이나 늦춰졌는데 편집장은 1년에 걸친 편집 과정에서 놀라운 인내심을 보여주었다. 이 책을 지원해준 에이드리언 잭하임과 포트폴리오 사의 모든 직원에게 감사의 말을 전한다.

　정식 작가가 되기 훨씬 전에, 심지어 출판 대리인도 없었던 때 내가 쓴 전자책《시간 확장의 비결》Slipstream Time Hacking 을 발견하고 가능성을 알아봐준 카우시크 비스와나스에게 깊이 감사드린다. 그는 이 책을 매우 수준 높은 책으로 만들어주었다. 정확하고 분명하게 사고하도록 나를 독려하면서도 결코 열등하다거나 무능력하다고 느끼지 않게 해주었다. 사실 이 책을 쓰는 동안 여러 번 나 자신을 의심했다. 그도 그랬을 테고. 이 책이 도저히 완성되지 못할 것 같았을 땐 더 난감했을 텐데도 전혀 의심하는 기미를 보이지 않았다. 내가 결승선에 이르도록 지지해주고 이 책을 편집해준 헬렌 힐리에게도 감사 인사를 전하고 싶다.

멋진 친구가 되어준 로리 리스에게도 감사드린다. 그녀는 내 출판 대리인이 되어주고 아직도 내 눈에는 보이지 않는 잠재력을 봐주었다. 내 작업을 점점 높은 수준으로 끌어올리고 전문 작가로 성장하도록 도와주었다. 내 인생에 그녀가 있어서 얼마나 고마운지 모른다.

터커 맥스는 절박하고 아주 중요한 시기에 이 프로젝트에 들어왔다. 그와 함께 작업하면서 내 글쓰기 능력에 수년간 경험하지 못했던 발전이 있었다. 그 덕분에 이 책을 쓰는 게 다시 재미있어졌다. 작가로서 다른 사고, 더 나은 사고를 하는 법을 알게 되었다. 편집에 도움을 주었을 뿐만 아니라 그 과정에서 나의 멘토까지 되어준 그에게 감동했고 영광으로 생각한다. 3주에 걸쳐 그와 논의해가며 초고를 완성했던 때만큼 글쓰기가 즐거웠던 적이 없었다. 훌륭한 친구이자 멘토가 되어준 그에게 감사드린다.

이 책의 구조와 생각을 정리하게 도와준 할 클리포드에게도 감사드린다. 나 혼자서는 1년이 되어도 할 수 없었던 일을 덕분에 2주 만에 해낼 수 있었다. 이 책에 실린 개념들의 범위와 난도 탓에 책을 구조화하기가 매우 어려웠다. 처음 10개월 동안은 약 30개 이상의 목차를 작성했지만 그 어느 것도 적절하지 않은 듯했다. 왠지 마음에 들지 않았고 처음에 쓰려고 했던 책과 달라진 느낌이 들었다. 하지만 할은 내가 핵심으로 돌아가 아이디어들을 구상하고 구조화하여 터커와 함께 쉽게 글을 써나갈 수 있게 해주었다. 다시 한번 그에게 감사의 마음을 전한다.

자신의 이야기를 이 책에 싣게 해준 버네사 오브라이언, 로잘리 클라크, 안드레 노먼, 네이트 램버트, 제인 크리스티안센, 멀리사 헐에게도 고마움을 전한다. 그들의 이야기가 없다면 이 책의 아이디어는 효력을 발휘하지 못했을 것이다. 내 질문들을 받아준 그들에게 감사의 말을 전한다. 자신의 약점을 드러내는 일인데도 나를 믿어주어 참으로 감사하게 생각한다.

이 책을 쓰는 동안 클렘슨대학교의 산업 및 조직심리학 박사 과정을 마칠 수 있도록 지도하고 멘토 역할을 해준 로버트 싱클레어에게도 감사드린다. 그는 이 책에 담긴 많은 내용에 동의하지 않을 것 같지만 나는 어떤 글에서든 항상 그에게 감사를 전할 것이다. 나는 멍청한 실수를 저지르고 학문적 구조에 적응하지 못해 박사 과정에서 쫓겨날 뻔했다. 하지만 그는 계속 더듬거리는 내 모습을 지켜보면서도 박사 과정을 마칠 수 있도록 기회를 주었다. 박사 과정 수료는 내 인생에서 가장 중요한 성과 중 하나였다. 사실 이 책을 쓰는 동안 박사 논문을 작성했다. 그의 인내심과 친절, 나와 내 목표에 대해 비판하지 않는 태도가 없었다면 나는 결코 논문을 완성하지 못했을 것이다.

2017년 이후 내 인생에 일어난 많은 일의 첫 번째 도미노가 되어준 조 폴리시에게도 감사의 말을 전한다. 그는 지니어스 네트워크 연례 행사에서 내가 연설할 수 있도록 해주었으며 내가 하는 모든 일을 지지하고 도와주었다. 진정한 친구이자 공동 작업자가 되어준 그에게 감사를 전한다. 그는 내가 아는 최고의 기버_{giver}이기도 하다. 우리는 앞으로도 많은 프로젝트를 함께할 것이다. 정말 기대가 된다.

이 책을 쓰는 동안 무한한 인내심을 보여준 댄 설리번과 밥스 스미스에게도 감사드린다. 나는 그들과 함께 《후 낫 하우》_{Who Not How}를 쓰기로 해놓고 힘들게 이 책을 쓰느라 보류해야 했다. 댄의 삶을 다룬 다큐멘터리 〈게임 체인저〉_{Game Changer}에서 스트래티직 코치의 공동 설립자인 밥스는 댄에 대해 이렇게 말했다. "그는 다른 시각으로 시간을 봅니다. 그의 시각은 세상이 강요하는 시간이 아니라 자신의 시간에 따르게 합니다. '이건 기회예요.' 또는 '지금 행동해야 해요.'라고 말해도 그는 '아니, 그럴 것 없어요.'라고 말하죠." 나도 이것을 직접 경험했다. 10배의 사고와 100배의 협력을 가르쳐준 댄에게 감사드린다. 나와 25년 협업을 결성해준 짐도 감사드린다. 폭발적인 결실이 있을 것이다.

딸과의 결혼을 허락해준 케이 앤더슨, 자네이 앤더슨에게 인사를 전한다. 두 분은 화이트 유형인 나를 기꺼이 허락해주었다. 그리고 꿈을 만들어가는 내게 사랑과 지원을 아끼지 않았다. 정서적으로나 경제적으로나 두 분의 응원이 없었다면 지금과 같은 성공을 이루지 못했을 것이다. 너무도 훌륭한 두 분이 내 삶에 있어 감사하다. 나는 두 분과 나누는 대화가 언제나 좋다.

부모님 필립 하디와 수전 나이트에게도 내 부모가 되어주어 감사하다는 말을 전한다. 나를 낳아주고 무조건 사랑해주고 항상 내 목표와 꿈을 지지해주어 감사하다. 가장 친한 친구이자 가장 열성적인 팬이 되어주고 지금까지 계속 가르침을 주어 감사하다. 내 동생 트레버와 제이콥에게도 감사를 전한다. 두 사람은 우리가 인생에서 가장 힘들었던 시기에 내게 공감하고 함께 인내했다. 나는 그들에게 필요한 형이 되어주지 못했다. 하지만 돌이켜보면 우리 세 사람 모두 과거에 대해 더 잘 이해하고 공감하고 있다. 두 동생에게 영원한 사랑을 보낸다.

내 아내가 되어준 로렌에게도 여러모로 감사하다. 그녀는 밤늦도록 글을 쓰거나 출장을 다니는 나와 함께 수많은 밤을 보내주었다. 우리 생활의 질서를 만들고 유지해주었으며 내 인생의 견고한 반석이 되어주었다. 나에 대한 믿음, 사랑, 관대함, 배려, 인내에 감사를 전한다. 그녀에 대한 나의 사랑은 나날이 커져만 간다. 내가 그녀에게 어울리는 사람이 되고 그녀에게 그렇게 보이기를 바란다.

내 자녀가 되어준 케일럽, 조던, 로건, 조라, 피비에게도 고마움을 전한다. 아이들은 내 인생의 커다란 영감과 동기가 되어주었다. 불완전한 아버지인 나를 인내해주는 아이들에게 감사할 뿐이다. 모두를 사랑한다. 이 아이들의 아버지여서 행복하며 매일 더 좋은 사람이 되려고 노력할 것이다.

주
一

들어가며 성격 검사가 내 인생을 망칠 뻔했다

1. Paul Gardner, 다음에서 인용. "'A Painting Is Never Finished—It Simply Stops in Interesting Places'—Paul Gardner," British International School Hanoi, 2014년 10월 10일, nordangliaeducation.com/en/our-schools/vietnam/hanoi/bis/article/2014/10/10/a-painting-is-never-finished-it-simply-stops-in-interesting-places—paul-gardner.

2. Taylor Hartman, 《The People Code: It's All About Your Innate Motive》(New York: Simon & Schuster, 2007).

3. Jacob Kastrenakes, "Facebook Bans Personality Quizzes After Cambridge Analytica Scandal," 《The Verge》, 2019년 4월 25일, theverge.com/2019/4/25 18516608/facebook-personality-quiz-ban-cambridge-analytica.

4. Nathan W. Hudson and R. Chris Fraley, "Volitional Personality Trait Change: Can People Choose to Change Their Personality Traits?," 《Journal of Personality and Social Psychology》 109, no. 3 (2015): 490.

5. Carl Hoefer, "Causal Determinism," in 《Stanford Encyclopedia of Philosophy》, ed. Edward N. Zalta, plato.stanford.edu/entries/determinism-causal/;Kadri Vihvelin, "Arguments for Incompatibilism," in ibid., plato.stanford.edu/entries/incompatibilism-arguments/.

6. Jordi Quoidbach, Daniel T. Gilbert, and Timothy D. Wilson, "The End of History Illusion," 《Science》 339, no. 6115 (2013): 96–98.

7. 빅터 프랭클, 《죽음의 수용소에서》Man's Search for Meaning (New York: Simon & Schuster, 1985).

8. 데이비드 호킨스, 《의식 혁명: 힘과 위력, 인간 행동의 숨은 결정자》Power vs. Force: The Hidden Determinants of Human Behavior (Carlsbad, CA: Hay House, 2013).

9. 조앤 롤링, 《해리 포터와 비밀의 방》Harry Potter and the Chamber of Secrets (London: Bloomsbury, 2015; originally published 1998).

10. 캐럴 드웩, 《마인드셋》Mindset: The New Psychology of Success (New York: Random House Digital, 2008).

11. 윌리엄 셰익스피어, 〈템페스트〉The Tempest, 2막 1장.

12. 애슐리 반스, 《일론 머스크, 미래의 설계자》Elon Musk: Tesla, SpaceX, and the Quest for a Fantastic Future (New York: HarperCollins, 2015).

13. 로버트 피어시그, 《선과 모터사이클 관리술: 가치에 대한 탐구》Zen and the Art of Motorcycle Maintenance: An Inquiry into Values (New York: Random House, 1999; originally published 1974).

제1장 성격에 대한 다섯 가지 편견

1. Daniel Gilbert, "The Psychology of Your Future Self," TED 강연, 2014년 3월, ted.com/talks/dan_gilbert_you_are_always_changing.

2. "Hero Mountain Climber Visits British High Commission," 〈Diplomatic News Agency〉 (DNA), 2017년 8월 15일, dnanews.com.pk/hero-mountain-climber-visits-british-high-commission/.

3. "Mountaineering," 《Guinness Book of World Records 2017》 (pdf), vobonline.com/wp-content/uploads/2016/12/GWR17.pdf.

4. Gilbert, "The Psychology of Your Future Self."

5. 카를 구스타프 융, 《심리 유형》Psychological Types (New York: Routledge, 2016; originally published 1921).

6. 메르베 엠레, 《성격을 팝니다: MBTI의 탄생과 이상한 역사》The Personality Brokers: The Strange History of Myers-Briggs and the Birth of Personality Testing (New York: Doubleday, 2018).

7. Emma Goldberg, "Personality Tests Are the Astrology of the Office," 〈The New York Times〉, 2019년 9월 17일, nytimes.com/2019/09/17/style/personality-tests-office.html.

8. Adam Grant, "Goodbye to MBTI, the Fad That Won't Die," 《Psychology Today》, 2013년 9월 19일, psychologytoday.com/us/blog/give-and-take/2013 09/goodbye-mbti-the-fad-won-t-die.

9. Grant, "Say Goodbye to MBTI, the Fad That Won't Die"; Michael Moffa, "A Critique of The Myers Briggs Type Indicator(MBTI)—Part I: One Expert's Review," 〈Recruiter〉, 2011년 4월 1일, recruiter.com/i/critique-of-the-myers-briggs-type-indicator-critique/.

10. Paul Graham, "Keep Your Identity Small," paulgraham.com, 2009년 2월, paulgraham.com/identity.html.

11. 윌리엄 밀러, 스티븐 롤닉, 《동기강화상담: 변화 함께하기》Motivational Interviewing: Preparing People to Change Addictive Behavior (New York: Guilford Press, 2002).

12. 엘렌 랭어, 《마음챙김 학습혁명: 어떻게 배울 것인가》The Power of Mindful Learning (Boston: Lifelong Books/A Merloyd Lawrence Book, 2016).

13. Kate Rogers, 다음에서 인용. Theresa Fisher, "I Have Personality Test Anxiety," 《Woolly》, woollymag.com/feelings/i-have-personality-test-anxiety.html.

14. Goldberg, "Personality Tests Are the Astrology of the Office."

15. Lewis R. Goldberg, "An Alternative 'Description of Personality': The Big-Five Factor Structure," 《Journal of Personality and Social Psychology》 59, no. 6 (1990): 1216.

16. Daniel Heller, Wei Qi Elaine Perunovic, and Daniel Reichman, "The Future of Person-Situation Integration in the Interface Between Traits and Goals: A Bottom-up Framework," 《Journal of Research in Personality》 43, no. 2 (2009): 171-78.

17. Daniel J. Ozer and Veronica Benet-Martinez, "Personality and the Prediction of Consequential Outcomes," 《Annual Review of Psychology》 57 (2006): 401-21.

18. Nathan W. Hudson and Brent W. Roberts, "Goals to Change Personality Traits: Concurrent Links Between Personality Traits, Daily Behavior, and Goals to Change Oneself," 《Journal of Research in Personality》 53 (2014): 68-83.

19. Nathan W. Hudson and R. Chris Fraley, "Volitional Personality Trait Change: Can People Choose to Change Their Personality Traits?," 《Journal of Personality and Social Psychology》 109, no. 3 (2015): 490.

20. Christopher J. Soto, "Is Happiness Good for Your Personality? Concurrent and Prospective Relations of the Big Five with Subjective Well-Being," 《Journal of Personality》 83, no. 1 (2015): 45-55; Jule Specht, Boris Egloff, and Stefan C. Schmukle, "Examining Mechanisms of Personality Maturation: The Impact of Life Satisfaction on the Development of the Big Five Personality Traits," 《Social Psychological and Personality Science》 4, no. 2 (2013): 181-89.

21. 빅토르 위고, 《레 미제라블》Les Misérables (Paris: Librairie internationale A. Lacroix, Verboeckhoven, et Cie, 1862).

22. Mathew A. Harris, Caroline E. Brett, Wendy Johnson, and Ian J. Deary, "Personality Stability from Age 14 to Age 77 Years," 《Psychology and Aging》 31, no. 8 (2016): 862.

23. Jordi Quoidbach, Daniel T. Gilbert, and Timothy D. Wilson, "The End of History Illusion," 《Science》 339, no. 6115 (2013): 96-98.

24. Dallin H. Oaks, "Where Will This Lead?," Church of Jesus Christ of Latter-day Saints, churchofjesuschrist.org/study/general-conference/2019/04/35oaks.

25. Hal E. Hershfield, "The Self over Time," 《Current Opinion in Psychology》 26 (2019): 72-75.

26. Malcolm Gladwell, Revisionist History podcast, revisionisthistory.com/seasons.

27. Carl Hoefer, "Causal Determinism," in 《Stanford Encyclopedia of Philosophy》,

ed. Edward N. Zalta, plato.stanford.edu/entries/determinism-causal/;Kadri Vihvelin, "Arguments for Incompatibilism," in ibid., plato.stanford.edu/entries/incompatibilism-arguments/.

28. BoxOfficeMojo.com on film version of ⟨I Hope They Serve Beer in Hell⟩, boxofficemojo.com/release/rl140215809/.

29. Tom Bilyeu, "How to Totally Reinvent Yourself|Tucker Max on Impact Theory," YouTube, 2018년 1월 9일, youtube.com/watch?v=RJaczGjkS3w.

30. Michael Ellsberg, "Tucker Max Gives Up the Game: What Happens When a Bestselling Player Stops Playing?," ⟨Forbes⟩, 2012년 1월 18일, forbes.com/sites/michaelellsberg/2012/01/18/tucker-max-gives-up-the-game/#e700de1758dd.

31. Brent D. Slife, ⟨Time and Psychological Explanation⟩ (Albany: SUNY Press, 1993).

32. Saadi Shirazi, ⟨The Gulistan, or, Rose Garden of Sa'Di⟩ (London: George Allen & Unwin, 1964).

33. 마르셀 프루스트, ⟨갇힌 여인⟩La Prisonnière (Paris: Le Livre de Poche, 2011; originally published 1923).

34. Todd B. Kashdan and Jonathan Rottenberg, "Psychological Flexibility as a Fundamental Aspect of Health," ⟨Clinical Psychology Review⟩ 30, no. 7 (2010): 865-78.

35. 칼 뉴포트, ⟨열정의 배신: 하고 싶은 일만 하면 정말 행복해질까⟩So Good They Can't Ignore You: Why Skills Trump Passion in the Quest for Work You Love (New York: Grand Central Publishing, 2012).

36. Jerome S. Bruner, ⟨On Knowing: Essays for the Left Hand⟩, 2nd ed. (Cambridge, MA: Belknap Press of Harvard University Press, 1979).

37. 클레이턴 크리스텐슨, ⟨하버드 인생학 특강: 세계 최고 지성들을 울린 마지막 강의·마지막 질문⟩How Will You Measure Your Life? (New York: Harper Business, 2012).

38. Taylor Lorenz, "Teens Are Protesting InClass Presentations," ⟨Atlantic⟩, 2018년 9월 12일, theatlantic.com/education/archive/2018/09/teens-think-they-

shouldn't-have-to-speak-in-front-of-the-class/570061/.

39. Adam Grant, "USU 2017 Commencement Speech—Dr. Adam Grant," YouTube, 2017년 5월 12일, youtube.com/watch?v=YJeLTHsbSug.

제2장 최고의 변화를 만드는 사람들의 비밀

1. 폴 아덴, 《당신이 얼마나 잘하는가는 문제가 아니다 얼마나 잘하고 싶어 하는지가 문제다》It's Not How Good You Are, It's How Good You Want to Be (New York: Phaidon, 2003).

2. 플라톤, 《에우튀프로》Euthyphro, Apology of Socrates, and Crito, ed. John Burnet (Oxford: Clarendon Press, 1977).

3. Patrick Cole, "David Bouley, Charlie Trotter to Cook for Disabled Kids," 〈Bloomberg〉, 2012년 5월 30일, bloomberg.com/news/articles/2012-05-31/david-bouley-charlie-trotter-to-cook-for-disabled-kids.

4. David Brooks, "The Man Wishes He Were Here," 〈The New York Times〉, 2019년 8월 29일, nytimes.com/2019/08/29/opinion/jim-mattis-trump.html.

5. Colin Wilson, 《New Pathways in Psychology: Maslow and the Post-Freudian Revolution》 (London: Victor Gallancz, 1972).

6. Albert Einstein, 다음에서 인용. 앨리스 칼라프라이스, 《아인슈타인 혹은 그 광기에 대한 묵상》The Expanded Quotable Einstein (Princeton, NJ: Princeton University Press, 2000).

7. Thomas Suddendorf, Melissa Brinums, and Kana Imuta, "Shaping One's Future Self—The Development of Deliberate Practice," in 《Seeing the Future: Theoretical Perspectives on Future-Oriented Mental Time Travel》, ed. Kourken Michaelian, Stanley B. Klein, and Karl K. Szpunar, 343-66 (New York: Oxford University Press, 2016).

8. Matthew McConaughey, "Matthew McConaughey Winning Best Actor," YouTube, 2014년 3월 11일, youtube.com/watch?v=wD2cVhC-63I.

9. 할 엘로드, 《미라클 모닝 기적의 공식》The Miracle Equation: The Two Decisions That Move Your Biggest Goals from Possible, to Probable, to Inevitable (New York: Harmony Books, 2019).

10. 피터 틸, 《제로 투 원: 스탠퍼드대학교 스타트업 최고 명강의》Zero to One: Notes on Startups, or

How to Build the Future (New York: Broadway Business, 2014).

11. Wendelien Van Eerde and Henk Thierry, "Vroom's Expectancy Models and Work-Related Criteria: A Meta-analysis," 《Journal of Applied Psychology》 81, no. 5 (1996): 575.

12. C. R. Snyder, Kevin L. Rand, and David R. Sigmon, "Hope Theory: A Member of the Positive Psychology Family," in 《긍정 심리학 핸드북》Handbook of Positive Psychology, ed. C. R. Snyder and Shane Lopez, 257−76 (New York: Oxford University Press, 2002).

13. Jim Dethmer, Diana Chapman, and Kaley Klemp, 《The 15 Commitments of Conscious Leadership: A New Paradigm for Sustainable Success》 (Conscious Leadership Group, 2015).

14. John Assaraf, lewishowes.com/podcast/john-assaraf/, 2019년 12월 검색.

15. 로이 바우마이스터, 존 티어니, 《의지력의 재발견: 자기 절제와 인내심을 키우는 가장 확실한 방법》Willpower: Rediscovering the Greatest Human Strength (New York: Penguin, 2012).

16. Abraham H. Maslow, "Peak Experiences as Acute Identity Experiences," 《American Journal of Psychoanalysis》 21, no. 2 (1961): 254−62.

17. Abraham H. Maslow, 《Religions, Values, and Peak Experiences》 (Columbus: Ohio State University Press, 1964).

18. 엘렌 랭어, 《마음챙김 학습혁명》.

19. Daphna Shohamy, "Learning from Experience: How Our Brains Remember the Past and Shape Our Future," YouTube, 2016년 4월 7일, youtube.com/watch?v=vCPtpXaH5Zw.

20. R. N. Carlton, "Fear of the Unknown: One Fear to Rule Them All?," 《Journal of Anxiety Disorders》 41 (2016): 5−21.

21. G. Elliott Wimmer, Erin Kendall Braun, Nathaniel D. Daw, and Daphna Shohamy, "Episodic Memory Encoding Interferes with Reward Learning and Decreases Striatal Prediction Errors," 《Journal of Neuroscience》 34, no. 45 (2014): 14901−12.

22. Suddendorf, Brinums, and Imuta, "Shaping One's Future Self."

23. Philip C. Watkins, Kathrane Woodward, Tamara Stone, and Russell L. Kolts, "Gratitude and Happiness: Development of a Measure of Gratitude, and Relationships with Subjective Well-Being," 《Social Behavior and Personality: An International Journal》 31, no. 5 (2003): 431-51.

24. Laura Redwine et al., "A Pilot Randomized Study of a Gratitude Journaling Intervention on HRV and Inflammatory Biomarkers in Stage B Heart Failure Patients," 《Psychosomatic Medicine》 78, no. 6 (2016): 667.

25. Joe Burrow, ESPN과의 인터뷰, 2020년 1월 6일, youtube.com/watch?v=O-CJBHcAUOM.

제3장 최고의 변화를 만드는 첫 번째 레버 '트라우마'를 조절한다

1. 베셀 반 데어 콜크, 《몸은 기억한다: 트라우마가 남긴 흔적들》The Body Keeps the Score: Brain, Mind, and Body in the Healing of Trauma (New York: Penguin, 2015).

2. 스티븐 프레스필드, 《최고의 나를 꺼내라!: 영화 〈300〉 원작자의 치열한 자기극복 이야기》The War of Art: Break Through the Blocks and Win Your Inner Creative Battles (New York: Black Irish Entertainment LLC, 2002).

3. Jennifer Ruef, "Think You're Bad at Math? You May Suffer from 'Math Trauma,'" The Conversation, 2018년 11월 1일, theconversation.com/think-youre-bad-at-math-you-may-suffer-from-math-trauma-104209.

4. 베셀 반 데어 콜크, 《몸은 기억한다: 트라우마가 남긴 흔적들》.

5. 캐럴 드웩, 《마인드셋》.

6. Benzion Chanowitz and Ellen J. Langer, "Premature Cognitive Commitment," 《Journal of Personality and Social Psychology》 41, no. 6 (1981): 1051.

7. 캐럴 드웩, 《마인드셋》.

8. Robert Brault, 《Round Up the Usual Subjects: Thoughts on Just About Everything》 (CreateSpace, 2014).

9. Gabor Maté, 《In the Realm of Hungry Ghosts: Close Encounters with Addiction》 (Berkeley, CA: North Atlantic Books, 2011).

10. 마이클 싱어, 《상처받지 않는 영혼: 내면의 자유를 위한 놓아 보내기 연습》The Untethered Soul: The Journey Beyond Yourself (Oakland, CA: New Harbinger Publications, 2007).

11. Kobe Bryant, 《The Mamba Mentality: How I Play》 (New York: MCD, 2018).

12. Joe Dispenza, "How to Unlock the Full Potential of Your Mind | Dr. Joe Dispenza on Impact Theory," YouTube, 2018년 6월 12일, youtube.com/watch?v=La9oLLoI5Rc.

13. 피터 레빈, 앤 프레더릭, 《내 안의 트라우마 치유하기: 힐링 트라우마, 내 안에 잠든 호랑이를 깨워라》Waking the Tiger: Healing Trauma (Berkeley, CA: North Atlantic Books, 1997).

14. National Sexual Violence Resource Center, "Statistics About Sexual Violence," nsvrc.org/sites/default/files/publications_nsvrc_factsheet_media-packet_statistics-about-sexual-violence_0.pdf.

15. 《Reader's Digest》 37, no. 221 (September 1940): 84에서 인용.

16. Joan Frances Casey and Lynn I. Wilson, 《The Flock: The Autobiography of a Multiple Personality》 (New York: Ballantine, 1992).

17. Tim Ferriss, "Lisa Ling—Exploring Subcultures, Learning to Feel, and Changing Perception (#388)," Tim Ferriss Blog, tim.blog/2019/09/26/lisa-ling/.

18. Henry Eyring, "Try, Try, Try," Church of Jesus Christ of Latter-day Saints, churchofjesuschrist.org/study/general-conference/2018/10/try-try-try.

19. David L. Cooperrider and Diana Kaplin Whitney, 《Appreciative Inquiry: A Positive Revolution in Change》 (San Francisco, CA: Berrett-Koehler, 2005).

제4장 최고의 변화를 만드는 두 번째 레버 '정체성'을 다시 쓴다

1. 고든 리빙스턴, 《너무 일찍 나이 들어버린 너무 늦게 깨달아버린》Too Soon Old, Too Late Smart: Thirty True Things You Need to Know Now (Boston: Lifelong Books, 2009).

2. Buzz Aldrin and Ken Abraham, 《Magnificent Desolation: The Long Journey Home from the Moon》 (New York: Three Rivers Press, 2010).

3. "The Jump: Rachel Nichols Interviews Giannis Antetokounmpo," YouTube,

2019년 7월 22일, youtube.com/watch?v=e3yh284Fkok.

4. 댄 설리번, 캐서린 노무라, 《위대한 변화의 순간》The Laws of Lifetime Growth: Always Make Your Future Bigger Than Your Past (Oakland, CA: Berrett-Koehler, 2016).

5. Roy F. Baumeister, 《Meanings of Life》(New York: Guilford Press, 1991).

6. Cystal L. Park, "Making Sense of the Meaning Literature: An Integrative Review of Meaning Making and Its Effects on Adjustment to Stressful Life Events," 《Psychological Bulletin》136, no. 2 (2010): 257.

7. 스티븐 코비, 《성공하는 사람들의 7가지 습관》The 7 Habits of Highly Effective People: Powerful Lessons in Personal Change (New York: Simon&Schuster, 2004; originally published 1989).

8. Alicia A. Grandey, "Emotional Regulation in the Workplace: A New Way to Conceptualize Emotional Labor," 《Journal of Occupational Health Psychology》5, no. 1 (2000): 95.

9. Dan P. McAdams and Kate C. McLean, "Narrative Identity," 《Current Directions in Psychological Science》22, no. 3 (2013): 233-38.

10. Dan Sullivan, The Gap and the Gain, Strategic Coach, now.strategiccoach. com/the-gap-and-the-gain-ebook.

11. 러셀 베이커, 《성장: 러셀 베이커 자서전》Growing Up (New York: RosettaBooks, 2011; originally published 1982).

12. 고든 리빙스턴, 《너무 일찍 나이 들어버린 너무 늦게 깨달아버린》.

13. D. J. Bridge and K. A. Paller, "Neural Correlates of Reactivation and Retrieval-Induced Distortion," 《Journal of Neuroscience》32, no. 35 (2012): 12144-51.

14. Kamal Ravikant, 《Love Yourself Like Your Life Depends on It》(CreateSpace, 2012).

15. 클레이턴 크리스텐슨, 《하버드 인생학 특강: 세계 최고 지성들을 울린 마지막 강의》.

16. 폴 아덴, 《당신이 얼마나 잘하는가는 문제가 아니다 얼마나 잘하고 싶어 하는지가 문제다》.

17. Lin-Manuel Miranda, Alex Lacamoire, and Ron Chernow, 〈Hamilton: An

American Musical〉(Atlantic Recording Corporation, 2015).

제5장 최고의 변화를 만드는 세 번째 레버 '잠재의식'을 강화한다

1. 존 사노, 《통증혁명: 통증, 마음이 보내는 경고》Healing Back Pain: The Mind-Body Connection (New York: Warner Books, 1991).

2. 베셀 반 데어 콜크, 《몸은 기억한다: 트라우마가 남긴 흔적들》.

3. Steven Cole, 다음에서 인용. David Dobbs, "The Social Life of Genes," Pacific Standard, 2013년 9월 3일, psmag.com/social-justice/the-social-life-of-genes-64616.

4. 캔디스 퍼트, 《감정의 분자》Molecules of Emotion: Why You Feel the Way You Feel (New York: Simon & Schuster, 1997).

5. 조 디스펜자, 《브레이킹: 어제의 나를 버리고 새로운 나를 만나다》Breaking the Habit of Being Yourself: How to Lose Your Mind and Create a New One (Carlsbad, CA: Hay House, 2012).

6. Gay Hendricks, 《The Big Leap: Conquer Your Hidden Fear and Take Life to the Next Level》(New York: HarperCollins, 2009).

7. Candace Pert, "Your Body Is Your Subconscious Mind" (audio CD) (Louisville, CO: Sounds True, 2004).

8. 존 사노, 《통증혁명: 통증, 마음이 보내는 경고》.

9. Steven Ray Ozanich, 《The Great Pain Deception: Faulty Medical Advice Is Making Us Worse》, 1st ed. (Warren, OH: Silver Cord Records, 2011).

10. 베셀 반 데어 콜크, 《몸은 기억한다: 트라우마가 남긴 흔적들》.

11. Benjamin Franklin in Tryon Edwards (ed.), 《A Dictionary of Thoughts》 (Detroit, MI: F. B. Dickerson Co., 1907), 339.

12. "Dr. Cinque's Facts about Fasting," drcinque.com/facts.html, 2019년 12월 검색.

13. J. L. Chan, J. E. Mietus, Mietus, P. M. Raciti, A. L. Goldberger, and C. S. Mantzoros, "Short-term Fasting-induced Autonomic Activation and Changes in Catecholamine Levels Are Not Mediated by Changes in Leptin Levels in Healthy Humans," 《Clinical Endocrinology》 66, no. 1 (2006): 49–57.

14. B. Martin, M. P. Mattson, and S. Maudsley, "Caloric Restriction and Intermittent Fasting: Two Potential Diets for Successful Brain Aging," 《Ageing Research Reviews》 5, no. 3 (2006): 332-53.

15. B. D. Horne, C. Bartholomew, J. L. Anderson, H. T. May, K. U. Knowlton, T. L. Bair, and J. B. Muhlestein, "Intermittent Fasting Lifestyle and Human Longevity in Cardiac Catheterization Populations," 《Circulation》 140, no. suppl_1 (2019): A11123.

16. R. Singh, S. Manchanda, T. Kaur, S. Kumar, D. Lakhanpal, S. S. Lakhman, and G. Kaur, "Middle Age Onset Short-Term Intermittent Fasting Dietary Restriction Prevents Brain Function Impairments in Male Wistar Rats," 《Biogerontology》 16, no. 6 (2015): 775-88.

17. J. B. Johnson, W. Summer, R. G. Cutler, B. Martin, D-H Hyun, V. D. Dixit, M. Pearson, M. Nassar, R. Tellejohan, S. Maudsley, O. Carlson, S. John, D. R. Laub, and M.R. Mattson, "Alternate Day Calorie Restriction Improves Clinical Findings and Reduces Markers of Oxidative Stress and Inflammation in Overweight Adults with Moderate Asthma," 《Free Radical Biology and Medicine》 42, no. 5 (2007): 665-74.

18. A. Michalsen, F. Schlegel, A. Rodenbeck, R. Lüdtke, G. Huether, H. Teschler, and G. J. Dobos, "Effects of Short-Term Modified Fasting on Sleep Patterns and Daytime Vigilance in Non-Obese Subjects: Results of a Pilot Study," 《Annals of Nutrition and Metabolism》 47, no. 5 (2003): 194-200.

19. Á. Fontán-Lozano, J. L. Sáez-Cassanelli, M. C. Inda, M. de los Santos-Arteaga, S. A. Sierra-Domínguez, G. López-Lluch, G., and Á. M. Carrión, "Caloric Restriction Increases Learning Consolidation and Facilitates Synaptic Plasticity Through Mechanisms Dependent on NR2B Subunits of the NMDA Receptor," 《Journal of Neuroscience》 27, no. 38 (2007): 10185-95.

20. T. L. Horvath and S. Diano, "The Floating Blueprint of Hypothalamic Feeding Circuits," 《Nature Reviews Neuroscience》 5, no. 8 (2004): 662-67.

21. Gladwell, Malcom, The Tim Ferriss Show Transcripts: Malcolm Gladwell (#168). tim.blog/2018/06/01/the-tim-ferriss-show-transcripts-malcolm-gladwell/, 2019년 12월 검색.

22. 다니엘 라핀,《부의 바이블: 삼천 년 유대인 역사 속 부의 비밀》Thou Shall Prosper: Ten Command-ments for Making Money (Hoboken, NJ: John Wiley & Sons, 2009).

23. W. T. Harbaugh, U. Mayr, and D. R. Burghart, "Neural Responses to Taxation and Voluntary Giving Reveal Motives for Charitable Donations," 《Science》 316 (5831): 1622-25.

24. E. W. Dunn, L. B. Aknin, and M. I. Norton, "Spending Money on Others Promotes Happiness," 《Science》 319, no. 5870 (2008): 1687-88.

25. 숀 아처,《행복의 특권: 행복하면 우리는 무엇을 얻을 수 있는가》The Happiness Advantage: The Seven Principles That Fuel Success and Performance at Work (London: Virgin, 2011).

26. Wendy Watson Nelson, "Becoming the Person You Were Born to Be," Church of Jesus Christ of Latter-day Saints, 2016년 1월 10일, churchofjesuschrist.org/broadcasts/article/worldwide-devotionals/2016/01/becoming-the-person-you-were-born-to-be?lang=eng.

27. 마크 빅터 한센,《1분이 만드는 백만장자》The One Minute Millionaire: The Enlightened Way to Wealth (New York: Three Rivers Press, 2009).

제6장 최고의 변화를 만드는 네 번째 레버 '환경'을 바꾼다

1. 브루스 립턴,《당신의 주인은 DNA가 아니다: 마음과 환경이 몸과 운명을 바꾼다》The Biology of Belief: Unleashing the Power of Consciousness, Matter and Miracles (Carlsbad, CA: Hay House, 2005).

2. 엘렌 랭어,《마음의 시계: 시간을 거꾸로 돌리는 매혹적인 심리 실험》Counterclockwise: Mindful Health and the Power of Possibility (New York: Ballantine, 2009).

3. 윌리엄 셰익스피어, 〈뜻대로 하세요〉As You Like It, 2막 7장.

4. 리처드 니스벳, 리 로스,《사람일까 상황일까: 태도와 행동을 결정짓는 숨은 힘》The Person and the Situation: Perspectives of Social Psychology (London: Pinter&Martin, 2011; originally

published 1991).

5. Brent D. Slife and Bradford J. Wiggins, "Taking Relationship Seriously in Psychotherapy: Radical Relationality," 《Journal of Contemporary Psychotherapy》 39, no. 1 (2009): 17.

6. Brent D. Slife, "Taking Practice Seriously: Toward a Relational Ontology," 《Journal of Theoretical and Philosophical Psychology》 24, no. 2 (2004): 157; Brent D. Slife and Frank C. Richardson, "Problematic Ontological Underpinnings of Positive Psychology: A Strong Relational Alternative," 《Theory and Psychology》 18, no. 5 (2008): 699-723.

7. Gina Tomé et al., "How Can Peer Group Influence the Behavior of Adolescents: Explanatory Model," 《Global Journal of Health Science》 4, no. 2 (2012): 26.

8. Rachid Laajaj et al., "Challenges to Capture the Big Five Personality Traits in Non-WEIRD Populations," 《Science Advances》 5, no. 7 (2019): eaaw5226.

9. Christopher Soto, "The Famous Big 5 Personality Test Might Not Reveal the True You," NPR, 2019년 7월 10일, npr.org/sections/goatsandsoda/2019/07/10/740214086/the-famous-big-5-personality-test-might-not-reveal-the-true-you.

10. James Whistler quoted in Sterling W. Sill, "Great Experiences," Church of Jesus Christ of Latter-day Saints, churchofjesuschrist.org/study/general-conference/1971/04/great-experiences.

11. Meredith Willson, 〈The Music Man〉 (1957).

12. 지그 지글러, 《목표를 알면 성공이 보인다》Goals (New York: Simon&Schuster Audio, 1995).

13. 배리 슈워츠, 《점심 메뉴 고르기도 어려운 사람들: 선택의 스트레스에서 벗어나는 법》 The Paradox of Choice: Why More Is Less (New York: Ecco, 2004).

14. Tim Ferriss, "Jason Fried—How to Live Life on Your Own Terms (#329)," Tim Ferriss Blog, tim.blog/2018/07/23/jason-fried/.

15. Peter Diamandis, "What the News Media Won't Tell You About Global

Violence," diamandis.com/blog/what-the-news-media-wont-tell-you-about-global-violence.

16. 월 듀런트, 아리엘 듀런트, 《월 듀런트의 역사의 교훈》The Lessons of History (New York: Simon&Schuster, 2012; originally published 1968).

17. Christina Tosi, Chef's Table, Netflix, www.netflix.com/title/80007945.

18. Herman J. Damveld, Gijs C. Beerens, Marinus M. Van Paassen, and Max Mulder, "Design of Forcing Functions for the Identification of Human Control Behavior," 《Journal of Guidance, Control, and Dynamics》 33, no. 4 (2010): 1064-81.

19. Steven Kotler, 《The Rise of Superman: Decoding the Science of Ultimate Human Performance》 (New York: Houghton Mifflin Harcourt, 2014).

20. 마셜 골드스미스, 마크 라이터, 《트리거: 행동의 방아쇠를 당기는 힘》Triggers: Creating Behavior That Lasts—Becoming the Person You Want to Be (New York: Crown Business, 2015).

21. 웨인 다이어, 《행복한 이기주의자》Your Erroneous Zones (audio) (New York: Funk& Wagnalls, 1976).

나가며 한 번이라도 인생을 바꿔보고 싶은 당신에게

1. 바이런 케이티, 스티븐 미첼, 《네 가지 질문: 내 삶을 바꾸는 경이로운 힘》Loving What Is: How Four Change Points Can Change Your Life (New York: Random House, 2008).